渡邊 毅
Tsuyoshi Watanabe

# 道徳教育における人物伝教材の研究

●人は偉人を模倣する

ナカニシヤ出版

# 道徳教育における人物伝教材の研究

## 人は偉人を模倣する

渡邊　毅

物の興廃は必ず人による。人の昇沈は定めて道にあり。

空海『綜芸種智院式并序』

# はじめに

徳育の王道は、人物伝による教育である。そんな確信を持つようになったのは、筆者が中学校教師をしていたときの経験によるものである。授業のはじめに道徳的な話をしたいと思い、人物のエピソードをプリントして読み聞かせていた。やがてそれが八十話でき、友人、関係者のご厚意でＰＨＰ研究所から、十七年前（平成十五年）に『道徳の教科書―善く生きるための八十の話―』として刊行させていただくことができた。

「道徳の時間」にはまだそれを使っていなかったが、友人たちの勧めでまずは一般市民の人たちを対象に、それをテキストにして模擬授業を実施する機会（三重県人権基礎教育研究会）を得ることができた。中には赤ちゃんを抱いて参加された方もいらっしゃり、回を重ねるごとに人物のエピソードを使った道徳の授業に手応えを感じられるようになっていった。

そうした模擬授業を経て、ようやく拙著に掲載された話を教材にして学校で授業を行なうことができるようになった。これまで道徳の授業づくりに苦慮し、人物伝教材を自ら作成し実践してみて実感したことは「人物伝教材には力がある」ということだった。

この道徳授業の実践は、後に『道徳の教科書・実践編―「善く生きる」ことの大切さをどう教えるか―』（同右、平成十九年）に結実した。拙著を授業の教材に行なった授業記録をまとめたものである。「あなたの本を読んだ。ぜひ会いたい」と、県外の教育委員会の指導主事の方が、遠路わざわざ三重の筆者の勤務校にまで訪ねて来られたことがあった。うれしい反響だった。

周囲を見渡して道徳の時間に、人物伝を使って授業をするという教師はほとんどいなかった。道徳の副読本に登場する歴史上の人物の数も少なかった。社会科歴史の教科書には当然人物が登場し、何をやったか記されている。しかし、どこが偉大なのか、それがよく分かるように書いてある教科書はほとんどない。そのせいだろうか、以前インターネットを見ていたら、「尊敬する人がいなくて困っています」とか「面接の質問の中で『尊敬する人物は誰ですか？』という質問について迷っています」とかいう内容の書き込みが、何件かあったのをたまたま見つけて驚いた。やはり今の若い人たちは、人物伝に触れる機会が少なくなってきているのだろう。

戦後、学校における道徳教育は等閑に付され、家庭でも躾や徳育が行なわれなくなった[1]。そのためだろうか、平成十二年（二〇〇〇）の「子ども国会」（参議院が主催する子供を対象とした模擬議会）で、「道徳の時間を増やして欲しい」という子供からの要望が出されたことがあった。さらには、子供たちは学校で育ててほしい能力として、「よいことと悪いことを区別する力」を最も求めている（小学生74・1％、中学生64・7％[2]）のである。

ある中学生が道徳心を持たない子供たちが増えていることを憂えて、「道徳を正式な教科とし、学校で道徳心を身につけさせるのは大切なことだと思います[3]」と書いていた。道徳の教科化が実現する二年前のことだ。

今、子供たちが学校で一番教えて欲しいと願っているのは、道徳教育なのである。子供たちは、敏感に感じ取っているのではないだろうか。道徳不在の学校や社会の危うさや国の行く末というものを。そして、「より善く生きるための道標を指し示してほしい」と渇望しているのではないのか。渇望しているのは、大人たちも同じだと思う。現在の中高年に達している人たちも、学校で道徳を教わらずにきた大人たちである。そんなこともあってか、最近『漫画君たちはどう生きるか』（原作：吉野源三郎・漫画：羽賀翔一、マガジンハウス、平成二十九年）が、百三十万部をいきなり突破する異例の大ヒットとなった。

十五歳の少年（コペル君）が叔父との対話を通じて、「いかに生きるか」を問い、貧困、格差、いじめ、勇気など人生のテーマと向き合いながら成長していく内容で、八十年前に吉野源三郎（一八九九～一九八一）が書いた物語である。これが漫画化されて、中高年からの反響も数多く寄せられているという。「いかに生きるか」を考えることを学校で教わらなかった大人たちにも、この書は新鮮に心に響いたのだろう。だから、学校はもうこれ以上、道徳教育に手をこまねいていてはいけない。地域や家庭の教育力が低下してきている以上、日本人の〈道徳力〉を回復させるために、頼みとなるのは学校教育なのである。

そもそも欧米のように教会のないわが国では、道徳教育を担って力があったのは〈学校〉だった。江戸時代の庶民も子供の躾や徳育には苦労していたようで、そこで親たちは寺子屋のお師匠さんに頼んで道徳教育もお願いしてやってもらっていたのだった。[4]

江戸期の余香が残る明治初期に、英国女流旅行作家・イザベラ・バード（Isabella Lucy Bird：一八三一～一九〇四）が、日本各地を巡っている。その旅の途中、「革ひもが一本」なくなったことに彼女が気づいたとき、荷物運びの馬子が日暮れにもかかわらず一里引き返して探してくれたと旅行記に書いている。そして、彼に手間賃を差し出したところ、「旅の終わりにはなにもかも無事な状態で渡すのが自分の責任だからと、受け取ろうとはし」なかったという。[5]

彼女以外にも、こうした日本人の道徳心の高さに触れた外国人はこう記している。

「地球上最も礼儀正しい民族であることは確かだ[6]」
「日本はこの旅行全体を通じ、歩きまわった国の中で一番素晴らしい[7]」
「世界中で、両親を敬愛し老年者を尊敬すること、日本の子供に如くものはない[8]」
「日本の民衆ほど善良な人が他に見出し難いことは否定できない[9]」

幕末から明治初期にかけて来日した外国人から口々にこう讃えられたように、江戸期の道徳教育によってわが国は

〈世界に冠たる道義国家〉になっていたのである。しかし、残念ながら営々と築き上げてきたわが国の〈道義の貯金〉はなくなりつつある。それを実感する国民も増えてきた。国民世論の84%が道徳の教科化に賛成[10]していたのは、その一つの表れとみていいだろう。

平成日本は、その貯金を切り崩しながら、なんとかこれまでやってきた。東日本大震災で被災者の方々がみせた道義的な行動や救援救助に駆けつけた自衛隊や警察、消防などの献身的で使命感あふれる活動は、その貯金がわが国にまだ残っていることを証明してくださった。だから、手遅れにならぬよう今の私たちが道義国家日本を再建すべく、道義的世代をこれから育成していかなければならない。そのためにも、まずは今の道徳の授業を充実化していかなければならないのである。

本書で書いたように、人物伝は心理学や脳科学の知見からその教育的効果が期待できる教材であるし（第一章第一節）、歴史的にみても人類の英知は徳育涵養の教材として人物伝を大いに活用してきた（同第二・三節）。戦前わが国の修身科の教材も、実はほぼ人物伝で占められていたのである（同第四節、第二章）。現に多くの偉人たちは人物伝を読み、自らの志を鼓舞して人格を磨いたという話（第三章）はたくさんある。また、第四章で紹介したように優れた道徳教育の実践校は、優れた人物伝教育の学校でもあるのだ。このように、授業の内容を深め活性化していく上で、最良の教材を提供してくれるのが人物伝に他ならないのである。

「舜何人《しゅんなんびと》ぞや、予何人《われなんびと》ぞや」（聖人舜も私も同じ人間ではないか。舜にできたことがどうして私にできないことがあろうか）。これは、孟子が滕《とう》の文公《ぶんこう》を激励するために引用した顔淵《がんえん》（孔子の高弟）の言葉だが、私たちもこの心意気で子供たちとともに偉人賢人に学び道徳的に成長していきたいと思うのである。

令和二年二月二十三日

渡邊　毅

# 凡例

一、年数は原則元号で表記し、必要に応じて（　）内に西暦を併記した。ただし国外関係事項については、西暦で表記した。

一、本文の引用文において、旧漢字体を新漢字体に改めた。また、読みやすくするためにルビを補った。

一、引用された漢文資料は書き下し文で表記し、（原漢文）と但し書きした。

一、引用された古文・漢文中の漢字表記の読み仮名は、現代仮名遣いで表記した。

一、歴史上の人物や故人については、原則（　）内に生歿年を西暦で記した（初出のみ）が、煩雑さを避けるため、一部省略した場合もある。

一、書籍には（　）内に成立年代、あるいは初版刊年・初演年代（演劇関係）などを記したが、煩雑さを避けるため、一部省略した場合もある。なお和書は元号、洋書は西暦で表記した。

# 目次

# 第一章　道徳教育における人物伝教材の有効性

## はしがき

### 1　見直される人物伝教材

中央教育審議会答申「新しい時代を拓く心を育てるために―次世代を育てる心を失う危機―」（平成十年六月三十日）は、

「調査によれば、相当数の子どもが道徳の授業を楽しくないと感じる理由として『資料がつまらないから』ということを挙げており、教材の在りようが道徳の学習に対する子供たちの興味・関心を失わせる大きな要因になっている[11]」

とし、子供たちの心に響く教材の改善の必要性を述べている。そして、そのためには従来多く使用されてきた物語作品だけでなく、「偉人の伝記等を再評価し〔中略〕発掘して活用するなどの取組が望まれる[12]」としている。

この答申に、当時の筆者は喜び、自らの教育実践に確信と自信を持ったのを覚えている。というのも、以前から授業中折に触れ「偉人の伝記」に記されたエピソードを紹介したりして、徳育における「偉人の伝記」教材の重要性を考えていたからである。そして、それはやがて『道徳の教科書―善く生きるための八十の話―』（ＰＨＰ研究所、平成十五）に結実し、それを活用して、偉人の生き方を手本に生きることの意味を考えさせることに主眼を置いた道徳授業を行なっていった。この実践の一部は、『道徳の教科書・実践編―「善く生きる」ことの大切さをどう教えるか―』（同右）としてまとめ、平成十九年（二〇〇七）に上梓された。収録された授業は、全部で15時間分（全て一時間完結型）。各授業に「この授業への私の思い」を書き、「授業の内容」には教師の発問や指示、説明を具体的に記し「生徒の反応」や感想文も併せて載せたものである。

　先の中教審の答申は、同二十年（二〇〇八）に改訂された『学習指導要領』に反映され、「第三章　道徳」の「第三　指導計画の作成と内容の取扱い」の中に、小中学校ともに「先人の伝記、自然、伝統と文化、スポーツなどを題材とし、児童（生徒）が感動を覚えるような魅力的な教材の開発や活用を通して、児童（生徒）の発達の段階や特性等を考慮した創意工夫ある指導を行うこと」（傍点引用者、（　）は中学）という文言が新たに入れられることとなった[13]。そして、これ以後「先人の伝記」教材や授業の開発に関する研究が活発化してくるようにもなるのである[14]。

　同二十五年（二〇一三）四月、小中学校用『心のノート』の全面改訂に関し、下村博文文部科学大臣は衆議院予算委員会の答弁の中で、次のように偉人伝教材を盛り込む意向を表明した。

「来年四月からは全面改訂をする中で、例えば、これについては、実際、道徳の充実を考える懇談会で議論をしていただくことになってはいますけれども、全面改訂の一つとして、例えば、偉人というのは、歴史を超えて、あるいは国境を越えて、人が人として生きる道筋として参考になる、最初から成功している人生ではなくて、いろいろな苦難の中で、それを乗り越えて物事をなし遂げた、だからこそ偉人と言われるんでしょうし、これは特定の国家の価値観をそこに押しつけるということではなくて、例えばそういうエピソードをいろいろと入れることによって、子供たちに生きる勇気なり、自分も頑張ろうという気持ちなりを提供するという意味で、道徳の教

**表1　読み物教材における人物伝教材**（小学校・中学校）

| 学年 | 人　物 | 人物数 | 教材数 | 割合（%） |
|---|---|---|---|---|
| 小一・二年 | 二宮金次郎，アンリ・ファーブル | 2 | 12 | 16.7 |
| 小三・四年 | リンカーン，葛飾北斎 | 2 | 12 | 16.7 |
| 小五・六年 | ヘレン・ケラーとアニー・サリバン，中谷宇吉郎，野口英世，小川笙船，小林虎三郎，加藤明 | 6 | 13 | 46.2 |
| 中学校 | 広瀬淡窓，石井筆子，樫野の人々 | 3 | 9 | 33.3 |

科化という中で、いかに子供たちに、よりよい教材等をどう配付するかということについて、今後、懇談会で議論していただきながら、学校現場でより有効な道徳の時間が活用できるようなバックアップをしてまいりたいと思います[15]」（傍点引用者）

そして、文部科学省の有識者会議「道徳教育の充実に関する懇談会」が同年十二月に提出した報告書には、「先人等の残した名言、国内外の偉人や著名人、伝統・文化、生命尊重等に関する読み物など、児童生徒が道徳的価値について考えるきっかけとなる素材を盛り込む[16]」（傍点引用者）ことが提起された。

このような偉人（先人）の伝記の見直し・再評価の動きを反映して、『心のノート』が全面改訂され平成二十六年（二〇一四）に配布された『わたし（私）たちの道徳』には、表1のように先人（故人）の伝記教材が積極的に収録されたことが確認できる。また、三・四年生用には、「伝記を読もう」（四九頁）欄が設けられ、中学校用には、先人の格言が全二四頁分[17]にわたって紹介されてもいる。

さらに民間でも伝記教材を意識的に多く取り入れた中学校用の、道徳教育をすすめる有識者の会編『13歳からの道徳教科書』（平成二十四、以下『13歳』）、その姉妹版として小学校高学年用の同『はじめての道徳教科書』（平成二十五、以下『はじめて』）が育鵬社から刊行されている。

『13歳』の巻頭で、渡部昇一が次のように書いている。

**表2　コラムで紹介された人物**（小学校・中学校）

| 学年 | 人　物 |
| --- | --- |
| 小一・二年 | 武者小路実篤，フリードリヒ・フォン・シラー |
| 小三・四年 | 牧野富太郎，小篠綾子，井深大，石川啄木，小泉八雲 |
| 小五・六年 | ワンガリー・マータイ，豊田佐吉，マリー・キュリー，池田菊苗，中村勘三郎，宮沢賢治，奥村土牛，福沢諭吉，マザー・テレサ，小林虎三郎，坂本龍馬，新渡戸稲造，ピエール・ド・クーベルタン |
| 中学校 | 香川綾，上杉鷹山，湯川秀樹，松下幸之助，正岡子規，夏目漱石，本田宗一郎，新島八重，山岡鉄舟，緒方洪庵，アンネ・フランク，杉原千畝，渋沢栄一，ガンディー，濱口梧陵，西岡常一，嘉納治五郎 |

「子供はいい話、感動的な話が好きです。子供にいろんな話をすると、『その人いい人？悪い人？』とすぐに聞いてきます。子供は何が良いか、何が悪いかにとても敏感なのです。だからそのような時期に、『こういう事が、良いことなんだよ』と教えることが大事です。そのためには、優れた人の話を読ませる、これが一番です」（三頁）

「道徳教育の一つの道は、私たちが『美しい』と感ずるような話を子供たちに伝えることではないかと思います。健全な少年少女にとって、美しい、ためになる話は、同時に面白いのです。教室で偉人の話をすれば、子供たちの目は必ず輝くはずです。私たちは世界中の美しい話、いい話、そして特に日本人の行った素晴らしい話を子供たちに伝えるべきでしょう」（九頁）

渡部の「優れた人の話を読ませる、これが一番」「偉人の話をすれば、子供たちの目は必ず輝くはず」という言葉にあるように、『13歳』には、37ある教材中「偉人の話」は20教材に及んでいる（表9参照）。姉妹編である『はじめて』も、33教材中10教材（同参照）が「偉人の話」になっており、「人物重視の編集」（二八一頁）がなされている。

『13歳』『はじめて』発刊後、同出版社から貝塚茂樹・柳沼良太編『学校で学びたい日本の偉人』（平成二十六）が刊行された。これは、『13歳』『はじめて』掲載の「偉人」教材を使用した授業実践を収録した書である。小学校六名、中学校六名の教師による授業の指導過程（教師の発問と生徒の反応）が具体的に記されている。その巻頭（「はじめに―偉人の生き方から学ぶ道徳教育」）で貝塚は、「『偉人』への憧れや共感が自分自身の生き方を振り返るための原動力となり、それはきっと今後の生き方を考えるための基盤や指針になるはずです。／その意味では近年、『偉人』への再評価が進んでいることは喜ばしい」（八頁）と述べ、生き方を学べる「偉人」教材の再評価の進展を指摘している。さらに同書で柳沼も「近年、我が国でもようやく偉人や先人の伝記を題材にした道徳授業が推奨されるようになってきました。これは戦後の道徳教育において偉人を意図的に敬遠してきた風潮を思えば、まさに隔世の感があります」（二七九頁）と述べている。そして、「架空の人物の気持ちを考えたくらいでは、子どもの方でもなかなか感動できず見習おうともしないものです。〔中略〕この〔道徳授業の〕目標を達成するためには、実際に歴史の舞台に登場した偉人を取り上げ、その生き方や至言・格言を十分に熟慮することの方がはるかに有効なのです」（二八〇頁）として、道徳教育における「偉人」教材の有効性を指摘している。

実際、広島市教育委員会が実施した「規範性をはぐくむための教材・活動プログラムの開発に係る意識実態調査について」によれば、小学校高学年（五年生）に伝記教材が有効であることが明らかになっている。市内小学校（九校：第三・五学年児童）、中学校（八校：第二学年）を対象に行なった調査だが、「あなたは、道徳の授業において、どのような教材（資料）のとき『ためになる』と思いますか」の質問に対し、「実話」「伝記」「物語」の順に五年生の回答が多かったという結果が出された[18]。

平成三十年度（小学校）、三十一年度（中学校）から使用が開始された教科書にも、表3、4のように人物伝教材が取り上げられている。小学校全八社における各学年全教材中人物伝教材の占有率は、小学校一年（1・1％）、二年（2・4％）、三年（5・2％）、四年（5・6％）、五年（11・5％）、六年（14・8％）（表3参照）。そして、中学校全八社では、一年（5・7％）、二年（9・9％）、三年（11・3％）となっている（表4参照）。教科化以前に使用されていた副読本における人物伝の占有率は、小学校一年（0・6％）、二年（0％）、三年（2・3％）、四年（6・3％）、五年（12・1％）、六年（22・9％）、中学校一年（3・4％）、二年（5・1％）、三年（6・8％）で

**表 3　小学校道徳科教科書に扱われた人物伝教材数**

| | 一年 | | | 二年 | | | 三年 | | | 四年 | | | 五年 | | | 六年 | | |
|---|---|---|---|---|---|---|---|---|---|---|---|---|---|---|---|---|---|---|
| | 人物数 | 教材数 | 割合(%) | 人物数 | 教材数 | 割合(%) | 人物数 | 教材数 | 割合(%) | 人物数 | 教材数 | 割合(%) | 人物数 | 教材数 | 割合(%) | 人物数 | 教材数 | 割合(%) |
| 学校図書 | 0 | 34 | 0 | 1 | 35 | 2.9 | 2 | 35 | 5.7 | 0 | 35 | 0 | 6 | 35 | 17.1 | 6 | 35 | 17.1 |
| 学研 | 0 | 34 | 0 | 1 | 35 | 2.9 | 3 | 35 | 8.6 | 5 | 35 | 14.3 | 5 | 35 | 14.3 | 6 | 35 | 17.1 |
| 教育出版 | 0 | 33 | 0 | 0 | 35 | 0 | 1 | 34 | 2.9 | 5 | 34 | 14.7 | 5 | 34 | 14.7 | 7 | 36 | 19.4 |
| 廣済堂あかつき | 2 | 34 | 5.9 | 1 | 35 | 2.9 | 4 | 35 | 11.4 | 3 | 35 | 8.6 | 3 | 35 | 8.6 | 6 | 35 | 17.1 |
| 光文書院 | 1 | 40 | 2.5 | 1 | 40 | 2.5 | 1 | 40 | 2.5 | 2 | 40 | 5.0 | 3 | 40 | 7.5 | 5 | 40 | 12.5 |
| 東京書籍 | 0 | 34 | 0 | 0 | 35 | 0 | 2 | 35 | 5.7 | 0 | 35 | 0 | 4 | 35 | 11.4 | 3 | 35 | 8.6 |
| 日本文教出版 | 0 | 37 | 0 | 2 | 38 | 5.3 | 1 | 38 | 2.6 | 0 | 38 | 0 | 5 | 39 | 12.8 | 6 | 39 | 15.4 |
| 光村図書 | 0 | 34 | 0 | 1 | 35 | 2.9 | 1 | 35 | 2.9 | 1 | 35 | 2.9 | 2 | 35 | 5.7 | 4 | 35 | 11.4 |
| 計 | 3 | 280 | 1.1 | 7 | 288 | 2.4 | 15 | 287 | 5.2 | 16 | 287 | 5.6 | 33 | 288 | 11.5 | 43 | 290 | 14.8 |

**表 4　中学校道徳科教科書に扱われた人物伝教材数**

| | 一年 | | | 二年 | | | 三年 | | |
|---|---|---|---|---|---|---|---|---|---|
| | 人物数 | 教材数 | 割合(%) | 人物数 | 教材数 | 割合(%) | 人物数 | 教材数 | 割合(%) |
| 学校図書 | 2 | 35 | 5.7 | 5 | 35 | 14.3 | 5 | 35 | 14.3 |
| 学研 | 3 | 35 | 8.6 | 3 | 35 | 8.6 | 3 | 35 | 8.6 |
| 教育出版 | 0 | 35 | 0 | 5 | 35 | 14.3 | 3 | 35 | 8.6 |
| 廣済堂あかつき | 2 | 35 | 5.7 | 3 | 35 | 8.6 | 4 | 35 | 11.4 |
| 東京書籍 | 0 | 35 | 0 | 3 | 35 | 8.6 | 0 | 35 | 0 |
| 日本教科書 | 5 | 37 | 13.5 | 6 | 37 | 16.2 | 7 | 37 | 18.9 |
| 日本文教出版 | 1 | 35 | 2.9 | 2 | 35 | 5.7 | 5 | 35 | 14.3 |
| 光村図書 | 3 | 36 | 8.3 | 1 | 36 | 2.8 | 5 | 36 | 13.9 |
| 計 | 16 | 283 | 5.7 | 28 | 283 | 9.9 | 32 | 283 | 11.3 |

あった（表7、8参照）から、副読本と比べて小学校の教科書の人物伝占有率は一～三年が増え四～六年は減り、中学校は各学年とも増加している。[19]

なお、ここでカウントした人物は、現在活躍しているアスリートや著名人などを除外している。

## 2　教師間で「力ある資料」と認識される人物伝教材

教師の中にも、伝記教材を「力ある資料」として挙げているのが向山洋一である。「力ある資料」とは「生き方を教えてくれる資料です。歴史上の人物を描いたエピソード、感動を伴う実話、子どもの作文などなど、読むだけで大切な生き方を教えてくれるもの[20]」（傍点引用者）であると向山は言い、道徳の授業の「五つの原則」の一つに「先人に学ぼう[21]」を掲げている。向山は昭和五十八年（一九八三）に立ち上げた教育技術法則化運動の先導者として知られた元小学校教師だが、彼に共鳴する教師は多く、現在も全国の教師たちが教育技術をインターネット上で公開する「ＴＯＳＳランド」に参加している。ＴＯＳＳランドは、その会員が一万人を超える日本最大の教育研究団体である。教育実践を公開したりしている約六〇〇のＴＯＳＳサークルが全都道府県に展開している。ＴＯＳＳ編の道徳教育実践書も数多く出版され、ＴＯＳＳ道徳「心の教育」シリーズの図書（全二十七巻、明治図書）の中には『ヒーローから生き方を学ぶ道徳授業』（平成十二）『心に響く「力のある資料」で生き方を教える道徳授業』（同）『日本人の気概を育てる道徳授業』（平成二十）などに、伝記教材による授業実践が紹介されている。

また、「『人物中心道徳』の価値を再考する時期にきていると、私は強く考えている[22]」と言っているのが、野口芳宏である。野口も元小学校教師であり、「授業道場野口塾」を主催して、彼の教育技術に賛同し学ぼうとする教師は少なくない[23]。野口は、続けて人物伝教材のねらいやそれを使用した授業形態について次のように述べている。

「伝記教材は、偉人、選手、職人、障害者といったどこか手本たり得る人物の生き様を子どもの心に深く根づかせることがねらいになるので、〔子供の〕未熟な表現、表出を取り入れるよりはむしろ読み込む、あるいは聞き浸るという理解中心、享受中心になっていくべきだ。〔中略〕まずはすばらしい生き方、暮らし方そのものをみっちり学ぶことによって自分と比べることに意味がある」[24]

人物伝教材のねらいは子供の生き方の手本にさせ比較させることであり、それを使った授業は「享受中心」つまり教師中心の形態になっていくべきで、野口は「それでも良いのである」[25]としている。

しかし、その一方で伊藤利明・石村由利子は「『考え、議論する道徳』は、『先人の伝記』を道徳教材として取り上げる時にも適用できる。児童・生徒は先人の心情を推測するだけでなく、自分自身を登場人物の立場に置き換えることによって、登場人物の行動の意味や思想を考えることを学習する。それによって、道徳的判断のもとによりよく生きることを主体的に学び、自己の生き方を深く考えることが期待できる」[26]と述べ、子供主体の考え議論する授業においても人物伝教材の活用が可能であるとしている。伊藤・石村はその具体的な実践例は提示していないが、平成二十九年（二〇一七）に小泉博明・大舘明彦編『偉人で「考え、議論する」道徳授業を創る』（明治図書）が出され、中学校道徳科の人物伝教材によるアクティブラーニングの試みが行なわれている。「偉人にまつわるエピソードや言葉を手がかりにし、特に中心となる場面に着目し、その人物の葛藤や苦悩などを通して、どのように生きるべきかを考え、選択したのかを、他者との関わりの中で、生徒が自らの問題として『考え、議論する』ことをねらいとして」（九頁）、18名の偉人を取り上げ、具体的な授業プランが示されている。

このように、先人の伝記教材に魅力を感じる子供たちや「力ある資料」と認識する教師たちが多く認められるようになってきたことに注目し、本章では「先人の伝記」教材の有効性について論じていきたい。つまり「先人の伝記」教材が道徳教育の実効性をより高められる教材であることを明らかにして、今後の「先人の伝記」教材開発の進展とそれを活用した授業の発展的創造に資していこうと思っている。

そのために、まずその先行研究を検討し、次に心理学や脳科学の知見を援用してその教育的効果を論証する。また、それが道徳教育教材として歴史的に活用されてきたことを究明して、その有効性を述べていく。そして、近世から昭和前期（戦前）までの「先人の伝記」教材の系譜を辿り、それが国民的レベルで重用され教育的効果を発揮したことから、わが国の道徳教育においては、一層「先人の伝記」教材活用が有効であることを明らかにしておきたい。

なお、本章における「先人の伝記」教材は以後「人物伝教材」と呼び、道徳教育教材用として道徳的に優れた故人となった人物（教材作成者及び使用者から見て近時の人物も含める）の伝記（自伝も含める）あるいはその一部（挿話や小伝の類）としておく。

## 第一節　先行研究の検討

### 1　戦前期の人物伝教材研究

近年その有効性が指摘されてきている人物伝教材は、後述するように明治の近代学校制度がスタートして昭和の敗戦までの期間、道徳教育においては中心的な位置を占めていたと言っても過言ではない。事実、広島高等師範学校訓導だった堀之内恒夫は、昭和十四年（一九三九）に人物伝教材について次のような評価を行なっている。

「実話教材は、歴史的にかつて存在した人物の生活話であるといふことがその本質であるから、〔中略〕最も感銘に富み、迫力のある教材で従つてそれだけ教材としても教育的な価値に富むものである。この故に実話は、例話教材中の中心をなすものであつて、極めて重要な教材である[27]」

「他人の行為によつて、如何にも、とうなづき、成程と感じ、之ではならぬ、自奮自発する所、例話の力は大きい。こゝに例話教材の非常に又大きい、然も他の教材としてはかへ難い、教育的価値といふものが含まれてをる[28]」

右に言う「例話」には、堀之内によれば「実話教材」「作話教材」「神話教材」「伝説話教材」の四種類があるとされているが、人物伝教材は「実話教材」の中に入れられる教材で、その中でも極めて重要で大きい教育的価値が認められる、としているのである。

これと同様に東京成蹊学園の野瀬寛顕（一八九八～一九七九）は、昭和六年（一九三一）に「この主義〔人物主義〕による修身教授は児童・生徒の道徳的魂を養ふには可なり効果があり、綜合的、具体的な道徳的判断力が養はれますので、実生活上にも効果があるのです。又、性質も次第に其の人物の方向に向つて形成される様になる訳であります[29]」としており、人物伝教材が道徳性を養う上で効果があることを指摘している。

このように人物伝教材そのものの重要性や効果は認識されてはいたが、すでに大正期において硬直した内容の人物伝教材の弊害を指摘した批判も反面において行なわれていたことは注目される。それは、財団法人東京市政調査会が行なった第二期国定修身教科書の教材分析に表されている。

「例話が余りに非現代的であつて、児童の実際生活に何等交渉をも有たないものであつた場合には、其の効力が少ないことは勿論、場合によつては倦怠の情を促すに過ぎない。教科書にある例話なるものは多くは徳川時代の人物を以てして居る。〔中略〕徳川時代の如きは、其の実感の上に極めて距《へだ》つたる時代であるから、これを説く教師に於いても切実味を覚えるには困難を感ずる[30]」

これに類似した批判は昭和九年（一九三四）の段階〔修身教育研究会編『現代修身教育の諸相と其の批判』文化書房〕でも行なわれ、次のようなことが述べられている。

「聖人君子的修身教育が、現実の人間生活に対して、どれだけの影響を及ぼし、どれだけの感化を及ぼすかといふことに対しては、少なからぬ疑問があることを、どうすることも出来ないのである。／このゆゑに、従来の修身教育の目標として要求せられたるものは、多くは人間ばなれのした聖人的なものではなかつたであらうか。英雄的なものではなかつたであらうか。すべての児童に対して『偉くなれ』といふことを要求して、偉くならんがための、道徳を、生活を、鼓吹したものではなかつたであらうか。〔中略〕／かりに近江聖人といはれた中江藤樹の徳化の偉大なることを説いたとしても、それは児童の人間生活とは、あまりに隔り過ぎてゐるといふ感がないであらうか。とうてい自分達の達することの出来ないやうな生活を実感した人であるといふ感じを与へる結果となるものではないであらうか[31]」

当時の修身教科書の教材の内容が子供の生活実態とは懸隔しており、修身教育が単に「偉くなれ」ということを目標にして硬直化していたことが批判されている。ちなみに、この批判がなされた昭和九年頃は「今日は、修身教育に対する研究熱の極めて旺盛なる時代[32]」と捉えられていたようである。そして、「それは、過去の如何なる時代にも見られなかつた新しい現象であつて、理論的にも、実際的にも、今日ほど修身教育に対する関心の深い時代は、未だ嘗て知ることは出来ない[33]」ほどであるとされていたから、これ以後わが国が日中戦争や第二次世界大戦を経て戦後修身科が消失してしまい、こうした議論が継続的発展的に行なわれず修身科研究の遅延をもたらしたことは悔やまれる。

時間をかけ議論が熟せば、人物伝教材も子供の実態に即して、例えば人間的な葛藤や挫折などのプロセスを織り込みながら、それはさらに力のある教材として進化を遂げていったであろうということが考えられる。というのも、同右書には、次のようなことがすでに指摘されていたからである。

「二元の葛藤―それが道徳である。〔中略〕修身教授上訓育上大事なことはこの内心の葛藤が大事だといふことを

> 知らなければならぬことは已に述べたが、吾々がゼヒ努めねばならぬことは生徒の内心生活に触れると云ふことである。生徒のその葛藤を知悉することである。〔中略〕ソクラテースを説き中江藤樹を説くにしても、われらは、かゝる偉人の生活の人間的な内面生活にふれることによつて、やうやく人間の魂にアッピールし、更に自己の魂の問題として考へられるに到るものである[34]」

こうした主張が時間をかけて検討されていけば、人物伝教材の硬直した内容は、子供が「己の魂の問題として考えられる」教材へと改善されていったであろうことが予想できる。しかし、残念ながら「人間的な内面生活にふれ」られるような人物伝教材の議論や開発は、修身科の廃止により中断を余儀なくされてしまったのだった。

## 2　戦後の人物伝教材研究

昭和三十三年（一九五八）、道徳教育の徹底強化をはかるために「道徳の時間」が特設された。そして、文部省は同三十九年（一九六四）から四十一年（一九六六）にかけて小学校と中学校の『道徳の指導資料』（第一、第二、第三集）を編集し、各学校に教師用として配布した。これら指導資料には、列記すれば人物伝教材が表5・6のように取り上げられている。なお、表中太字の人物は、国定修身教科書にも登場した人物であるが、その数は少なく学者・経済人・社会福祉家などが残されていることが分かる。

小学校の指導資料は、一年（1・4％）→二年（4・1％）→三年（19・2％）→四年（37・0％）→五年（41・9％）→六年（54・2％）というように学年が上がるにつれて人物伝教材が増加している。全体的に、国定修身教科書には登場しなかった人物が大半である[35]。六年生に至っては、半数が人物伝教材で占められていることが注目される。それに対して中学校の指導資料は、一年（29・1％）→二年（21・2％）→三年（20・0％）と学年が上がるにつれて漸減し、占有率は全体的に二割程度に止まっている。

### 表５『小学校道徳の指導資料』で扱われた人物と数

| | 一年 | | | 二年 | | | 三年 | | | 四年 | | | 五年 | | | 六年 | | |
|---|---|---|---|---|---|---|---|---|---|---|---|---|---|---|---|---|---|---|
| 第一集 | | | | | | | リンカーン，グレース，雪舟，ニエープスとミショーとローソンとダンロップ，牧野富太郎 | | | **本居宣長**，渡部斧松，陶山訥庵，塙保己一，佐々木禎子，**伊能忠敬**，関孝和，安藤広重，フランツ・リスト，井原十兵衛，ペスタロッチ，葛飾北斎 | | | ウェリントン，**渋沢栄一**，岩松助左衛門，**織田信長**と平手政秀，宮城道雄，**勝海舟**，御木本幸吉，北里柴三郎，津田梅子，友野与右衛門，並河成資，光明皇后 | | | リンカーン，福沢諭吉，野中到・千代子夫妻，佐久間象山，サムエル・ジョンソン，**フランクリン**，前野良沢と杉田玄白，ガリレイ，**井上でん**，キューリー夫人，金原明善，和井内貞行，浜口儀兵衛，**ソクラテス**，ノースクリッフ，グルントウイ | | |
| | 人物数 | 教材数 | 割合（%） | 人物数 | 教材数 | 割合（%） | 人物数 | 教材数 | 割合（%） | 人物数 | 教材数 | 割合（%） | 人物数 | 教材数 | 割合（%） | 人物数 | 教材数 | 割合（%） |
| | 0 | 30 | 0 | 0 | 30 | 0 | 5 | 30 | 16.7 | 12 | 30 | 40.0 | 12 | 30 | 40.0 | 16 | 30 | 53.3 |
| 第二集 | | | | **新井白石** | | | ジョージ・スチブンソン，ハンス | | | グリュッペロ，ジャン・ジャク・ルソー，**間宮林蔵**，**源義家**，グルエルモ・マルコーニ，永井銀次郎，小泉八雲 | | | トルストイ，大岡忠相，中野貫一，ツルゲーネフ，源博雅，上村松園，ニュートン，鑑真，田淵寿郎，伊藤博文と井上馨 | | | 福沢諭吉，小林虎三郎，クルト・カールセン，白瀬矗，太田道灌，織田幹雄，**賀茂真淵**と**本居宣長**，角倉了以，酒井田喜三衛門，アルキメデス，布田保之助，孟子の母，聖徳太子，トルストイ | | |
| | 人物数 | 教材数 | 割合（%） | 人物数 | 教材数 | 割合（%） | 人物数 | 教材数 | 割合（%） | 人物数 | 教材数 | 割合（%） | 人物数 | 教材数 | 割合（%） | 人物数 | 教材数 | 割合（%） |
| | 0 | 22 | 0 | 1 | 24 | 4.2 | 2 | 23 | 8.7 | 7 | 23 | 30.4 | 10 | 24 | 41.7 | 14 | 24 | 58.3 |
| 第三集 | **小野道風** | | | アンリ・ファーブル，加藤嘉明 | | | 加賀千代女，ダンロップ，華岡青洲，青木昆陽，黒井信蔵，ユリアナ女王，**ナイチンゲール** | | | カント，リンカーン，隅猪太郎，ラエネック，ロバート・フルトン，山田文右衛門，**石井十次**，沼田一雅 | | | **野口英世**，木原均，クラーク，小林作太郎，マイケル・ファラデー，前島密，北原白秋，岡倉天心，ストウ夫人 | | | 禅海，木村栄，**勝海舟**と**西郷隆盛**，カーライル，坂本龍馬，豊田佐吉，ハーベー，牛島謹爾，ドクター・サトー | | |
| | 人物数 | 教材数 | 割合（%） | 人物数 | 教材数 | 割合（%） | 人物数 | 教材数 | 割合（%） | 人物数 | 教材数 | 割合（%） | 人物数 | 教材数 | 割合（%） | 人物数 | 教材数 | 割合（%） |
| | 1 | 19 | 5.3 | 2 | 19 | 10.5 | 7 | 20 | 35.0 | 8 | 20 | 40.0 | 9 | 20 | 45.0 | 9 | 18 | 50.0 |
| 計 | 1 | 71 | 1.4 | 3 | 73 | 4.1 | 14 | 73 | 19.2 | 27 | 73 | 37.0 | 31 | 74 | 41.9 | 39 | 72 | 54.2 |

※一教材に複数の人物が掲載されている場合は人物数を「１」とした。

**表６　『中学校道徳の指導資料』で扱われた人物と数**

| | 一年 | 人物数 | 教材数 | 割合（%） | 二年 | 人物数 | 教材数 | 割合（%） | 三年 | 人物数 | 教材数 | 割合（%） |
|---|---|---|---|---|---|---|---|---|---|---|---|---|
| 第一集 | 福沢諭吉，ヘレン・ケラーとサリバン女史，織田幹雄と南部忠平と田島直人，トルストイ | 4 | 17 | 23.5 | キューリー夫人，ガンジー | 2 | 15 | 13.3 | 児島惟謙，カベル女史，野中到・千代子夫妻 | 3 | 17 | 17.6 |
| 第二集 | ツエーザル・フライシュレン，フィリップ・シドニー卿，ボーマン，高木菊三郎，藤田伝三郎，シュバイツァー | 6 | 21 | 28.6 | 西行，ルイ・パスツール，栗本鋤雲 | 3 | 19 | 15.8 | 宮城道雄，高村光雲と高村光太郎，ケネディ | 3 | 15 | 20.0 |
| 第三集 | アムンゼン，マルゲリート，原敬，大藤信郎，ダルガス，**孔子**と子路 | 6 | 17 | 35.3 | 豊田佐吉，岡倉天心と狩野芳崖，岩村昇，**野口英世**，了海，ジェーン・アダムス | 6 | 18 | 33.3 | リンカーン，福沢諭吉，新渡戸稲造 | 3 | 13 | 23.1 |
| 計 | | 16 | 55 | 29.1 | | 11 | 52 | 21.2 | | 9 | 45 | 20.0 |

※一教材に複数の人物が掲載されている場合は、人物数を「１」とした。

この指導資料刊行と時を同じくして、昭和四十一年（一九六六）に勝部真長《みたけ》・酒井俊郎・小沢恒三郎編『道徳資料による人物伝記の教材研究』（文教書院）の小学校編と中学校編が、それぞれ発刊されている。これは、「文部省発行の教師用『道徳の指導資料』第一集から第三集までと、数社で発行されている道徳の副読本の中に掲載されている人物について、その人物を通しての道徳指導のねらい、その人物の生活した歴史的背景、その人物の略歴、さらに児童に近親感をもたせるために、その少年時代をとりあげ、その人物が後世に偉人として成長していく転換の時期・立志発ぷんの動機などについて、その転換過程を顕微《ママ》鏡的に拡大し、その人物を浮きぼりにして描きだそうとし[36]」、「その人物の成人後の業績・実績も簡単に記入するように試み[37]」たものである。そして、「道徳の時間に活用され、また学校行事などの説話に、さらに各家庭においても、父母と子どもの心の触れ合いのなかだちの資料として活用される[38]」ことが期待されていた書であった。

同書は、教師用『道徳の指導資料』や副読本の補助資料として編まれたわけだが、子供に偉人への親近感を持たせるために、その成長の転換点や過程を「顕微《ママ》鏡的に拡大し」て書いているのは、子供の生活実態から懸隔し硬直した内容であると批判されていた修身の人物伝教材が意識下にあったことが推察される。

「道徳の時間」が特設されてから数年の間は、「人物・伝記の活用については、その教育的効果の大きいことは、じゅうぶんに認められ[39]」ていたようだが、人物伝教材研究にブレーキをかけたのが、「道徳の時間」をめぐる反対運動や妨害活動であった。それらは、日本教職員組合を中心とする進歩派・革新派勢力によって推進され、「道徳の時間」は修身科の復活であり、戦後の民主主義に逆行する保守反動・逆コースだとして反対・妨害活動が敢行されたのであった[40]。

これに対して、文部省は「道徳の時間」について「文部省の各種審議会は、つねに修身科教育の批判から出発して[41]」「かつての修身科となることを極力排除した[42]」「昔の修身科のような徳目の暗記や詰め込みにはならない[43]」というように、文部省も修身科に対して否定的な見解を表明することとなった。これにより「修身科に対する否定的な評価は決定的に固定化されてしまった[44]」のであった。

この「道徳の時間」をめぐる日本教職員組合と文部省の対立は、「道徳の時間」を教師たちから遠ざける一方、修身科に対する評価を著しく低下させていった。したがって、戦後の教育学界においては、修身科の評価は概ね次のような評価になっていったのだった。

「今日の時点で改めて考えるならば、修身教育は、①教育勅語に基づく、いわば国定化された道徳の押しつけ、②『皇運扶翼』を頂点とする勅語的道徳の内容、③あれこれの徳目を観念的に注入する反面、自主的な価値選択の能力の育成という視点を欠いた徳目主義、④学問的真理に背く『国史』（日本歴史）等の教科教授や形式主義的訓練との結びつき、などの諸点において批判されなければならない[45]」

このように修身は、「批判されなければならない」教育であるという評価が教育界で定着したことによって、その主教材であった人物伝教材も次第に顧みられなくなり、その有効性について研究されることもなくなっていったのだった。

ちなみに道徳科成立以前に発行されていた道徳副読本[46]に登場した人物伝教材数を、表７・８において確認しておこう。

小学校副読本の人物伝教材の占有率は、一年（０・６％）、二年（０％）、三年（２・３％）、四年（６・３％）、五年（12・１％）、六年（22・９％）である。これは、先に見た文部省指導資料と比較すると、一年では０・８％、二年では４・１％、三年では16・９％、四年では30・７％、五年では29・８％、六年では31・３％とその割合がそれぞれ減少している。

中学校の占有率は、一年（３・４％）、二年（５・１％）、三年（６・８％）である。これも小学校同様、文部省指

表７　道徳副読本に扱われた人物伝教材数（小学校）

| | 一年 | | | 二年 | | | 三年 | | | 四年 | | | 五年 | | | 六年 | | |
|---|---|---|---|---|---|---|---|---|---|---|---|---|---|---|---|---|---|---|
| | 人物数 | 教材数 | 割合（％） | 人物数 | 教材数 | 割合（％） | 人物数 | 教材数 | 割合（％） | 人物数 | 教材数 | 割合（％） | 人物数 | 教材数 | 割合（％） | 人物数 | 教材数 | 割合（％） |
| 学研 | 1 | 34 | 2.9 | 0 | 35 | 0 | 2 | 35 | 5.7 | 3 | 34 | 8.8 | 4 | 34 | 11.8 | 7 | 35 | 20.0 |
| 教育出版 | 0 | 34 | 0 | 0 | 35 | 0 | 0 | 35 | 0 | 2 | 35 | 5.7 | 4 | 35 | 11.4 | 7 | 35 | 20.0 |
| 日本文教出版 | 0 | 34 | 0 | 0 | 35 | 0 | 1 | 35 | 2.9 | 2 | 35 | 5.7 | 3 | 35 | 8.6 | 8 | 35 | 22.9 |
| 文渓堂 | 0 | 34 | 0 | 0 | 35 | 0 | 1 | 35 | 2.9 | 3 | 35 | 8.6 | 5 | 35 | 14.3 | 9 | 35 | 25.7 |
| 光村図書 | 0 | 34 | 0 | 0 | 35 | 0 | 0 | 35 | 0 | 1 | 35 | 2.9 | 5 | 35 | 14.3 | 9 | 35 | 25.7 |
| 計 | 1 | 170 | 0.6 | 0 | 175 | 0 | 4 | 175 | 2.3 | 11 | 174 | 6.3 | 21 | 174 | 12.1 | 40 | 175 | 22.9 |

表８　道徳副読本に扱われた人物伝教材数（中学校）

| | 一年 | | | 二年 | | | 三年 | | |
|---|---|---|---|---|---|---|---|---|---|
| | 人物数 | 教材数 | 割合（％） | 人物数 | 教材数 | 割合（％） | 人物数 | 教材数 | 割合（％） |
| 学研 | 1 | 37 | 2.7 | 0 | 37 | 0 | 0 | 37 | 0 |
| 教育出版 | 0 | 35 | 0 | 2 | 35 | 5.7 | 2 | 35 | 5.7 |
| 日本文教出版 | 0 | 35 | 0 | 3 | 35 | 8.6 | 3 | 35 | 8.6 |
| 東京書籍 | 1 | 35 | 2.9 | 3 | 35 | 8.6 | 2 | 35 | 5.7 |
| 光村図書 | 4 | 35 | 11.4 | 1 | 35 | 2.9 | 5 | 35 | 14.3 |
| 計 | 6 | 177 | 3.4 | 9 | 177 | 5.1 | 12 | 177 | 6.8 |

導資料より一年では25・7％、二年では16・1％、三年では13・2％、それぞれ減少している。

　こうして修身教育や人物伝教材評価に照明が当てられてこなかった流れの中で、藤田善正が伝記の教育的意義を考察し、よりよい伝記の活用方法を探究した研究は注目される。藤田は、欧米諸国における伝記による道徳教育に着目し、ハロルド・G・ニコルソンの伝記の教育的効果について述べた言葉や中間期の子供にとって道徳性を高める上で伝記的資料が有効であるというノーマン・J・ブルの言葉を紹介している。また、伝記の逸話が数多く取り上げられているウィリアム・J・ベネット編 *A Treasury of Great Moral Stories* が全米でベストセラーになったことなどを挙げ、欧米で伝記が道徳教育教材に活用されてきたことに注目し、人物伝教材の有効性を指摘している[47]。

　さらに藤田は、「今までとは違った視点か

ら、偉人伝を見直し、取り上げていく必要がある[48]」と人物伝の再評価を唱え、人間の弱さとそれを乗り越えた転機に焦点を当てた人物伝による指導について、次の六つの留意点を挙げ自らの指導実践事例を交えながら論じている[49]。

①偉人と言えども人間であるから、悩み・迷いといった弱さがあり、そこに焦点を当てることによって、子どもの心と重ね合わせを図る。

②転機に着眼させ、それを通して、自分の今まで気付かなかった心の転機に気付かせる。

③人物の業績や行為そのものよりも、その行為を支えたものの考え方や心情について掘り下げ、ねらいとする価値に向かって考えを深めさせる。

④成功・失敗という結果よりも、人間が懸命に生きた姿の尊さに目を向けさせる。

⑤存命中の人物を取り扱う場合には、その成功に至るまでの努力と工夫に目を向けさせる。

⑥人物の言葉を扱う場合には、学年が進むにつれて、自分たちの生き方につながる討論に発展するように方向付ける。

右の六点は、人物伝教材の指導に止まらず、教材作成時の留意点としても適用することができると考えられるし、かつての修身教科書の人物伝教材に欠落していた視点が認められる。藤田も修身教材には「人間誰しもがもっている『弱さ』を認めない人間観が見られる[50]」という問題点を指摘していたが、そうした面を描ききれなかったことが、教材と子供の生活実態との乖離を生んだと考えられるのである。

この点については、柳沼良太も人物伝教材の有効性を評価した上で、「どうすれば偉人を身近な存在として感じ、その生き方から『自己の生き方』や『人間としての生き方』について考えを深める[51]」ことができるか、として大略次の六点のポイントを指摘している[52]。

［1］多面的かつ創造的に道徳授業を展開すること。子どもの課題意識を大切にしながら物語の山場を中心に話し合い、他の場面にも関連づけ広めていく。

［2］偉人の苦悩や葛藤を理解できるよう工夫すること。ここで問題解決的な学習を取り入れ「自分が偉人の立場ならどうするか」を問いかける。偉人の立場で役割演技（ロールプレイ）をすることも有効。

［3］複数の道徳的価値が同時並行的に現れることを大事にすること。中心となる道徳的価値を一つ設定して他の価値を排除するのではなく、偉人の多様に現れてくる複数の道徳的価値を丸ごと受け入れるようにする。

［4］偉人の名言や格言を物語に即して理解すること。

［5］道徳的問題をより深く探求するために、「この偉人がなぜこれほどの偉業を成し遂げられたのか」、「この偉人を支えていたものは何か」を意図的に発問すること。

［6］事前学習や事後学習で偉人をより深く調べ、探求すること。各教科、特別活動、総合的な学習などと関連づけながら、総合単元的に発展させていくことも望まれる。

柳沼が［1］で言う「多面的かつ創造的に道徳授業を展開すること」は、藤田も②「転機に着眼させ、気付かせる」、③「人間が懸命に生きた姿の尊さに目を向けさせる」、⑥「自分たちの生き方につながる討論に発展するように方向付ける」と提案していた。柳沼の［2］と［5］は、藤田の①と③とほぼ重なり合うだろう。

柳沼が取り上げた［4］「偉人の名言や格言」については、貝塚茂樹も同様に「偉人の生き方や格言（言葉）に憧れ、それに共感し、強く心惹かれた時に生まれる感動こそが道徳を実践する力となる」[53]とし「偉人の格言（言葉）の意味を自らの生き方の糧として主体的に考えることができるようにすることが重要である」[54]と述べている。

以上のように藤田をはじめとして柳沼や貝塚なども人物伝教材の再評価とその学習効果性に言及していることは、戦後の道徳教育における人物伝教材研究を前進発展させる研究だと考えられる。しかし、その学習効果性の根拠に藤田が「欧米諸国における伝記による道徳教育」の事例や言説を四点ほど挙げているのに止まっているし、[55] 柳沼や貝塚もそれを十分に論証するまでには至っていない。

　人物伝の学習効果性を論証したものには、内村鑑三（一八六一～一九三〇）著『代表的日本人』（*Representative Men of Japan*：一九〇八）を通読させることにより傲慢性が低減したという伊地知恭右らによる実証的な実験研究[56]が挙げられる。

　『代表的日本人』は、西郷隆盛、上杉鷹山《ようざん》、二宮尊徳、中江藤樹、日蓮という五人の偉人たちの高潔な生涯が叙述された書である。内村は「世界中で最も尚ぶべきものは武士道であります[57]」と言っていたが、その武士道的な生き方を体現した代表的な人物を紹介したのが、『代表的日本人』だったのである。伊地知らは同書を「日本古来の道徳や倫理の高潔性を説いた啓蒙の書[58]」として、これを通読することで大衆性が低下するという仮説を立て検証する実験を実施している。大衆性とは「『傲慢性』と『自己閉塞性』という二つの因子から構成される[59]」とし、傲慢性は「ものの道理や背後関係はさておき、とにかく自分自身に様々な能力が携わっており、自分の望み通りに物事が進むであろうと盲信する傾向[60]」、自己閉塞性は「自分自身の外部環境からの閉塞性[61]」を表すとしている。そして、この二要因で構成される大衆性は「個人の非道徳的な心的傾向[62]」ととらえられている。

　この実験は被験者（大学生）たちを、『代表的日本人』（岩波文庫、平成七）を読むグループと別の本、神田敏晶『ＹｏｕＴｕｂｅ革命』（個人の人格や価値観に大きな影響を及ぼさない内容：ソフトバンク新書、平成十八）を読むグループとに分け、第一回調査：読む前（300名）と読了後：第二・第三回調査（約二週間後〈124名〉・約三ヵ月後〈110名〉）を実施したものである。その結果、実験直後（約二週間）においては『代表的日本人』を読んだグループの方が、傲慢性という非道徳的な心的傾向が一定期間低下する傾向にあることが分かった。しかし、通読から一定期間（約三ヵ月）経過後においては、通読による効果を確認することができなかったという結果が出されている[63]。ただしこれは、「『万人』に対しては、読了後の時間の経過に伴い、その効果が安定的に持続しがたい可能性が存在するものと考えられる」[64]が、幼少期に道徳的な環境下にあった人や個人志向性の高い人たちについては三ヵ月後も傲慢性抑制の傾向が高いことが明らかにされている[65]。そして、その一方で自己閉塞性が高い人には『代表的日本人』が理解されがたいという可能性があり、通読効果が低下することが予想される結果も導き出されているのである[66]。

これは、人物伝による道徳的学習効果性の一端を示唆する実験であったと言えるだろう。ただし、伊地知らの研究は大衆概念に着目しそれを抑制するための手段を模索する中で行なわれており、傲慢性・自己閉塞性という非道徳的な要因について『代表的日本人』通読の効果を検証したものである。また、対象が大学生であり児童生徒ではない。したがって、人物伝教材が道徳的人格形成にどのように影響をもたらすのかという学習効果の解明は充分になされたとは言い難い。そこで、次節以降、人物伝が道徳的な人格を形成していく上でどのような学習効果や有効性があるのかということについて、心理学的・歴史学的な側面からより包括的に究明していきたいと思う。

## 第二節　人物伝教材による教育的効果

### 1　「偉人の模倣」という道徳教育の方法

「よき人を見ればわが身も磨かれて鏡に向かう心地こそすれ[67]」

わが国では、江戸時代に右のような道歌が詠われることが流行った。道歌とは道徳的な教訓を込めた和歌である。右の歌には、「自分の心を磨くにはよい人をお手本にすることだ」ということが詠われているが、「よい人をお手本にする」というのがより自然で無理のない道徳教育の方法だと考えられる。「聖人は百世《ひゃくせい》の師なり」(『孟子』)「古人の徳を稽《かんが》えよ」(『書経』)などの言葉があるが、道徳性を養うのに「よい人」つまり偉人賢人に学ぶというのは、後述するように古来広く行なわれてきた教育方法であった。

西洋でも同様なことを、ニッコロ・マキアヴェリ（Niccolò Machiavelli：一四六九～一五二七、政治思想家）が述べている。君主たる者何をなすべきかを書いた『君主論』（*Il Principe*：一五三二）の中で、彼はこう言う。

「人間は、たいてい他の人がまえに踏みしめていった道を通り、その先人の行動を模倣しつつ、進もうとするものである。〔中略〕賢い人間は、偉人の歩いた足跡をたずね、ずばぬけて立派な人物をつねに範とすべきなのである。それは、たとえ自分の力量がそこまで到達できなくても、せめてそのあたりの余香にあずかれるようにである[68]」

「君主は歴史書を読み、それをとおして偉人の残した行動を考察することが必要である。〔中略〕そして、とくにある偉人が過去に行なったとおりのことをやらなければならない。しかも、その偉人にしても、彼以前に、世人に讃《たた》えられ、栄光に輝いた者を範としたのであり、その者のふるまいや事績をつねに座右の銘としたのである[69]」

このように「賢い人間」や君主たる者は、偉人を模倣することが必要だとマキアヴェリは説いているのである。

バートランド・ラッセル（Bertrand Arthur William Russell：一八七二～一九七〇、哲学者）も、人を行動へ導く極めて強力な誘因として、「ある自分の好きな人間に自分を似せようという、きわめて強力でしかも有りふれた動機[70]」を挙げている。そして、ラッセルはこう言う。

「自分の気に入りの英雄の模倣は、何も偉大な人間の生涯に限らず、世間普通の人々の大部分の生活に強力な刺戟を及ぼすし、同様に女傑ヒロインの模倣も、多くの女性の生涯に似たような影響を与える[71]」

ヒーローやヒロインの模倣は、人に「強力な刺激」を与えるとラッセルは言っているのだが、「学ぶ」の語源が「まねぶ」からきていることからも分かるように、模倣は学習の基本だと言える。世阿弥も「稽古は形木《かたぎ》なり」と言って、型を体得することが稽古の基本だとした。偉人の生き方（型）は人を強く突き動かし、その模倣によって道徳性が養えるということが洋の東西を問わず語られているのだ。

## 2　心理学的知見から見た模倣の有効性

心理学では、この模倣ということについてモデリング（Modelling）と呼んで研究がなされている。モデリング（観察学習）とは、他者の行動を観察することで、それを習得する学習過程を言う。アルバート・バンデューラ（Albert Bandura：心理学者）の実験によってスタートした理論である。バンデューラは保育園児たちを対象に、このモデリング理論によって、攻撃行動が学習されるかを実験した。

園児たちは、モデルが人形を攻撃する行動を観察した。その結果、現実モデル（現実の大人）、フィルムモデル、アニメモデルを見た園児たちは、いずれも何も見なかった園児たちよりも、モデルが示した同様の攻撃行動を多く示した[72]。そして、さらにそのモデルが攻撃することで報酬や罰を受ける代理強化によって、園児たちが影響を受けるかどうかの実験も行なわれた。その結果、報酬を受けたモデルを見た園児たちは、他の条件の園児に比べ攻撃行動を多く示す、ということが分かった[73]。

このモデリングは攻撃行動に限られるものではなく、援助行動や向社会的行動（報酬を期待せず社会のためになされる自発的行動）を促進し得るということも知られている[74]。また、モデリングのモデルは具体的な実在の人物でなくても、テレビやマンガのヒーローなども強力なモデルになり得るとされている[75]。さらにモデリングは子供の道徳的判断を変容、発達させる有効な学習方法であることも分かっている[76]。道徳的な指向を変化させにくいとされる非行少年に対しても、モデリングの効果がみられるのである[77]。

こうしたモデリング理論を用いて、人物伝教材による道徳授業を実践しているのが丸岡慎弥である。丸岡は中心発問を発する前に、次のような手順でモデリングを使用して子供たちに「先人の感覚を味わうことで、自分自身の中で先人」をイメージさせている。[78]

1. 先人（モデル）から得たいと思う成果を問う。
2. 先人の表情、身振りや声のトーンなどを思い浮かばせ、その特徴を言葉に出させる。
3. イメージした先人の中に自己を投入する。
4. モデルとなる先人の視点で感じたことを言語化する。

伊能忠敬（『地球一周を歩いた男―伊能忠敬―』日本文教出版）の授業後に、子供たちはモデリングについて「ぼくは伊能忠敬をイメージした時、将来役立つことをする、自分の夢をかなえる、勉強して人生悔いなく生きることができたというイメージができました」「イメージをしたら、めっちゃイメージしやすくて、人の役に立ちたいってはっきりとわかりました[79]」などと感想を述べている。丸岡の授業の参観者は、「モデリングの後の子どもたちの鉛筆の動きがとてもすごかった[80]」と語っている。これについて丸岡は、「イメージするという行為と言語化を合わせて行ったからこそ、このような成果を得ることができたのだと感じている[81]」としている。この丸岡が行なった人物伝教材のモデリングは、後述するアプ・ディクステルホイス（Albert Jan “Ap” Dijksterhuis）の実験を想起させる手法であり、興味深い取組みであると考えられる。

### 3　脳の性質に適った人物伝教育

アンドルー・N・メルツォフ（Andrew N. Meltzoff：心理学者）は、新生児が手振りや顔の表情を本能的に模倣するということを実証している。[82] メルツォフはこれによって新生児の脳には模倣行動をする先天的なメカニズムが存在するに違いないと言っているが、近年これをさらに補強する発見が脳科学の分野でなされている。それが、ミラーニューロン（感覚-運動神経細胞）である。一九九六年に神経学者・ジャコモ・リゾラッティ（Giacomo Rizzolatti）らにより発見された。ミラーニューロンの発見はＤＮＡの発見同様、偉大な発見であるという研究者もいるほどだ。ミラーニューロンとは、側頭葉、後頭葉、頭頂葉の視覚領域、運動野（下部頭頂葉、下部前中心回、下部前頭回の後部）にある神経細胞の一群である。

　他人の行動を、自分の行動のように映し出す神経細胞だから、ミラーニューロンという名がつけられた。例えば、他者の苦痛を観察すると、自分が直接苦痛を感じた場合に関わる脳領域が起動することが、多くの脳神経イメージング研究で示されている。テレビでサッカーの試合を観戦しているときに、自分もプレーをしているような気持ちになることができるが、それは脳内でミラーニューロンが活動しているからだと考えられる。実際にプレーしているときにも、またそれを見ている（ボールを蹴った音を聞いた、「蹴る」という単語を発したり聞いたりした）ときにも活動する神経細胞がある。それが、ミラーニューロンと呼ばれるものなのである。つまり見ているだけでも、脳内でそのプレーが模倣されシミュレーションされているのだ。だから、観戦者はプロのサッカー選手のような技能がなくても、選手がプレーしているときのような気持ちになれるのである。

　このミラーニューロンの存在から、人間には他人の行動に対してそれを模倣しようとする脳の機能、働きが本来的に備わっているということが言えそうだ。これについて、心理学の方面で興味深い実験がある。それは、社会心理学者・アプ・ディクステルホイス（Ap Dijksterhuis）が行なった実験である。

　実験の内容はこうだ。まず被験者たちをＡ・Ｂ・Ｃ三つのグループに分ける。Ａグループには知性を代表する大学教授のことを頭に浮かべさせて、思いついたことをすべて書き出させる。それから、Ｂグループには、愚者を代表するサッカーのフーリガンについて同様なことをさせる。Ｃグループ（対照群）は何もしない。その後、この三グループの人たちに、一般知識を問うテストを行なった。もちろん学力は、三グループ等しくなるように編成されている。ところが、大学教授のことを考えたAグループは、フーリガンのことを考えたBグループよりも高い成績を出したのである。またAグループは、何もしていないCグループの成績をも上回っていた。

　この実験結果についてディクステルホイスは、こう述べている。

「模倣は私たちを変えることができる。私たちは模倣によって緩慢にもなれば迅速にもなり、賢くもなれば愚かにもなり、数学が得意にもなれば不得意にもなる。役に立つ人間にもなれば、無礼にも丁寧にもなる[83]」

　ならば、道徳性も模倣によって高めるということが可能なのではないのか。

　こうしたモデリング理論の研究やミラーニューロンの発見から分かることは、「模倣」は人間の心や脳に適った行動（学習）であるということだ。自制心の強い人のことを考えると、自分の意志力も強くなることが研究で実証されている[84]。スポーツの世界では、一流選手のプレーを見ることで技術が向上するということはよく知られている話である。尊敬している人なら、その効果はさらに期待できる。なぜなら、脳スキャナーを使った実験では、尊敬や親しみを抱いている人を考えているときの脳は、その人たちのことを「自分とは違う者」としてとらえるのではなく、「自分と同じ者」とみなしているからである[85]。だから、道徳教育において子供が尊敬できる人物伝を用い、その人物の生き方を学ばせ（模倣させ）ていくことは、きわめて効果的な学習法であると言えるのではないか。実際、内村鑑三が書いた『代表的日本人』を読ませると、非道徳的な心的傾向が抑制されるという実験報告が示されているのは先述した通りである。

## 4　人物伝による効果的な学び方

学習指導要領が改正され、道徳の授業の中で、今までよりもさらに「自分自身の問題と捉え[86]」考え議論する時間や、指導の充実が求められている。この「自分自身の問題と捉え」は、人物伝による効果的な学び方のキーワードでもある。つまり、教材に登場する人物の境遇や置かれた立場を、「自分自身の問題と捉え」考えるという学習である。これは、次のような心理学的実験でも、その効果が確認されている。

バトソン（C. Daniel Batson：心理学者）らは、A・B・C三グループの被験者に両親と死別し生活苦と戦う若い大学生（ケイティ・バンクス）の物語を聞かせた。Aグループの被験者は、主人公ケイティの状況に自分自身を置くように指示された。Bグループは主人公の反応と感情に焦点を当て、Cグループは客観的に突き放した視点で主人公をとらえるよう指示された。その結果、Aグループは、B・Cグループよりも、より強い不快感や個人的苦悩の徴候を示し、共感的配慮が高くなったことが分かった[87]。これに類似する実験は認知神経科学の研究でも行なわれており、「自分のこととして」とらえる場合は、苦痛の動機的、感情的次元のコード化に関係する脳領域に、より強い血流力動的な反応が引き起こされていることが確認されている[88]。

教材の登場人物について、いかに「自分のこととして」とらえさせ考えさせるか、ということが、授業の実効性を大きく左右する働きかけになることが、以上のような実験結果から考えられるのである。

「偉人の話を聞いても、とてもそんな人には遠く及ばないし、自分のこととして考えられない子供もいるのではないか」といった疑念をもつ人がいる。しかし、道徳教科書に載せられている人物伝教材については、そうした疑念は不要だと思う。というのも、道徳教材の人物伝教材には、必ずその人物が達成した道徳的偉業に至るまでのプロセスが記されているからだ。エレン・ランガー（Ellen J. Langer：心理学者）の実験によれば、偉大な業績をあげた科学者たちの成功までのプロセスを教えた学生のAグループは、その業績に感銘を受けるとともに「それは自分たちにも達成可能だ」と評価したのだった。一方、業績の情報しか与えなかったBグループの学生たちは、「学者の業績は到底達成できない」と評価したのだった[89]。

　道徳の人物伝教材には、業績や達成したことの前には挫折したことや試行錯誤を繰り返したこと悩んだり苦悩したりしたプロセスなどが必ず描かれている。したがって、そうした教材で学習する子供たちは、Ａグループの学生たちのように「自分たちにも達成可能だ」と考えられるのではないだろうか。人物伝は、子供たちから決して〈遠い教材〉ではないのである。

## 5　人物伝授業の学習効果尺度開発とその信頼性・妥当性の検討

　人物伝が子供たちから決して〈遠い教材〉でないことを実証するために、筆者は市川哲・市川千秋らと人物伝による授業の学習効果を測定する尺度を開発した[90]。この研究では、予備調査として平成二十七年（二〇一五）十二月に三重県内のＣ小学校五、六年生（四クラス、計91名）を対象に質問紙で人物伝教材から学んだことを自由記述形式で尋ね人物伝尺度質問項目の収集を行なった。

　なお、Ｃ小学校はテキストとして五年次に前掲『はじめての道徳教科書』、六年次に前掲『13歳からの道徳教科書』を使用し、年間35時間の授業を適正に行なっている学校である。先述したように『はじめて』は33教材中10教材、『13歳』は37教材中20教材の人物伝教材が配列されているので、本調査の対象としては適切な学校であると判断した。

　児童の自由記述から重複内容を除去し表現に修正を加え、ＫＪ法により次の四点に分類しながら41の人物伝尺度質問項目が得られた。

①人々が困っていることに役立つことをする
②どんな困難が立ちはだかっても頑張る
③生き方を参考にする。感謝される人

**表9 『はじめての道徳教科書』『13歳からの道徳教科書』の人物伝教材と内容項目**

| |
|---|
| 『はじめての道徳教科書』 |
| ベンジャミン・フランクリン（A-2，節度・節制），中村久子（A-4，希望と勇気・克己と強い意志），やなせたかし（A-1，自主・自律・自由と責任），乃木希典（B-9，相互理解・寛容），エンリコ・ダルガス（D-20，自然愛護），ウィリアム・スミス・クラーク（C-10，遵法精神・公徳心），ジャキー・ロビンソン（C-11，公正・公平・社会正義），中江藤樹（C-14，家族愛・家庭生活の充実），長円（C-16，郷土の伝統と文化の尊重・郷土を愛する態度），八田與一（C-18，国際理解・国際貢献） |
| 『13歳からの道徳教科書』 |
| 橋本左内（A-2，節度・節制），吉田松陰（A-1，自主・自律・自由と責任），熊沢蕃山と中江藤樹（A-1，自主・自律・自由と責任），塙保己一（A-3，向上心・個性の尊重），光明皇后（B-6，思いやり・感謝），アンドリュー・カーネギー（B-8，友情・信頼），牧野富太郎・寿衛（B-9，相互理解・寛容），西郷隆盛（B-9，相互理解・寛容），本田宗一郎（B-6，思いやり・感謝），マザー・テレサ（D-19，生命の尊さ），了海（D-22，よりよく生きる喜び），聖徳太子（C-10，遵法精神・公徳心），小林虎三郎（C-10，遵法精神・公徳心），佐久間勉（C-15，よりよい学校生活・集団生活の充実），二宮尊徳（C-13，勤労），濱口梧陵（C-16，郷土の伝統と文化の尊重・郷土を愛する態度），上杉鷹山（C-16，郷土の伝統と文化の尊重・郷土を愛する態度），盛田昭夫（C-17，我が国の伝統と文化の尊重・国を愛する態度），和歌山県大島の人々（C-18，国際理解・国際貢献），福沢諭吉（C-18，国際理解・国際貢献） |

④目的を持つことの大切さ

これについて、「あてはまる」から「あてはまらない」の四件法で同一児童に対して回答を要請した。得られた結果については因子分析（主因子解、バリマックス回転）を行ない、41項目の中で類似する項目をSPSSソフトで抽出した。その結果、因子の負荷.42以上のものが、四つの因子に分かれ計15項目が抽出された（表10）。累積寄与率は、64・68であった。四因子に内容を付与すると、次の1～4になる。

1. 努力・献身（四項目）
2. 偉人への同一視・モデル（五項目）
3. 他者・国への貢献と勇気（四項目）
4. 生きる目的や夢の明確化（二項目）

授業を受けた児童の人物伝の理解については、このような四因子で診断ができるということである。

また、ここに挙げた四因子が、C小学校の児童に定

**表10　偉人伝尺度の因子分析結果**（主因子法・バリマックス回転）

（累積寄与率：64.68）

| | 1 | 2 | 3 | 4 |
|---|---|---|---|---|
| 第一因子　努力・献身 | | | | |
| 偉人伝によって，小さなことでも積み上げていけばきっと大きくなると思った | .80 | .25 | .19 | .18 |
| 偉人伝によって，がんばることの大切さを学んだ | .77 | .28 | .26 | .16 |
| 偉人伝によって，努力をおこたってはいけないと思った | .59 | .32 | .30 | .11 |
| 偉人は，自分のことを犠牲にしてまで人のことを考えられる人だと思った | .53 | .34 | .14 | .20 |
| 第二因子　偉人への同一視・モデル | | | | |
| 偉人のやったよいことを見習いたい | .18 | .69 | .27 | .18 |
| 偉人のように生きたい。 | .22 | .60 | .24 | .30 |
| 偉人伝をもっと読んでみたい（調べてみたい） | .26 | .57 | .09 | .15 |
| 偉人のように優しくなりたい | .45 | .55 | .32 | .05 |
| 偉人伝を読んで，感謝をしようと思った | .18 | .51 | .14 | .01 |
| 第三因子　国や他人への貢献と勇気 | | | | |
| 偉人は他の人のことも考えられるので，すばらしいと思った | .11 | .30 | .85 | .07 |
| 偉人は，自分の国のために何かしようと考えたところがすばらしいと思った | .34 | .33 | .59 | .09 |
| 偉人は，勇気があると思った。 | .44 | .26 | .57 | .07 |
| 偉人伝によって，人が喜ぶことをすると自分もうれしいことがわかった | .35 | .08 | .48 | .28 |
| 第四因子　生きる目的や夢の明確化 | | | | |
| 偉人伝によって，将来どのように生きていけばよいかがわかった | .05 | .20 | .23 | .78 |
| 偉人伝によって，自分の夢がはっきりした | .22 | .09 | .01 | .65 |

着しているとも考えられるのである。

人物伝尺度の信頼性をみるために $\alpha$ 係数を算出したところ、「.81」「.86」「.80」「.70」であり、信頼性が得られた。また、弁別力を検討するために $M+1/2SD$ 以上をG群、$M-1/2SD$ 以下をP群としてG－P分析を行なったところ、全項目で有意な結果が得られた（$t(47\sim70)=23.73\sim36.38,\ p<.001$）。したがって人物伝尺度は、一定の信頼性ならびに弁別力を持っていると言える結果が得られたので、これを再び同じ内容で調査したときも、被験者が同じように反応するということが予想できる。

以上のような予備調査で作成した人物伝尺度に、次の（イ）～（ハ）のような三つの尺度を加えて質問紙を作成した。なおこれら三尺度は、いずれも先行研究で信頼性や妥当性が検証されているものである。

（イ）小学生用レジリエンス尺度[91]（楽観性、挑戦性、内面的共有性、積極的活動性の四因子から精神的回復力を測定する尺度）

（ロ）児童生徒用品格尺度[92]（根気・誠実、勇気・工夫、寛大・感謝、フェアー・配慮の四因子から児童生徒の品格を測定する尺度）

**表11　偉人伝尺度と回復力，児童生徒用品格，児童用領域別効力感の各尺度間の相関係数の結果（Pearson，両側検定）**

| | | 品格 | | | | 自己効力感 | | | | 回復力（リジリエンス） | | | |
|---|---|---|---|---|---|---|---|---|---|---|---|---|---|
| | | 根気・誠実 | 勇気工夫 | 寛大感謝 | フェアー記憶 | 学業達成 | 友人 | 運動 | 自己 | 楽観性 | 挑戦性 | 内面共有性 | 積極的活動性 |
| 偉人伝 | 努力・献身 | .30** | .57*** | .67*** | .44*** | .49*** | .51*** | .55*** | .55*** | .39*** | .49*** | .60*** | .54*** |
| | 偉人同一視・モデル | .35** | .51*** | .65*** | .46*** | .40*** | .43*** | .52*** | .40*** | .38*** | .47*** | .66*** | .55*** |
| | 国や他者貢献と勇気 | .33** | .44*** | .58*** | .41*** | .39*** | .49*** | .51*** | .41*** | .38*** | .37*** | .50*** | .50*** |
| | 生きる目的や夢の明確化 | .34** | .63*** | .62*** | .42*** | .25* | .35** | .40*** | .35** | .48*** | .60*** | .50*** | .64*** |

*$p<.05$. **$p<.01$. ***$p<.001$

（ハ）　児童用領域別効力感尺度[93]（学業達成、友人関係、運動、自己の四因子から児童の自己効力感を測定する尺度）

（イ）のレジリエンスとは、「ダメージから回復する個人の特性・能力[94]」をいう。教材の中の人物は、艱難辛苦の試練や目標達成過程の中で挫折しながらも精神的に回復してそれを乗り越え、自らの意志を貫徹して課題を解決したり事業を完遂したりしているので、精神的回復力と関連があるととらえられる。

（ロ）の品格については、青木多寿子が「根気・誠実、勇気・工夫、寛大・感謝、フェアー・配慮」の四種類の品格[95]を挙げているが、教材中の人物にはこれらの品格が備わっているとみなされる。

（ハ）の効力感とは、「ある課題を自分の力で効果的に処理できるという信念[96]」である。自己効力感を高めるには、自己の成功体験はもとより努力し成功している他者を見る代理体験も有効である。教材中の人物には、困難を乗り越えて夢や希望をかなえた姿が描かれているので、これを学ぶと自己効力感の向上につながると考えられる。

以上のような精神的回復力、品格、自己効力感は、人物伝授業と正の関連が想定される要因であると考えられる。したがって、これら三つの尺度と人物伝効果尺度との相関関係を調べその妥当性を検討するため、質問紙でC小学校五、六年生（四クラス、75名）を対象に平成二十九年（二〇一七）三月に調査を実施した。これにより人物伝尺度の妥当性検討のための調査を行ない、人物伝尺度と三尺度との相関関係を分析（Pearson：両側検定）した。その結果、全ての因子間で正の弱い相関（.2～.4）、あるいは正の中程度（.4から.7まで）の有意な相関関係が見られた（表11）。中でも「寛大感謝」「運動」「内面共有性」は、人物伝尺度との間に相対的に高い相関が見出された。また、「生きる目的や夢の明確化」は、「勇気工夫」「挑戦性」「積極的活動性」との間で高い相関関係が認められた。これらの結果から人物伝尺度の併存的妥当性が示されたと考えることができる。

したがって人物伝教材による授業は、精神的回復力、品格、自己効力感の向上を促す学習効果がある可能性が示唆されたと考えられる。そして、人物伝教材は子供たちに道徳モデルとしての規範性を示し、「努力・献身」「国や社会への貢献と勇気」「生きる目的や夢の明確化」といった道徳的価値を身につける上で効果的な教材であることが実証できたと言えよう。

## 第三節　活用の歴史から検証する人物伝教材の有効性

### 1　偉人の生き方を教えた孔子の教育法

道徳教育において人物伝を用いて、その人物の生き方を学ばせていくことは、先述したような人格育成に効果が期待できる学習法であると考えられる。だからこそ、人類には徳性涵養のために人物伝を書き、それを用いて教育するという長い歴史があったのだろう。偉人に学び道徳心を養うという教育は、今から二千五百年前、すでに孔子学団の中で垣間見ることができる。二千五百年前というと、それはわが国の縄文晩期にあたる時代である。

孔子（紀元前五五二〜四七九）は、中国の春秋末期の乱世において十四年にわたる遊説の旅の後、門人たちを教育し儒教を体系づけた学者、教育家である（第三章第二節参照）。孔子は「聖と仁との若《ごと》きは、則ち吾豈《あに》敢てせんや。抑之《そもそもこれ》を為《まな》びて厭わず」（述而第七、原漢文、以下同じ）[97]と述べ、聖人や仁者に学びそれに近づきたいという熱意を語っている。したがって、『論語』を読むと、孔子が理想とする生き方、治世を行なった聖人・偉人の名が散見され、その偉業が称えられたり批評されたりしている。

例えば、

「大《だい》なるかな、堯《ぎょう》の君《きみ》為《た》るや」（泰伯第八[98]）
「巍巍乎《ぎぎこ》たり、舜《しゅん》・禹《う》の天下を有《たも》つや」（同右[99]）
「己《おのれ》を修《おさ》めて以《もっ》て百姓《ひゃくせい》を安んずるは、堯舜も其《そ》れ猶《な》ほ諸《これ》を病《や》めりと」（憲問第十四[100]）
「其《そ》の志を降《くだ》さず、其の身を辱《はずかし》めざるは、伯夷《はくい》・叔斉《しゅくせい》か。柳下恵《りゅうかけい》・少連を謂ふ。志を降し身を辱むるも、言は倫に中《あた》り、行は慮に中る。其れ斯くのごときのみ。虞中《ぐちゅう》・夷逸《いいつ》を謂ふ。隠居して放言し、身は清に中り、廃せられて権に中る」（微子第十八[101]）

などが、それである。

堯、舜、禹というのは孔子が仰いだ中国古代の理想的な帝王たちであり、伯夷・叔斉・柳下恵・少連・虞中・夷逸らは、志高くして位なく世を逃れ生きた義人・賢人である。西郷隆盛（一八二七〜七七）が「堯舜を以て手本とし、孔夫子を教師とせよ[102]」「堯舜は天下に王として万機の政事を執り給えども、其の職とする所は教師なり[103]」と述べているように、孔子は〈正しく生きる〉ことを教えるために堯・舜など聖人君子を取り上げているのだ。

実際孔子は、子路など門人との問答の中で、管仲《かんちゅう》（?〜紀元前六四五）の人物評を幾度か行なっている。管仲とは、斉の桓公を助けて覇者にした名宰相である（第三章第一節参照）。孔子より遡ること百七、八十年前の人物だが、彼はこうした人物を通して治者たる者は何を備え何が求められるのかといったことを門人たちと討究し合っていったのだろう。

それから、孔子は自らの衰えを嘆いたとき、こんな言葉を残している。

「甚《はなは》だしいかな、吾が衰《おとろ》へたるや。久しいかな、吾復《ま》た夢に周公《しゅうこう》を見ず」（述而第七[104]）

ここで言う周公とは、兄の武王を補佐し周の政治・文化の基礎を築いた政治家、軍人、哲学者である。孔子から五百年ほど前の偉人に、彼は終生傾倒し尊敬し生き方の規範とした。その恋い焦がれるかのように敬愛していた周公を夢に見なくなったことを嘆いて発した言葉だが、孔子自身、熱烈な思いで偉人に学び、人格を磨こうとしていたことが分かる。

## 2　孔子の教育法を受け継いだ孟子

偉人に学び徳性を涵養するという教育法は、亜聖（聖人・孔子に次ぐ人物）と仰がれた孟子（紀元前三八五？～三〇五？）にも受け継がれた。孟子は、孔子歿後約百年を隔てた戦国時代に活躍した人である。孟子は子思《しし》（紀元前四八三？～四〇二？、孔子の孫）の門人に学び、孔子の教えを尊重した。孟子は「願ふ所は、則ち孔子を学ばん」（公孫丑章句下[105]）と言っているように、彼自身孔子の生き方を手本にした人だった。乱世において孟子は、道義道徳によって天下を治めようと志し、孔子と同じく諸侯に遊説したが用いられなかった。孟子を迎えた梁《りょう》の恵王《けいおう》（紀元前四〇〇～三一九）は、彼の主張を「迂遠にして事情に闊《うと》し[106]」として退けたように、諸侯たちは速効性のある施策や実利を求めたからだった。

『孟子』本編中には、やはり堯、舜、禹、それから殷《いん》の湯王《とうおう》、周の文王《ぶんのう》、武王《ぶおう》などの道義的な事績や生き方の説話が多く示されている。孟子には「聖人は百代にわたっての模範である」という信念があり、これら聖王の道義に基づいた生き方を模範として政治をなされませ、と諸侯たちに教えたのだった。「舜何人《しゅんなんぴと》ぞや。予何人《われなんぴと》ぞや」（滕文公章句上[107]）。舜のような聖人も我々と同じ人間である。その生き方を手本として、ひたすら努力して修養を積めば、我々もその域に到達することができる。これは、孔子の弟子・顔淵の言葉を引いて孟子が発した言葉だが、これはそのまま孟子の信念でもあった。

「孔孟の道」と称されるように『孟子』は『論語』と並び称される儒書だが、『論語』に比して特徴的なのは、人物の道義的生き方を示し仁義の徳をより具体的に説いているところである。例えば、こうだ。

「下位に居り、賢を以て不肖に事《つか》へざる者は、伯夷なり。五《いつ》たび湯《とう》に就き、五たび桀《けつ》に就く者は、伊尹《いいん》なり。汙《お》君《くん》を悪まず、小官を辞せざる者は、柳下恵《りゅうかけい》なり。三子者《さんししゃ》は道を同じうせざれども、其の趨《すう》は一《いつ》なり、と。一とは何ぞや、と。曰く、仁なり」（告子章句下[108]）

こういう具合に孟子は、賢をもって愚に仕えなかった伯夷、民を救おうと何度も仕官した伊尹（殷の宰相）、賤しい役も辞さなかった柳下恵（周代魯の裁判官）という「三賢人」の行為を示して仁義の徳を述べているのである。ところで、孔子や孟子が人物を語る上で典拠にしたと考えられるのが、『詩』『書』（孔子が整理し、後の『詩経』『書経』の原型になったものとされている）である。『詩』には先賢・聖王の功績や徳などを称えた歌謡が収められており、『書』は中国上代の歴史や訓戒が記されている。両書は儒家にとっての教科書であり、この中に記されている聖人の言い伝えが引用され、教えが説かれた。したがって、『詩』『書』は世界最古の道徳教育テキストであったとも言えようか。

例えば、孟子は『書』を引いて、次のように湯王の事績を伝えている。

「書に曰く、湯《とう》一《はじ》めて征する、葛《かつ》より始む、と。天下之《これ》を信ず。東面《とうめん》して征すれば、西夷《せいい》怨み、南面《なんめん》して征すれば、北狄《ほくてき》怨む。曰く、奚為《なんす》れぞ我を後《のち》にする、と。民の之を望むこと、大旱《たいかん》の雲霓《うんげい》を望むが若《ごと》し」（梁恵王章句下[109]）

孟子は、このように湯王が他国を征伐したのは暴君を誅《ちゅう》して人民を慰めるためであり、それは民たちから渇望されていたことを『書』から引いて宣王に説き、領土的野心から燕を占領したことを戒めたのである。

## 3　後世に教えを伝え続ける『論語』『孟子』

孔子とその弟子たちの言行録『論語』の原型は、彼が亡くなったあと前漢末までの間にできあがっていったと考えられている。そして、その注釈書が出たのは後漢の時代（一世紀～三世紀）である。注釈書は後漢以後も次々と著され、その数は中国だけでも一千種以上にのぼるという[110]。一方中国において『孟子』が尊重され始めるのが、唐代の韓《かん》退之《たいし》（七六八～八二四、第三章第二節参照）からである。北宋の程子《ていし》（程頤《ていい》、一〇三三～一一〇七）に至っては、「『論語』『孟子』に通暁すれば、六経はとくに研究しなくても、その意味を明確に知ることができる」（『程氏遺書』二十五）とまで評価されるようになっていた[111]。そして、南宋の朱子（一一三〇～一二〇〇）は、最もよく聖人の道を伝える初学入門の書として四書《ししょ》を選び、その中に『論語』『孟子』を入れたのだった。

わが国では古代に『論語』『孟子』が入ってくるが、大いに読まれ広く講ぜられるようになるのは江戸時代になってからである。幕府は朱子学を推奨し、諸藩の藩校では『論語』『孟子』が出版され教科書として使用された。また、校舎内には孔子が祭られ、釈奠《せきてん》（孔子をはじめとする儒教の先哲を祭る祭儀）という行事が林家聖堂（孔子廟）や藩校で盛んに斎行された。なお、釈奠は古代（八世紀）の大学寮ですでに行なわれており、十五世紀まで存続した。その後、釈奠詩会が三条西実隆《さんじょうにしさねたか》（一四五五～一五三七、室町後期の公家・歌人）により催され、肥後菊池氏建立の聖堂や足利学校で釈奠が行なわれたことがあったが、本格的に復活したのは近世からであった。

こうした近世の儒学盛行の流れに乗り、『論語』『孟子』は寺子屋でも読まれるようになる。伊藤仁斎（一六二七～一七〇五）という町人儒学者も出現し、学塾古義堂を開いている。仁斎は『論語』を「最上至極宇宙第一の書」[112]と称賛し、『孟子』をその『論語』の「解説書」と位置づけ、「孟子を熟読せずんば、必ず論語の義に達すること能はず。

蓋論語の津筏《しんばつ》〔わたしぶね〕なり(113)」とした。

仁斎と同時期に京都に塾を開いていたのが武家の山崎闇斎《あんさい》（一六一九〜八二）だが、あるとき闇斎は門人たちにこんなことを尋ねたという。

「方今《ほうこん》彼《か》の邦、孔子を以て大将と為し、孟子を副将と為し、騎数万を率ゐ、来りて我が邦を攻めば、則ち吾党孔孟の道を学ぶ者、之れを如何と為す(114)」

孔子が大将、孟子が副将として日本に攻めて来たら、お前たちはどうする?という問いである。これに対して門人たちは、答えに窮して返答できなかったそうだが、この逸話から当時孔子・孟子がいかに神聖視されていたかが分かる。ちなみに、闇斎は沈黙する門人たちにこう言った。「不幸にして若し此の厄に逢はば、則ち吾党身に堅を被り、手に鋭を捕り、之れと一戦して孔孟を擒《とりこ》にし、以て国恩に報ず。此れ即ち孔孟の道なり(115)」と。

吉田松陰（一八三〇〜五九）は野山の獄中、囚人たちに講義するときに用いたテキストが『孟子』であった。松陰自身先人の生き方を示して人の道を学ぶということを好んで行なったし、「永く後世の人々の模範(116)」となるべく生き亡くなっていった人だった。だから、孟子が先賢の生き方を通して道を説き、素志が遂げられずもなお道を後世に遺したという気迫、迫力に共感するところが少なくなかったと考えられる。

近代に入り、渋沢栄一（一八四〇〜一九三一）も『論語』を尊重し、道徳と経済は合一するという「道徳経済一体の経営」を主張している。渋沢は八十歳を過ぎたときに、実業家に『論語』を読んでもらい品位高き先覚者の出現を期待して『論語』の講義を行なっている。この講義筆録は、後に『論語講義』（二松学舎出版部、大正十四）としてまとめられている。

また、多くの小説家も『論語』を取り上げて作品を書いている。谷崎潤一郎（一八八六〜一九六五）の『麒麟』

(明治四十三)、幸田露伴(一八六七~一九四七)の『悦楽』(大正四)、武者小路実篤(一八八五~一九七六)の『論語私感』(昭和八)、中島敦(一九〇九~四二)の『弟子』(昭和十八)、そして井上靖(一九〇七~九一)の『孔子』(平成元)などが、それだ。井上の『孔子』は、発表されるやセンセーショナルを巻き起こし、半年足らずで六十万冊が売れ、その年の年間ベストセラーになった作品である。なぜこれほどまでに井上の『孔子』が読まれたのかが、かつて様々に問題分析されたことがあった。これについて加地伸行は、「昔から『論語』は読まれてきていた」(117)からだと言っていたが、蓋しこれが至言であろう。わが国では、今も孔子の教えが求められているのである。その証拠に、例えば佐賀県鳥栖市《とすし》では教育課程特例校制度を活用して、市内小中学校に導入された新教科「日本語」で、学びの柱に『論語』を据えた独自の教科書を使用して授業が行なわれている。『論語』を取り上げた理由については、「学問や友情、家族観など普遍性に富んでいる。今後、道徳科と連携させることもでき、学校教育の根幹としてふさわしい」と市教育委員会は説明している(118)。

そもそも『論語』『孟子』はともに孔子、孟子の言行録だから、いわばそれ自体人物伝としての性格を有している。そして、これまで述べてきたように両書の中で孔子も孟子も自ら先人の生き方に倣おうとしているし、そういう方法で人々をも教化しようとしている。こういう教えを伝える『論語』『孟子』は二千年以上の歴史を閲して、今も世界で読み継がれる古典になっている。この事実、歴史は道徳教化という点で人物伝教材が果たしてきた役割の大きさを物語るものと考えられるのである。

### 4　福音書に見る人物伝的性格

トーマス・カーライル(Thomas Carlyle:一七九五~一八八一)は「英雄」の中の英雄としてイエス・キリスト(紀元前六―四?~紀元後三〇?)を挙げているが、その意味で言えば新約聖書の中の福音書は、世界で最も多く読まれてきている英雄伝だと言っていいかもしれない。

四つの（マタイ、マルコ、ルカ、ヨハネによる）福音書には、イエスの生涯が綴られている。イエスは預言者ヨハネ（紀元前六―二？～三六？）から洗礼を受け、神のしもべとして仕えるべく、宣教の旅に乗り出す。途中、荒野で「おまえが本当に神の子なら、石をパンにしてみせよ」とサタンに試されるが、「人はパンのみに生きる者にあらず」と答えこれを振り切る。「神の口を通じて出る一つ一つの言葉で生きる」と決意を固め、約三年間ガラリヤ全地を巡り歩き、民衆に教えを述べ伝えた。

イエスは忌み嫌われる人々に愛情を示し、見離され孤独な者と共にその苦しみを分かち合おうとした。やがて民衆は、イエスを熱狂的にユダヤの救い主《メシヤ》として待望するが、彼はそれを拒んだ。「敵を愛そう。あなたを憎む人に恵もう。……右の頬を打たれれば左の頬を差し出そう」と。人々は怒り失望し、イエスから去っていった。また、弟子たちもイエスの真意が理解できずに、彼の許から離れていったのだった。

イエスの力を恐れた人々は、彼を政治的扇動家として告発して裁き、十字架につけて処刑した。処刑の間際、イエスを裏切った弟子たちは、彼が自分たちをどれほど憎み怨んでいるかを恐れた。しかし、十字架上でイエスから発せられたのは、「父よ、彼らを許し給え。彼らはそのなせることを知らざればなり」という言葉であった。イエスは、自分から離れ見捨てた者たちを怨み憎み罵りはしなかった。それどころか、彼らの救いをイエスは神に祈ったのだった。イエスは、言葉だけでなく死によって神の愛というものを証明し、キリストに高められたのだった。

わが国においてキリストのこのような勇ましい生涯の中に、武士道的な生き方を認めたのが新渡戸稲造（一八六二～一九三三）や内村鑑三をはじめとする武家階層の人々であった。「多くの点においてイエスと其弟子とを武士の模範として見ることが出来る[119]」「最大偉人は主イエス・キリストであった[120]」と内村が言っていたように、彼らは「イエスの武士気質に牽かれて」「イエスの武士らしき性格に憧れて[121]」信者となっていたのであった。

## 5　東洋人物伝の古典としての『史記』

『論語』『孟子』福音書だけではなく、東西の人物伝の代表的古典と言えば、東洋においては司馬遷の『史記』、西洋においてはプルタークの『プルターク英雄伝』（『対比列伝』*Vitae Parallelae*）を挙げていいだろう。

『史記』は司馬遷（紀元前一四五？～八六？）が漢の時代（紀元前一〇〇年頃）に、二十余年の歳月を費やして書いた大著（百三十巻）である。中国の史書の中で、最も古く最も優れたものとされている。帝王をはじめとして大名諸侯、政治家、軍人、文人、学者などの人物伝が、多数記されている。『史記』は、人物中心の史書（紀伝体）あるいは伝記文学であると言ってよい。

帝王及びそれに匹敵する人物は「本紀《ほんぎ》」、大名諸侯、王やそれに準ずる人物は「世家《せいか》」、政治家、軍人、文人、学者など庶民の特筆すべき人物の伝記は「列伝」という部門に入れられている。司馬遷は「之〔正本〕を名山〔帝王の書府〕に蔵し、副〔副本〕は京師《けいし》に在りて、後世の聖人君子〔の高覧〕を俟《ま》つ」（原漢文、以下同じ）[122]と言っていたように『史記』が不朽の書であることを自ら認じていた。実際その後、歴代王朝を通じて最も尊重され愛読され研究され続けてきた史書なのである。

司馬遷の『史記』執筆の動機は何か。それは、彼の父司馬談《しばだん》が死の直前に告げた言葉にあるという。司馬談は息子にこう語った。

「今、漢興《おこ》りて、海内《かいだい》一統し、明主・賢君・忠臣・義に死するの士、余、太史と為《な》りて論載せずんば、天下の史文を廃するなり。余甚だ焉《これ》を懼《おそ》る。汝其《そ》れ念《おも》へよや[123]」

これは、『史記』に書かれた「太史公自序《たいしこうじじょ》」という司馬遷の自伝的文章の中にある言葉である。司馬遷は、賢明な君主、忠義な臣下、道義道徳のために命を惜しまなかった人々のことを後世に残すという父の意志を受けつぎ、『史記』を著したというのである。したがって、『史記』全体を通じて流れている基調は、道義道徳である。それは最も人々が愛読する列伝篇七十巻の筆頭に純潔無比、高潔の士とされた伯夷の伝記が置かれていることからも窺える。伯夷の名は、先述したように『論語』『孟子』の中にも見える。戦国末の代表的詩人・屈原《くつげん》（紀元前三四〇?〜二七八?）が「行《おこない》は伯夷に比す／置いて以て像《ぞう》と為《な》さん」（「橘頌《きつしょう》」）[124]と詠ったように、その清廉な生き方は古来人々から仰がれ、生き方の像（手本）とされてきた人物であった。

また、孔子の伝記が本来入れられるはずのない世家篇に収められていることを見れば、『史記』の中でいかに道義道徳が重んぜられたかは明瞭であろう。孔子は、大名諸侯ではない。にもかかわらず孔子を世家篇に入れたのは、その道徳教化という孔子の果たした役割の大きさと道義の大切さを世に知らしめるためのものであったのだろう。司馬遷は論賛（人物伝の終わりに記された論評）において、「余《われ》祗《し》回《かい》して之《これ》に留まり、去ること能はざりき」[125]と訪ねた孔子旧宅から立ち去り難い深い感動を書き記し、最後にこういう言葉でしめくくっている。

「天下の君王《くんおう》より、賢人に至るまで、衆《おお》けれども、当時は則ち栄え、没すれば則ち已《や》む。孔子は布衣《ふい》にして、十余世《せい》に伝へ、学者之《これ》を宗《そう》とす。天子・王侯より、中国の六藝を言ふ者、夫子《ふうし》に折中《せっちゅう》す。至聖と謂《い》ふ可《べ》きなり」[126]

孔子が生涯をかけて述べ実行した道義道徳は、歿後も滅びることなく人々の生きる標準となっているとし、「至聖」とまで絶賛しているのである。

よく知られる「桃李言はざれども下自ずから蹊《けい》を成す」ということわざが登場するのが「李将軍列伝」の末尾である。前漢の名将李広《りこう》（?〜紀元前一一九）は欲がなく、褒美などを部下たちに分け与えるという清廉無欲な将軍だった。

このように伯夷や孔子、李広を称える一方、司馬遷は道義道徳に反した人物には手厳しい筆を加えている。例えば呉の王であった濞《ひ》（紀元前二一五～一五四）という人物の扱いである。濞は漢の高祖の兄の子で、呉王に封ぜられたが、朝廷に対して横暴驕慢となり、最終的には楚、趙《ちょう》など六王と結び呉楚七国の大反乱を起こし敗死した。よって司馬遷は濞を世家篇に入れることに値せずとして、列伝篇に落として記し、道義に照らしその褒貶《ほうへん》を明らかにしている。

わが国において、『史記』は奈良朝以前に伝来し、今日まで多くの人々に読まれてきた。日本人が『史記』を読んできた歴史も、ひじょうに古く長いと言っていいだろう。奈良時代には大学、国学のテキストになり、平安時代に入ると天皇や貴族が読むようになり知識人の必読の書になっていく。『源氏物語』（平安中期）の作者・紫式部（生没年不詳）の父が、式部の兄に『史記』を教えていたところ、傍で聞いていた式部の方が先に理解し、「この子が男であったら」と父親が嘆息したという話はよく知られる逸話である。実際『源氏物語』には、式部が『史記』の叙述の仕方を意識して書いた箇所が認められるという。[127]

それから、一年に本を五百冊読んだという平安末期屈指の読書家・藤原頼長（一一二〇～五六）も、『史記』の愛読者であった。五山《ござん》の漢学がおこった室町時代には、その僧侶たちが『史記』をよく講義した。それを筆記したのが、国語史資料として尊重されている桃源瑞仙《とうげんずいせん》（一四三〇～八九、室町時代の禅僧）の『史記桃源抄』（文明九）である。江戸時代になると『史記』は最も広く読まれるようになり、多くの注釈書が出版された。頼山陽《らいさんよう》（一七八一～一八三二）は、「この書、史記の世家に倣《なら》」[128]うと「例言」に書いているように、『史記』から影響を受けて『日本外史』（文政十）を書いたのだった。

不良少年だった徳川光圀（一六二八～一七〇一）を変えたのも、『史記』に登場する伯夷の伝記だった。光圀は少年の頃、勉強もせず悪い遊びなどをして周囲の人たちを困らせていた。「水戸様の御家督とは信ぜられぬ言語道断の歌舞伎人」「あれでは、行くすえも笑止千万である」（『小野《おの》言員《ときかず》諫草《いさめぐさ》』）などと悪評されたりもした。[129] そんな問題少年だった光圀を更生させたのが、十八歳のときに読んだ『史記』だったのである。

光圀は伯夷の伝記に動かされ、学問に志を立てた。以前は学問に精励しなかった光圀が、日夜古書、漢籍を読むようになった。自分の書斎を「日新斎」と名づけ、「日に新たに、日々に新たに」（『大学』）と学問に励んだ(130)。

やがて、光圀の高い学識は、天下に鳴り響いていった。光圀の著『梅花紀』は、安藤年山《ねんざん》(131)（一六五九～一七一六、国学者）から激賞された。当時幕府の大学頭《だいがくのかみ》であった林《はやし》鵞峰《がほう》（一六一六～八〇）は幕府の命で編纂した『本朝《ほんちょう》通《つ》鑑《がん》』（神代から慶長十六年までの漢文の編年史）の完成後に、「之を読みて評論すべき者は、水戸相公《しょうこう》のみ(132)」（『国史館日録三』寛文五年十月六日）と書いている。このとき光圀三十七歳、鵞峰四十七歳。光圀は十歳年長の博覧強記で知られ当時文教の全権を握っていた鵞峰に、学問的に一目も二目も置かれる人になっていたのである。

## 6　西洋人物伝の古典としての『プルターク英雄伝』

『プルターク英雄伝』（以下『英雄伝』）も、古今世界中で愛読された人物伝の古典である。著者プルタークは、クラウディウス帝時代（紀元五〇年より少し前）からハドリアヌス帝初年頃（一二〇年後間もなく）までの、いわばローマ帝国の最盛期に生涯を送った人である。彼はプラトン学派のアンモニウス・サッカス（Ammonius Saccas：生没年不詳、アカデメイア学頭）に師事し、ストア派・エピクロス派・ペリパトス派の思想や宗教、自然科学にも広く通じ、晩年にはデルフォイのアポロン神殿の最高神官に就任している。ローマの上流階級の人々から尊敬され、多くの知己を得た。プルタークの著作物は伝記と随想録に大別されるが、キケロ（紀元前一〇六～四三）と並ぶ量を誇る多作の古代作家であった。

『英雄伝』は、ギリシア・ローマの偉人の中で互いに似た人物をひと組とし、二十二組の対比列伝と四篇の単独伝記によって構成されている。対比列伝は例えば、（一）テセウスとロムルス、（二）リュクルゴスとヌマ、（三）ソロンとプブリコラといった組み合わせである。単独伝記は、アラトス、アルタクセルクセス、ガルバ、オトーの四人である。

さて、プルタークは、『英雄伝』の中で、その執筆の動機を次のように記している。

「私は他の人々のために数々の伝記を書くことに著手するようなことになったのに、今では歴史を鏡のように使ってそこに書いた人々の徳性を手本とし、自分の生活をそれに近づけて飾ろうと努めているところから、自分のためにもこの仕事を続けるのが嬉しく思われるようになった[133]」

つまりプルタークは、歴史や偉人を自分の生き方の〈鏡〉にし、徳性を涵養しようとして『英雄伝』を書いたと言っているのである。かって『英雄伝』を邦訳した鶴見祐輔は、「西洋各国の人材にして、この書の影響を受けなかつた人は、絶無と謂《い》はざるも、頗《すこぶ》る稀《まれ》であつたであらう[134]」と言っていたが、西洋では殊に近世において幅広い読者を持った。

『英雄伝』は十五世紀初めにラテン語訳が出され、その後十六世紀にかけて西欧各国語に翻訳され多くの読者を獲得した。フランスでは、『英雄伝』が仏語訳されて「以後何世紀もの間この書物はフランス思想の一部となっていた[135]」とギルバート・ハイエット（Gilbert Highet：一九〇六～七八）が評価している。『英雄伝』は「フランス革命に最大の精神的刺激を与え」「プルタルコス描くところの理想化された人物像〈中略〉は一八世紀の心ある人々をして、自分たちの時代は腐りきった時代で、こういう腐敗の根源は一掃されねばならぬと感じさせた[136]」のであった。したがって、革命を準備した最大の思想家ジャン・ジャック・ルソー（Jean-Jacques Rousseau：一七一二～七八）に、「最も深い影響を与えた[137]」のもまた、『英雄伝』であった。彼は、六歳のときに『英雄伝』を読み始め、八歳ではそれをもう諳んじられるほどになっていた。

一方、イギリスでも、最も優れた英文学作家とされるシェイクスピア（William Shakespeare：一五六四年～一六一六）が、『英雄伝』から多大な恩恵を被っている。彼の『ジュリアス・シーザー』『コリオレイナス』『アントニーとクレオパトラ』『アセンズのタイモン』といった諸作品は、皆『英雄伝』から題材を得て生み出されたものだった。『英雄伝』の道徳的理想主義に、多くの十八世紀の読者たちが感銘を受けたことについて、ハイエットはその具体的な様相を次のように述べている。

「プルタルコスが扱った英雄の生涯を主題として悲劇が書かれた。プルタルコスが説明している制度に倣って新制度が作られた。若い人たちは男も女も自分がギリシアやローマの昔に生きているつもりになった。そしてそれが彼らにとってはよいことであった。ブリソ（一七五四～九三、革命政治家）は『何とかポキオン（前四〇二頃～三一八、アテナイの政治家・軍人）のようになりたいものと胸を燃やした。』ロラン夫人（一七五四～九三、パリにサロンを開き、ジロンド党員のたまり場となる）は『スパルタ人としてあるいはローマ人として生まれなかったことを泣いた。』シャルロット・コルデ（一七六八～九三、コルネイユの子孫、ジロンド党の同情者）はマラ（一七四三～九三、革命家、ジロンド党を敵視した）を暗殺する前に、その日はプルタルコスを読んで過ごした。一八世紀にプルタルコスが新しいものを生む原動力を与えたことに関しては、重要な書物が書けるし、また書かるべきである。一人の哲学者がこれほど時間空間を隔てた所で教育上道徳上にこれほど強い影響を与えた例はそうざらにはない[138]」

ベートーヴェン（Ludwig van Beethoven：一七七〇?～一八三七）が、音の世界をなくし失意の念にかられ自らの命を絶とうとしたとき、ふと読んで悟り自殺を思いとどまったという書が『英雄伝』であった。また、ナポレオン（Napoléon Bonaparte：一七六九～一八二一）が、学生時代友人がつくれず孤独に悩む中、『英雄伝』を何度も読み返し心の支えにしたという。ペスタロッチ（Johann Heinrich Pestalozzi：一七四六～一八二七）の若き日の著作『アギス』は、『英雄伝』からインスピレーションを得て書かれたものだ。その他にもモンテスキュー、ルソー、フリードリッヒ二世、ゲーテ、シラーなど、その愛読者の例は枚挙に暇がない。ハイエットの言う通り、「教育上道徳上にこれほど強い影響を与えた」書は、「そうざらにはない」だろう。

わが国においても、新渡戸稲造があちこち探し回り、どこの本屋にもなかったので、結局アメリカに注文し入手した書として知られている[139]。勤労青少年のために人生の指南書として著された『自警』（大正五年）にも、「僕は好んでプルタークの英雄列伝を読む、読んでゐる間に古代の英雄豪傑の勇気凛然たること、所謂強いことに何もかも忘れて震ひ上がる如く感ずることがある[140]」と心を高揚させる書として『英雄伝』を登場させているのである。

## 7　信仰教化に活用された人物伝

人物伝は道徳教化に限らず、宗教における教義や信仰を広める上でも活用されてきた。例えば聖徳太子（五七四～六二二）が、それである。太子は救済観音の化身と信ぜられ、日本の釈尊と崇められてきた人物だ。こうした太子信仰を支えてきたのが、太子の人物伝であったのである。

わが国においても人物伝は、古い時代からかなり数多く書かれている。その中でも特に質、量ともに他の人物伝を圧倒しているのが、太子の伝記である。そして、太子への信仰は、太子の伝記に負うところが大きいのである。太子の伝記はすでに奈良時代、あるいはそれ以前から数多く書かれてきた。『日本書紀』（養老四）をはじめ『上宮聖徳《じょうぐうしょうとく》法王帝説《ほうおうていせつ》』（著者未詳、奈良時代から平安時代中期頃）、思託『上宮皇太子菩薩伝《じょうぐうこうたいしぼさつでん》』（延暦初め頃）など次々と太子の伝記が著され、特に太子伝を集大成してできた『聖徳太子伝暦《でんりゃく》』（著者未詳、平安時代初期から中期頃）は広く流布し、多くの注釈書が出た。『水鏡《みずかがみ》』（鎌倉時代初期）には「太子伝弥々重宝々[141]」と記されているから、余程この書は力をもっていたことが分かる。その強い影響は、江戸時代まで続いた。この書によって太子を救世観音、聖人とする信仰が次第に定着し発展していったのである。

仏教者の中で熱烈な太子信仰者としてよく知られているのが、親鸞《しんらん》（一一七三～一二六二）である。親鸞は二十九歳のときに、六角堂で百日参籠《さんろう》を行ない、九十五日目に夢で聖徳太子の示現を得て、法然（一一三三～一二一二）の門に入り、他力本願に開眼したと伝えられている。親鸞は晩年に太子の伝記『上宮太子御記《ぎょき》』（撰者未詳、成立年未詳）を自ら書写し、さらに太子を讃えるこんな歌（和讃《わさん》）を残している。

「救世観音大菩薩／聖徳皇《しょうとくこう》と示現して／多々のごとくすてずして／阿摩《あま》のごとくにそひたまふ／〔中略〕／聖徳皇のあはれみて／仏智不思議の誓願に／すゝめいれしめたまひてぞ／住正定聚《じゅうしょうじょうじゅ》の身となれる」[142]

（救世観音大菩薩である聖徳太子が現れ、父のように私を見捨てず慈愛を垂れ、母のようにやさしく離れずにいてくださった。太子のお導きによって仏智不思議の誓願をすすめられ、ついに浄土に往生することが定まった身になりえた）

青年期に信仰上懊悩《おうのう》する中、親鸞が出会ったのが聖徳太子であった。晩年にいたっても、なおも鮮やかに太子は自分の胸のうちに去来し、今の不退転の境地に達したのは、実に太子の力であったと詠い上げているのである。太子信仰は皇室から庶民にまで及んだが、その信仰普及に人物伝が果たした影響は大きかったと言えよう。

### 8　人物伝を活用した道元の仏道教育

仏教界で、人物伝を活用して弟子の仏道教育を行なった人として、道元《どうげん》（一二〇〇～五三）がいる。道元は、曹洞宗の開祖として知られる鎌倉時代初期の禅僧である。この道元が折に触れ弟子たちに説き聞かせた言葉を弟子・懐《え》奘《じょう》（一一九八～一二八〇）が筆録し、その門下が編集したのが『正法眼蔵随聞記《しょうぼうげんぞうずいもんき》』である。十三世紀に成立した書で、仏道修行者のために、その心得・覚悟を説いた内容になっている。

道元は言う。

「唯《ただ》一事につゐて用心故実《ようじんこじつ》をも習ひ先達《せんだつ》の行履《あんり》をも尋ねて、一行《いちぎょう》を専らはげみて、人師《にんし》先達の気色《けしき》すまじきなり[143]」

ただ一つのことについて、心得や模範例を習い、先人の行なった跡を尋ね、一つの行に専らはげみ、決して先生や先輩のような顔をしてはいけない、という意味の言葉である。ここで「先達の行履をも尋ね」と道元が言うように、『随聞記』には源頼朝（一一四七～九九）、魯仲連《ろちゅうれん》（生歿年未詳、戦国時代斉の雄弁家）、智覚禅師（五代十国時代の禅僧）、太宗《たいそう》（五九八～六四九、唐朝第二代皇帝）、藺相如《りんしょうじょ》（生歿年未詳、戦国時代趙の恵文王の家臣）など先人の行蹟が引用され、分かりやすく教えが説かれている。

例えば藺相如の場合、その道義的行動を説明し、最後に次のように述べている。

「相如身をわすれて道《どう》を存することかくの如《ごと》し。今ま仏道を存することも彼の相如が心の如くなるべし。寧《む》しろ道ありては死すとも道無《な》ふしていくることなかれと云云」[144]

相如のように心がけ、「道を守って死ぬことがあろうとも、道をなおざりにして生きることがあってはならない」と言われているのだ、という意味である。このように人物の生き方を通して、仏道を説くという方法がとられていたのである。

## 9　キリスト教教化に用いられた聖人伝

一方西洋においてはキリスト教教化面でも、人物伝は多大な功績を残している。聖人や殉教者の伝記を記した聖人伝である。殉教者や高徳の生涯を送った人たちが聖人とされ、中世ヨーロッパにおいて多く編まれた。その伝記はレゲンダ（legenda）――「読むべきもの」という意味――と呼ばれ、人々の信仰心を鼓舞するために教会で十二、三世紀頃から朗読された。人物伝はキリスト教の教化面においても、大いに活用されてきたのだった。

フランシスコ・ザビエル（Francisco de Xavier：一五〇六～五二）の師であったイエズス会の創立者・イグナチ

オ・デ・ロヨラ（Ignacio López de Loyola：一四九一～一五五六）は、この聖人伝によって人生を大きく変られえた人であった。もともとロヨラは、名誉を求め騎士道精神を重んずるスペイン貴族であった。そのロヨラに転機がやってくるのは、フランス軍との戦争（パンプローナの戦い、一五二一）に従軍したときである。この戦いで、ロヨラは重症を負う。そして、その療養生活中、暇をもて余していたロヨラが手にしたのが、聖人伝だった。

　ロヨラは聖人伝を読み、衝撃を受ける。感激感動が彼の心を満たし、自分もこの聖人のような生き方をしたいという思いがふつふつと湧きあがってきたのである。彼の心を特に強く惹きつけたのが、アッシジのフランチェスコ（Francesco d'Assisi：一一八二～一二二六、フランシスコ会の創設者）であった。ロヨラは軍人生活を捨て去って信仰の道に入り、洞窟の中で祈りと苦行の生活を送った。そして、「宣教と奉仕を行ない教皇の望むところならどこにでも赴く」と、生涯を神に捧げる誓いを立て、カトリックの発展をはかるためにイエズス会を設立していったのである。イエズス会は、一五四〇年に法王パウロ三世（Paulus III：一四六八～一五四九）により公認され、すぐれた布教師を養成していった。プロテスタントの勃興によるヨーロッパでの失地を挽回すべく、東洋への伝道に尽力したのであった。

### 10　英国で国民的規範になった『サミュエル・ジョンソン伝』と『自助論』

「伝記はイギリスで非常によく発達した(145)」と言われるように、イギリス人は伝記好きの国民であるとされている。それは、イギリス文学が〝伝記の宝庫〟であると言われる所以でもあろう。「伝記好きの英国人」という伝統は今も引き継がれ、衰えることがない。

　『イギリス国民伝記辞典』（*Dictionary of National Biography*）は、人物の伝記を集めて構成された辞典である。レズリー・スティーヴン卿（Leslie Stephen：一八三二～一九〇四）が総編集長を務め、三万人弱の伝記が載せられている。一八八五年一月以降三ヵ月ごとに一つの巻が刊行され、全二十二巻が一九〇〇年に完成した。それからほぼ十年おきに補遺が一巻ずつ出され、一九八〇年代終わり頃からこれを全面的に編集し直そうという企画が始まり、一九九三年に補巻が刊行。二〇〇四年には、『伝記辞典』の改訂新版である『オックスフォード・イギリス国民伝記辞典』（*Oxford Dictionary of National Biography*）が出された。

　イギリスでは十七世紀に初めて「伝記」という言葉が生まれ、特に十八世紀半ばから後半にかけて伝記文学は大発展期を迎える。その立役者ともいうべき人物がサミュエル・ジョンソン（Samuel Johnson：一七〇九～八四）である。ジョンソンは、オックスフォード在学中学資が欠乏し、ぼろ靴で凌いでいたときに学友が援助の手をさしのべ新調の靴を戸口に置いたところ、憤然とそれを投げ捨てたという逸話が残る覇気と気概に満ちた作家とされている。ジョンソンは〈大御所〉と呼ばれ、イギリス文学史に巨大な足跡を残した十八世紀後半を代表する文学者である。彼は小説、詩、劇、評論、エッセイ、辞書編集など多岐にわたる膨大な仕事をなしとげているが、伝記文学には並ならぬ情熱を傾注しその発展に寄与した。したがって、彼の著作中「最大、最高の傑作[146]」と言われ、今日も読まれる名作となっているのが、『英国詩人伝』全十巻（*The Lives of the English Poets*：一七七九～八一）である。十七、十八世紀の詩人たち（52名）の伝記とその作品が記されており、ジョンソンが晩年に情熱を傾けた著作であった。

　また、八年間の歳月をかけ独力で編纂した英語辞典（*A Dictionary of the English Language*：一七五五）は、「ジョンソンの辞典」といわれ、今日も専門的価値を失っていない辞書とされている。

　「ジョンソン博士が言うように」（“as Dr. Johson says”）と話の中にジョンソンの言葉を引き合いに出せば、文句なく皆が納得するとされるほどに、イギリス人にとってジョンソンは国民の模範とされる偉人である。「ジョンソンと意見を異にするのは危険だ」とは、T・S・エリオット（Thomas Stearns Eliot：一八八八～一九六五）の言葉である[147]。今日もイギリス人の生活感情や判断の基準にジョンソンの説く人生の叡智が生き、イギリス国民の理想的人物として景仰されているのである。

　それがそうなったのも、ジェイムズ・ボズウェル（James Boswell：一七四〇～九五）の『サミュエル・ジョンソン伝』（*The Life of Samuel Johnson*：一七九一、以下『ジョンソン伝』）の影響が大きい。『ジョンソン伝』は、イギリス伝記文学の中でも最高傑作として位置づけられている名作である。

　ボズウェルがジョンソンに出会ったのが二十三歳、ジョンソン五十四歳のとき（一七六三）であった。ジョンソンが道徳的な随筆などを自ら執筆し刊行していた週刊誌『ラムブラー』（*The Rambler*：一七五〇～五二）を読んで、ボズウェルはジョンソンの人間的偉大さに強く惹かれ傾倒した。ボズウェルは記録マニアと言ってよく、ジョンソンとの会話を細大漏らさず片言隻語の末に至るまで記録した。こうして、その記録をもとに二十七年間の歳月をかけてまとめあげられたのが、『ジョンソン伝』だったのである。『ジョンソン伝』は伝記文学として世界最高の傑作と評され、多くの人々に愛読された。そして、R・L・スティーヴンソン（Robert Louis Balfour Stevenson：一八五〇～九四）が、「私は聖書を読むのと同じように、毎日少しずつボズウェルを読む。私はわが死の日まで、ボズウェルを読むつもりだ[148]」と言ったように、聖書と並びイギリス人の生き方の拠りどころとなっていったのである。

　イギリスにおける偉人英雄崇拝顕彰熱は、ボズウェルが生きた十八世紀末から十九世紀にかけて国家的に高潮してくる。それを象徴しているのが、セント・ポール大聖堂とウェストミンスター寺院に建立されていった偉人英雄たちの墓やナショナル・モニュメントである。セント・ポール大聖堂はイギリス国教会の聖堂であり、ウェストミンスター寺院はイギリス王室の菩提寺である。議会の決議により、ここに続々と英雄偉人たちの墓もしくはモニュメントが配置されていった。

　セント・ポール大聖堂の地下には、例えばネルソン提督、ウェリントン公爵、チャーチル元首相、画家のミレーやターナー、南極探検家のスコットなどの墓が並び、床には墓碑がびっしり敷き詰められている。また、ウェストミンスター寺院も同様、政治家ならウィリアム・グラッドストン、小ピット、大ピット、科学者ならアイザック・ニュートン、チャールズ・ダーウィン、文学者ならサミュエル・ジョンソン、エドマンド・スペンサー、アルフレッド・テニスン、音楽家ならゲオルク・フリードリヒ・ヘンデルらが埋葬されている。

そして、ヴィクトリア朝（一八三七～一九〇一）と呼ばれるイギリス最盛期の時代を迎えると、膨大な数の伝記が出版され、道徳的模範として描かれた聖人伝的な伝記も数多く出された。この時代に生きる人の規範の書として、よく読まれたのが作家サミュエル・スマイルズ（Samuel Smiles：一八一二～一九〇四）の『自助論』（*Self-Help: With Illustrations of Character, Conduct, and Perseverance*：一八五九）であった（第一章第五節参照）。従来伝記といえば国王や軍人、文人が選ばれ記されていたのが大半だったが、スマイルズは、蒸気機関を発明したスティーヴンソンなど一般市井の成功者を何人か取り上げ、『自助論』を書いたのである。スマイルズは、勤勉さなどの道徳性が成功の鍵であることを訴え、『自助論』は特に中産階級の人々に歓迎された。『自助論』は、一九〇四年頃までに二十五万部以上という記録的な売れ行きを示し、教訓、生き方の書としてヴィクトリア時代のイギリス人に多大な影響を与えた。また、世界二十ヵ国語以上に翻訳され読まれた国際的なベストセラー本でもあった。

二十世紀になり、『自助論』は急速に忘れ去られていったが、近年再びイギリスで注目を浴びるようになってきている。保守派層からヴィクトリア時代の価値の見直しとともに、『自助論』が急浮上してきたのである。例えば、マーガレット・サッチャー（Margaret Hilda Thatcher：一九二五～二〇一三）を支持した保守党のキース・ジョセフ（Keith Joseph：一九一八～九四）は、イギリス凋落の責めは「スマイルズが称賛した効果的な勤勉や忍耐、自己規律などの性質を我々が示せなかったことにある」[149]と発言し、『自助論』に説かれた道徳的価値の回復を訴えている。さらには、経済問題研究所（サッチャー政権を支えた保守系シンクタンク）の中心的メンバーの一人である経済学者・ラルフ・ハリス（Ralph Harris：一九二四～二〇〇六）も、「もし私が、わが国の欠陥を持っている公立学校の中の中等教育の教科課程のためにただ一冊指定できるならば、それは『自助論』であろう」[150]と述べているのである。

スマイルズと同時代に生き、ヴィクトリア朝を代表する歴史家・評論家であったトーマス・カーライルは、『伝記論』（*Biography*：一八三二）を著し伝記文学を称賛した。カーライル自身も『シラー伝』（*The Life of Friedrich Schiller*：一八二五）や『フレデリック大王物語』（*History of Friedrich II of Prussia*：一八四五）などの伝記大作を著している。『クロムウェル伝』（*Oliver Cromwells Letters and Speeches with Elucidations*：一八四五）は、イギリス人のクロムウェル観を一変させ、国民的英雄に変貌させたといわれている。「歴史とは英雄の伝記である」「社会は英雄崇拝の上に建っている」という歴史観から出発して書かれたカーライルの偉人論が、『英雄及び英雄崇拝論』（*On Heroes, Hero-Worship, and the Heroic in History*：一八四一年）である（第一章第五節参照）。

彼は「英雄」を「見えざる天からの声を聞きわけうる魂の持ち主」という意味でとらえ、次のように六種類に分類し、時代を追って十二人（オーディン、マホメット、ダンテ、シェイクスピア、ルター、ノックス、ゲーテ、ジョンソン、ルソー、バーンズ、クロムウェル、ナポレオン）の人物を挙げて書いている。

①宗教と自然崇拝の英雄　②預言者の英雄　③詩人　④司祭　⑤文人　⑥帝王

ただし、この分類は生来の環境や時代の違いにより生じたもので、すべて本来同質の英雄であると考えていた。つまり彼らは、その時代を正しく洞察し勇気をもって導いていく人たちであった。

カーライルは、英雄を崇拝する誠実で偉大な心は生まれつき人には備わっており、人類が存する限り生き続ける心だとした。一般の人々は、彼らを崇拝し、その指導に従うことが最も幸せであるとされた。そして、人々がこの心を抱いて生きるときには国家は繁栄し、それが廃れたときに衰退滅亡の道に進むことになると警告したのである。

## 11　アメリカで活用される人物伝教材

アメリカは、自伝文学の最高傑作とされる『フランクリン自伝』を生んだ国だけあって、人物伝はよく読まれてきた歴史がある。例えば、メイソン・ロック・ウィームズ（Mason Locke Weems：一七五九〜一八二五）が著した『ワシントン伝（正式名：ジョージ・ワシントン将軍の生と死、美徳と功績についての物語）』（*The Life of George*

*Washington: With Curious Anecdotes, Equally Honourable to Himself, and Exemplary to His Young Countrymen*：一八〇〇）も、刊行されるやたちまちベストセラー本になっている。

「桜の木を切ったのを父親に正直に告げた」というよく知られたワシントンのエピソードは、この本に由来する。『ワシントン伝』は、「大衆文化における先駆的作品」と呼ばれて、版を重ね五十年後には第五十九版が刊行されたというほどよく読まれた。これも、アメリカ青年にとって、美徳の模範たるべく執筆された伝記本であった。『ワシントン伝』は、やがて、エイブラハム・リンカーン（Abraham Lincoln：一八〇九～九五）の愛読書にもなっていく。彼は十四歳のときに初めて読み、それをほとんど諳んじるまでになっていた。そして、彼はワシントンの性格を見習い、その生き方を自らの模範としていったのである。また、ウィームズと同時代にアメリカのプルタークと呼ばれるジャレッド・スパークス（Jared Sparks：一七八九～一八六六）が、五十人のアメリカ人の伝記を収録した『アメリカ伝記ライブラリー』（全二十五巻、*The Library of American Biography*：一八三四～三八、一八四四～四七）を編纂している。

「国民の教師」と呼ばれたラルフ・ウォルドー・エマソン（Ralph Waldo Emerson：一八〇三～八二）は、『プルターク英雄伝』を愛読することで[151]、人物伝に魅了され伝記作家の道を歩んだ。彼は『代表的偉人論』（*Representative Men*：一八五〇）を著し、プラトン、スエーデンボルグ、モンテーニュ、シェイクスピア、ナポレオン、ゲーテの六名の各分野を代表する偉人を取り出して論じている。エマソンは、人は誰もが神から授けられた優れた才能を持っており、それを見つけ伸ばしていけば偉人になることができると考えたのだった。

こうした人物伝愛好の伝統があるからだろうか、道徳教育における人物伝教材が、近年アメリカで高く評価されてきている。ケヴィン・ライアン（Kevin Albert Ryan：ボストン大学名誉教授／同大学教育学部品性・社会的責任センター名誉所長）はこう言う。

「人格教育の非常に強力な源泉である模範的例は、我々が伝えようと思うものの一つである。特に、文学や歴史、偉人の伝記を教えることは、学校で継続して行なうべきことの一つである。青年に私たち自身の人生だけでなく、世界や歴史上の人物について記されたよい人生を提供することが必要である[152]」

人格教育（character education）は、現在アメリカにおいて主流になってきている道徳教育だが、「偉人の伝記」は、人格教育の「非常に強力な源泉」の一つであると言うのである。そして、人格教育の代表的推進者・トーマス・リコーナ（Thomas Lickona）とマシュー・デイビッドソン（Matthew Davidson）は、人格教育の方針の一つとして「子どもたちに、パフォースマン的に優秀な人々や道徳的に優秀な人々を研究させ、そうした人物の生き方を熱心に見習うよう求め[153]」ている。アメリカ価値研究所というシンクタンクも、思春期に子供は自分が尊敬する人物を理想化し模倣するようになるので、大人はそうした人物とのつながりが築ける社会を形成する必要性を訴えている[154]。

例えば、アメリカのある中学校の一週間の道徳教育プログラムには、次のように偉人の伝記による教育（木曜日）が組み込まれている[155]。

月曜日　一つの徳目が紹介される。
火曜日　その徳目に関連した肯定的、否定的な体験について検討する。
水曜日　地域社会の人を迎えて、その徳目の実践について議論する。
木曜日　模範となる歴史上の人物についての物語が話される。
金曜日　生徒たちが、その徳目について理解したことや実践について報告する。

（傍点引用者）

人格教育推進に尽力した人にウィリアム・J・ベネット（William John Bennett：レーガン政権下で教育庁長官、ブッシュ政権下で国家麻薬取締局長を務めた）がいるが、彼が編纂した『道徳読本』（*THE BOOK OF VIRTUES*：邦訳に大地舜訳『魔法の糸』実務教育出版）は、一九九三年（平成五）に出版され、全米二百五十万部のベストセラーになり「第二の聖書」と呼ばれ話題を呼んだことがある。

同書の序文には、こういう言葉が記されている。

「子どもたちにとっては、ごく身近に『何が正しく、何がまちがっているのか』、『何がよく、何が悪いのか』を示すお手本があることが大事なのです[156]」

ベネットの『道徳読本』は、道徳的な「お手本」を示そうとして出版された書物である。同書の内容は、「1自己規律、2同情、3責任感、4友情、5仕事、6勇気、7忍耐、8正直、9忠誠心、10信仰心」の徳目によって章分けがなされ、明確に道徳的価値が示されている。そして、各章ごとに六～十二の古今東西の寓話や説話、人物伝が配されている。同書で取り上げられた人物は、次の通りである。

「ジンギスカン、カヌート二世、ジョージ・ワシントン、ソクラテス、アルフレッド王、ヘレン・ケラーとアン・サリバン、リンカーン、ブッカー・T・ワシントン、エジソン、ユリシーズ、スーザン・B・アンソニー、ローザ・パークス、ペネロペ、クヌート・ロックン、聖ニコラウス、トーマス・ジェファーソン、コルベ神父」

徳目を明示し、それに合った人物の例話をもってくるというのは、後述する修身教科書の編纂方針と類似している（第一章第五節参照）。

六〇年代から八〇年代におけるアメリカの道徳教育は、「何が正しく、何がまちがっているのか」「何がよく、何が悪いのか」を教えることを避けていた。つまり道徳的価値を伝えるということをしなかったのである。その結果、子供たちの学力は低下し、問題行動が増加した。アメリカはこれを受けて、道徳的価値をはっきり教えない道徳教育は失敗であったと結論を下した。やはりそれはきちんと教えるべきであるという方向に転換していったのであった[157]。ベネットはまた、学校における道徳教育の強化を主張し、これに影響を受けて全米で人格教育が九〇年代から急速に展開されていった。これにより、子供たちの問題行動減少・学力向上といった成果を挙げてきているのである。

六〇年代から八〇年代にかけての道徳教育が反省され、今日の人格教育に至る流れは注目に値する動向である。そして、二千年以上にわたって永く広く人物伝が読まれ教育や信仰教化に活用されてきた事実、歴史は、道徳教化という点で人物伝教材が果たしてきた役割の大きさを充分に物語っていると言えるし、だからこそこれからも道徳教育における人物伝教材の有効活用が望まれるのである。

## 第四節　江戸時代の人物伝教材とその教育

前節では、人物伝が徳性涵養のために永きにわたり読まれ活用されてきた歴史を取り上げ考察した。そこで、本節と次節においてわが国の江戸時代から昭和の戦前期までの人物伝教育の歴史とその学習効果を明らかにしていきたいと思う。

というのも、国民的レベルで道徳教育の教材、教科書として人物伝が重用され、教育的効果を発揮したと考えられるのが、江戸期から昭和の戦前期だからである。現在特に戦前期の修身教育はほとんど評価されないままになっているが、今一度わが国の道徳教育の伝統について振り返り、その再評価も試みてみたい。

## 1　寺子屋で使用された人物伝教科書

### （ア）　人物伝型「往来物」

わが国において大衆文化が花開き、一般庶民にまで教育が広く普及したのが江戸時代である。この江戸期に庶民の教育機関として、重要な役割を果たしたのが寺子屋である。寺子屋は元禄期（十七世紀末～十八世紀初頭）を迎えて急速に普及し、最盛期の幕末（安政～慶応）には全国で約四千三百校開業していたとされている[158]。

この寺子屋で使用された教科書に「往来物《おうらいもの》」がある。現存するものだけでも約七千種を数えるが[159]、その中で十返舎《じっぺんしゃ》一九《いっく》撰『菅丞相《かんしょうじょう》往来』（寛政五）、同撰『菅神《かんじん》御《ご》一代《いちだい》文章』（文政六）といった菅原道真（八四五～九〇三）を題材とした人物伝の教科書がつくられている。道真は学問の祖神として寺子屋でこぞって崇められていたので、こうした教科書が作成されたが、それと同時に道真への崇敬心を育む教材にもなっていったのである。

竹田出雲（一六九一～一七五六）の戯曲『菅原伝授《すがわらでんじゅ》手《て》習鑑《ならいかがみ》』（延享三）は教科書ではないが、「この戯曲が民衆社会に非常なる感化影響を及ぼしたことも亦、否定すべからざることである[160]」と乙竹岩造が指摘している。乙竹は、「思ふにこの劇は単なる戯曲としてゞはなく、寧ろ教訓劇として一般社会の歓迎を受け、殊に児童・少年にもこれを観せしめたること、恰《あたか》も独逸に於てファウスト、英国に於てジューリアス・シーザーの演ぜらるゝ時、父兄はその子弟に勧めてこれを観覧せしむるが如き意味であったと推定せられる[161]」と述べ、『手習鑑』には子供に教訓を与えようとした教育教材的な側面があったことを明らかにしている。

道真の他には、源平期や南北朝期の武将がよく取り上げられている。例えば①『新撰　曽我《そが》往来』（文政六）、②『甲申《こうしん》新版　英将義家《よしいえ》往来』（同年）、③『弓勢《ゆんぜい》　為朝《ためとも》往来』（同年）、④『甲申新版　義経《よしつね》勇壮往来』（同年）、⑤『甲申新版　楠《くすのき》　三代往来』（同年）、⑥『甲申新版　栄達足利《えいだつあしかが》往来』（同年）、⑦『甲申新版　頼光山入《らいこうやまいり》往来』（文政七）などである。

①の「曽我往来」の「曽我」とは、曽我兄弟（祐成《すけなり》一一七二～九三・時致《ときむね》一一七四～九三）の生い立ちと仇討ちに

いたるまでの記事を収めたもの。江戸時代この話は、歌舞伎などにもよく取り上げられた。

②の「英将義家往来」の「義家」は、源義家（一〇三九〜一一〇六）のこと。平安後期の武将で、「武神」と恐れられ讃えられた武将である。義家の生涯を、エピソードを交えて書いたものである。

③の「為朝往来」の「為朝」は、源為朝（一一三九〜七七）のこと。為朝も義家同様英雄として讃えられた平安末期の武将である。強弓の使い手として知られた武者で、わずか十三歳で九州の豪族を平らげたという豪傑である。保元の乱での奮戦振りが記されている。

④の「義経勇壮往来」の「義経」は、源義経（一一五九〜八九）のこと。義経の生涯を綴ったものである。義経は、幼名・牛若丸。鎌倉幕府を開いた源頼朝の弟で、鵯越《ひよどりごえ》の険しい絶壁を駆け下りて、一の谷で平家の軍勢を打ち破った源氏のヒーローである。人望の厚かった義経は、それもあって兄頼朝に憎まれ、最期を遂げた悲劇のヒーローでもある。

⑤の「楠三代往来」の「楠三代」は、楠木正成（?〜一三三六）・正行《まさつら》（?〜一三四八）・正儀《まさのり》（正行の弟、生歿年未詳）をさす。南北朝時代の忠臣として知られる楠木親子の略伝と忠節を記したもの。正成は、鎌倉幕府の大軍勢を少数の兵力で倒した知将でもある。足利尊氏（一三〇五〜五八）の謀反によって建武中興は挫折するが、正成以下正行・正儀らは最期まで南朝に忠義を尽くした人たちであった。

⑥の「栄達足利往来」の「足利」は、足利尊氏のこと。尊氏の一生と足利氏繁栄の基礎を築いた業績を記したものである。

⑦の「頼光山入往来」の「頼光」は、源頼光《よりみつ》（九四八〜一〇二一）のこと。平安中期の武将で、しばしば「みなもとのらいこう」と呼ばれる人である。大江山の酒呑童子《しゅてんどうじ》（妖怪）を退治した活躍を描いたものである。

これら①〜⑦の人物伝型の「往来物」は、十返舎一九（一七六五〜一八三一）が手がけていることに注目できる。

『英将義家往来』の「緒言」に、一九はこう書いている。

「昔の名将、勇士が軍労の事を、往来の書に綴り、初学の児童にあたへなば、乱世の時の苦を思ひやり、今太平国恩難レ有事《ありがたきこと》を身に染《しむ》ならん」[162]

昔の名将の歴史によって、現在の平和や国の恩恵を初学者の子供に教えようという意図があったようである。一九が人物伝型「往来物」編纂に多く関わったのは、彼が道徳的に「なんとかして子どもたちを導いてゆきたいという思い」を「晩年に至るまで、一貫して持ち続けていた」[163]からだという。戯作者一九の意外な側面が知れて興味深いが、子供を正しく導きたいという当時の大人たちの矜持が感じられる。

### （イ）　各人物のエピソードを記した「千字文」

さて、人物伝教材には、「千字文《せんじもん》」と称される「往来物」もある。通史的な内容を漢詩形態で記している教科書である。「千字文」という名のとおり、その多くの形式は四言一句として二百五十句、つまり一千字で構成される漢詩形で表現され、暗誦もしやすくなっている。これは、初学者の読み書き用の教科書として用いられた古代中国（梁の武帝）の周興嗣《しゅうこうし》（四七〇前後～五二一）の『千字文』（六世紀）に倣って編述され、読書・習字・徳育用として使用された。

こうした日本版『千字文』は、十二世紀に出現（三善為康《みよしためやす》『続千字文』）し、江戸期にその出版が活発化し、広く流布した。江戸期に特徴的なのは、日本史を叙述した千字文が台頭したことである。[164]この千字文は歴史の故事によって、道義的な教えを初学の子供に伝えようと編まれた教科書であった。人物画の挿絵もあり、源為朝、池禅尼《いけのぜんに》、平重盛、源義経、源頼朝、足利尊氏、楠木正成などが登場し、各人物のエピソードが仮名書きで注記されている。

例えば「楠正成、湊川にて討死せしかど、忠義においては、古今にひいで、日本に只一人と誉むる事を独歩といふ」[165]などと記されている。したがって、これも人物伝的な教材とみていいだろう。江戸後期になると、鹽谷世弘《しおのやよこう》

『大統歌』（嘉永四）、大橋若水《じゃくすい》著／柳田正斎書『本朝三字経』（嘉永六）、百梅斎著／鷦《しょう》鷯《りょう》斎《さい》春水《しゅんすい》訂／葛飾為斎画『絵入 皇朝三字経』（同年）、生方寛『皇国三字史』（安政三）などが普及し版を重ねた。これら「千字文」に共通しているのは、尊王思想や国体論を色濃く打ち出している点である。これは幕末の思想状況を反映したものであると言えるし、庶民への尊王思想鼓舞・醸成の一翼を担った教材とも言えるだろう。

**（ウ）　幕府編纂の人物伝『官刻孝義録』**

幕府でも、寛政改革期に儒官柴野栗山《りつざん》（一七三六～一八〇七）の勧めに応じた松平定信（一七五八～一八二九）の命によって、林大学頭以下学問所の関係者が作成した『官刻孝義録』（全五十冊、以下『孝義録』）という思想善導のための啓蒙書があった。これは幕府が全国各地で表彰された善行者の事例を整理して享和元年（一八〇一）に刊行したものである。表彰対象の徳目は、孝行、忠義、忠孝、貞節、兄弟睦、家内睦、一族睦、風俗宜、潔白、奇特、農業出精の十一種であった。同書出版に際し、当時幕府の支配勘定という役職に就いていた太田南畝（一七四九～一八二三）が編纂に協力し、塙《はなわ》保《ほ》己《き》一《いち》（一七四六～一八二一）の和学講談所が校閲を行なっている。太田は狂歌、洒落本の作者としても知られており、平易な和文で記すために彼の助力が必要とされたのであった。

『孝義録』の編纂・刊行のねらいは、その凡例に「見る人興起するの心あらハ風化の一助ともなりなん」[166]とあるように庶民たちに善行者の生き方の手本を示すことにあった。したがって、『孝義録』は徳育教化の教材として全国各地に市販された。後述するように、これは諸藩の孝子伝、良民伝編纂に影響を与えたが、大部な刊行物であったため経済的な事情から、庶民の多くがこれを充分に活用することはできなかったようである。[167]

**（エ）　庶民に浸透していた偉人・英雄の物語**

こうした偉人・英雄伝の話は広く庶民階層に生活の中に溶けこみ、よくそれが日常的に物語られる光景があったということを、新渡戸稲造がその著『武士道』（*Bushido: The Soul of Japan*：一九〇〇）の中で、次のように叙述している。

「農夫は、茅屋《ぼうおく》に炉火を囲んで義経とその忠臣弁慶、若くは勇ましき曾我兄弟の物語を繰り返して倦《う》まず、色黒き腕白は、茫然《ぼうぜん》口を開いて耳を傾け、最後の薪《まき》が燃え尽きて余燼《よじん》が消えても、今聴きし物語によりて心は尚燃えつづけた。番頭小僧は一日の仕事を終へて店の雨戸を閉めれば、膝を交へて信長秀吉の物語に夜を更《ふか》し、遂に睡魔がその疲れたる眼を襲ひ、彼等を帳場の辛労より戦場の功名に移すに至る。〔中略〕女の児でさへ武士の武勇と徳を慕ふ心深く、武士の物語を貪《むさぼ》り聞くを好むこと、デズデモナ〔シェークスピア著『オセロ』に登場する武人オセロの妻〕の如くであつた[168]」

おそらく半ば娯楽的に偉人英雄の話を大人が子供たちに物語ったのであろうが、それができたのも偉人英雄伝が寺子屋教育などによって、広くそれが庶民に浸透していたであろうことが察せられるのである。

また、ロシア正教宣教師・ニコライ（Николай：一八三六〜一九一二）は、幕末期に来日しているが、彼はあらゆる階層にゆきわたっている日本の教育について述べている中で、次のようなことを指摘している。

「どんな辺鄙《へんぴ》な寒村へ行っても、頼朝、義経、楠木、正成〔楠木と正成の間が読点で切れている〕等々の歴史上の人物を知らなかったり、江戸や都その他の重《おも》だった土地が自分の村の北の方角にあるのか西の方角にあるのか知らないような、それほどの無知な者に出会うことはない。／春、道を行くと子供たちが凧《たこ》を揚げているのに出会う。その凧に描かれている異様な人の顔のことが知りたくなって、子供たちに、それは誰を描いたものなのかと尋ねてみる。子供たちは口々に先を競って言うだろう、清盛だ、尊氏だ、等々と。そしてきっと、詳しく歴史を語って聞かせてくれるだろう。母親や兄が、凧を出して糸を整えたりしてやりながら、その子供たちにこうした歴史上の人物たちのことを語ってくれたのである。〔中略〕／あるいは、街頭に娘が二人立ちどまって、一冊の本の中の絵を見ている。一人が、いま買ったばかりのものを仲良しの友だちに自慢して見せているのだ。その本というのが、ある歴史小説なのだ[169]」

このニコライの報告から、①源頼朝、楠木正成などの人物のエピソードなどが広範囲にわたって庶民たちに知られていたこと、②そうしたエピソードの知識は教科書だけでなく、親兄弟から聞いた話、凧といった玩具や「歴史小説」などからも得ていたであろう、ということが分かるのである。

絵の入った「歴史小説」とは、どのようなものなのだろうか。幕末期には、絵本によって徳育教化を図ろうとする絵画教授書なるものも数多く登場してくる。中には、三浦茂信『絵本北条五代記』（寛永十八）、武内確斎作／岡田玉山画『絵本太閤記《たいこうき》』（寛政九～享和二）、山田得翁斎著／速水春暁斎画『絵本楠公記』（享和元～文化六）など歴史的題材による教訓・啓蒙型絵本が出ている。これらは、名将武勇の姿を通して忠孝の徳や勧善懲悪を教示しようとする内容の書だが、こうした類の書を、絵の入った「歴史小説」とニコライは言ったのだろうか。

「今楠公」と呼ばれた尊攘派の志士・真木和泉守（一八一三～六四）は、少年の日に右の『絵本楠公記』を読んで楠木正成を敬慕し、正成の生き方を目標にするようになった。後年にも、和泉守は「楠子論《なんしろん》」（『何傷録』文久元）という文章を書いて、正成の志を継ぐべき意志を示し士としてのあるべき理想を論じているから、『絵本楠公記』の教育的影響力は大きかったと言わざるを得ない。

## 2　武家教育や私塾などにおける人物伝教科書

### （ア）会津藩校の道徳教科書『日新館童子訓』

藩校は、寛文六年（一六四一）に岡山藩の新建学校をはじめとして、明治四年（一八七一）までに全国で約二百五十五校が創設されている。[170] 諸藩の武家の子弟たちは、この藩校で教育を受けていた。先述した幕府の『孝義録』刊行以前に、津藩、会津藩、筑前藩、土佐藩、小浜藩などの諸藩では、既に孝子伝や良民伝が編纂・刊行されていた。これら書籍の刊行が『孝義録』編纂・刊行の動機になったようであり、さらに『孝義録』の刊行に影響されて、他の諸藩においても孝子伝、良民伝といった類書が刊行されたのである。

藩で編纂され藩校で使用されたユニークな人物伝教科書の一例として、会津藩の『日新館童子訓』上下二巻（享和三、以下『童子訓』）がある。同書は五代藩主・松平容頌《かたのぶ》（一七四四～一八〇五）が安《あ》部《べ》井《い》澹園《たんえん》・今泉廷蘭・沢田名《な》垂《たり》・大竹政文ら四名の儒学・神道学者とともに執筆編纂し、藩校「日新館」（享和元開校）で使用された修身教科書である。なお会津藩の藩校が規模を拡大し「日新館」と名づけられたのは、容頌の教育振興事業の一環として行なわれたものだったが、「当時の諸藩校中の雄と言ってよい[171]」ほどの規模を誇ったものだった。

会津の上級藩士の子弟は、十歳になると日新館に入学して素読を始めるが、四書五経、『孝経』『小学』の他に教科書として使用されたのが『童子訓』であった。『童子訓』全体の基調は孝道で、儒教の経典の一節を掲げ、その後に人物伝例話（全75話）が配されている。素読所で毎月二日、『童子訓』の音読があり、十二日にその講義が行なわれた。この『童子訓』について、会津出身の柴五郎（一八六〇～一九四五、陸軍大将）は、その感化の大きさを次のように述べている。

「余は入学早々、童子訓の教授を受けたりしが、此の童子訓こそは余の生涯に重大なる影響を及ぼせる書と言ふべく、屢ゝ《しばしば》朗読する間に多くは其の文句を諳記せり。〔中略〕能《よ》く不善、堕落の道に踏入る事なく、大過なく今日あるを得たるは、一に藩教育の賜《たまもの》に外ならざるなり。即ち六歳より施されたる『ならぬことはならぬ』藩独得の訓育、練成と、其の取扱ひに於ても鄭重を極めたる童子訓によりて、忠信孝悌の大道を教へられたる結果なり。実に童子訓は、会津藩政時代、会津学生が各丶其の一生涯を通じて最も深き感化、影響を受けたる書にして、彼《か》の白虎隊士の如きも皆、本書によりて『戦陣に勇なきは孝に非ず』と、烈々火の如き士魂を鼓吹せられたるものなる事を知らざる可からず(172)」

柴は白虎隊士たちも『童子訓』から「烈々火の如き士魂」を呼び起こされたと言っているが、実際白虎隊士の一人だった永岡清治は、自著『旧夢会津白虎隊』（非売品、大正十五）において次のように述べている。

「平生日新館ニ学ヒ村上彦四郎義光カ芳野ノ戦死馬場美濃守信房カ長篠ノ戦死毛受勝助家顕カ賎嶽ノ戦死ノ如キハ先君容頌公ノ藩翰ノ任ヲ重ンシテ自ラ撰ミ薫陶教化シ給ヒタル日新館童子訓ニ於テ習修シ其壮烈ナル忠肝義膽《ぎたん》ヲ一日モ忘レス是等ノ忠臣義士ト数百年ノ後今日ニ於テ同一ノ運命ヲ共ニスルハ正シク先君容頌公ノ賜ニシテ白虎隊全体ノ覚悟ナレハ臣命ヲ致スノ最後ナリト心竊《こころひそか》ニ念シ慷慨無言ニ咽《むせ》ヒタリ(173)」

村上義光《よしてる》が護良親王《もりながしんのう》の身代わりとなって吉野城で戦死したことや馬場信房（武田家の家臣）が長篠の戦で、毛受《めんじょう》勝照《かつてる》（柴田勝家の家臣）が賎《しず》ケ岳の戦で勇猛に戦死したことなどは普段から日新館で『童子訓』から学んできたことである。これらの忠臣義士たちと数百年後の今日、同じような運命を共にするというのは白虎隊の覚悟であるとこのとき心ひそかに思ったのだった、と永岡は言っているのである。

戊辰戦争（一八六八～六九）の折、白虎隊の一員として戦いに加わった永岡が、まさに生きるか死ぬかの瀬戸際に思い出されたのが、『童子訓』の「忠臣義士たち」の話であったというのだ。また、新島八重（一八四五～一九三二）

も、『童子訓』が自分の精神の基盤になっていたということを晩年語っている。[174] 会津の人々の脳裏に人物伝が、いかに心深く刻み込まれていたか、柴や永岡の体験記、八重の述懐がよくそれを物語っているのである。

### （イ）　藩校・私塾の教科書『宋名臣言行録』

『宋名臣言行録』（以下『言行録』、成立年未詳）は、南宋時代の儒者・朱子及びその門流の李幼武《りようぶ》（生歿年未詳）が、君国のために忠勤を励んだ宋の「名臣」たちの言行を諸書から広く求め編纂した書である。『言行録』は、北宋の名臣たちを集めた朱子の『五朝名臣言行録（前集）』『八朝名臣言行録（後集）』と、南宋の諸臣について李幼武が収録した『皇朝名臣言行録（続集）』『四朝名臣言行録（別集）』『皇朝道学名臣言行録（外集）』を合刻総称した書名である。

文政五年（一八二二）に、わが国初の『言行録』注釈書である『名臣言行録輯釈《しゅうしゃく》』が、近藤棠軒《とうけん》（一七九三～一八二六）によって著されている。昌平坂学問所の儒官・古賀侗庵《とうあん》（一七八八～一八四七）が著した『読書矩《どくしょく》』（文化十二）の中に、『言行録』が学生必読の書として取り上げられている。藩校においても『言行録』は教科書として採用され、例えば綾部藩（京都府）の進徳館（天保年間創立）では、八等から一等へと昇級する学習段階で三等用の教科書として使用されていた。[175]

このようにわが国において『言行録』は、江戸中期以降「宰相学」の必読の書として広く読まれるようになり、末期に及んでは読者が急増していった。その愛読者の一人に、川路聖謨《としあきら》（一八〇一～六八）がいる。川路は『言行録』の中から呂蒙正《りょもうせい》（九四四～一〇一一）、李沆《りこう》（九四七～一〇〇四）、王旦《おうたん》（九五七～一〇一七）などの人物の二十七カ條の記事を抄録し、それぞれに自分の感想や評論を書いている。そして、これを当時老中に就任した阿部正弘（一八一九～五七）に示して、為政上の心得を献言したのであった。[176]

また、『言行録』は近世最大の漢学塾といわれる広瀬淡窓（一七八二～一八五六）の咸宜園で、教科書として使用されている。咸宜園では、学力認定によって無級からはじまり九級上までの十九段階の等級制があり、『言行録』は八級上・下、つまり上級者用の教科書に指定されていた。大塩平八郎（一七九三～一八三七）が主宰する洗心洞塾の講義で使用されていたテキストの記録にも、『言行録』の名が認められる。大塩は当時一流の陽明学者として世に知られ、塾には来学者が絶えなかった。[177] 来学者は武士から農民、町民の庶民に及び、年齢も幼年から六十六歳の老年までと幅広かった。大塩は、機会あるごとに教科書本文の内容と時勢とを対比させ、事務論を展開したといわれているから、『言行録』もその一つとして活用されたことだろう。[178]

さらには、吉田松陰も『言行録』を獄中や松下村塾で読んだり、[179] 門下生と講読したりしていた。また、橋本左内（一八三四～五九）も『言行録』を愛読していたことが、「読書雑記」の中に『朱子名臣言行録』とあることにより分かる。

「小拙往年より宋朝ニ於て深く寇萊公《こうらいこう》之磊落剛壮《らいらくごうそう》ニ感服し、范文正公《はんぶんせいこう》之闊達英爽《かったつえいそう》ニ、韓魏公之沈湛大度に感服致し居《おり》候《そうろう》。〔中略〕而して其品ハ魏公を学び、其気象ハ范公、其處事ハ萊公《らいこう》と兼々思居候事に御座候」[180]

左内は『言行録』に登場する寇準（九六一～一〇二三）の磊落剛壮、范仲淹（九八九～一〇五二）の闊達英爽、韓琦（一〇〇八～七五）の沈湛大度に感服し、人品については琦、気象については仲淹、處事については準に学ぼうとしたのだった。さらに『言行録』は明治天皇（一八五二～一九一二）への御進講のテキストとして、『四書』『史記』『十八史略』などと並んで使用され、天皇自らもよくそれをご覧になり、愛読書になっていたことが伝えられている。[181] これは、天皇の侍講らが帝王学の一書として『言行録』をとらえ、幕末期まではそうした考え方が定着していたと推察することができるのである。

### （ウ）郷中教育において輪読された『赤城義臣伝』

郷中《ごじゅう》教育は、薩摩で伝統的に行なわれてきた武家の子弟教育である。「王政復古も日清・日露の両戦争も下加治屋町でやった[182]」と言われるほどに、幕末から明治にかけて薩摩から西郷隆盛、大久保利通、東郷平八郎、大山巌、西郷従道など優れた人材が多数輩出されたが、その精神的原動力として指摘されるのが郷中教育なのである[183]。

薩英戦争における薩摩藩士たちの奮闘振りは海を越え、やがて郷中教育の評価となってイギリスのロバート・ベーデン・パウエル卿（Robert Baden-Powell：一八五七〜一九四一）が注目した。このパウエル卿が郷中教育を研究し組織したのが、ボーイ・スカウトであるといわれている[184]。

さて、郷中教育の始まりは、豊臣秀吉（一五三七〜九八）の朝鮮出兵の頃（十六世紀）とされている。朝鮮出兵で約一万の薩摩兵士たちが十年近く朝鮮で戦い、残留したのは女子・子供ばかりとなった。その結果、青少年たちの教育が疎かになり、風紀の乱れを誘発した。当時留守を預かっていた新納《にいろ》忠元《ただもと》（一五二六〜一六一一）ら老臣たちは、この状況を憂慮して行なった教育改革が郷中教育であったのである。

郷中とは地域の結社のことで、原則、方限《ほうぎり》（城下全域に作られた約一万坪の小区画）を基盤に青少年社会教育学級兼軍団としての機能を有していた。江戸末期には、三十三の郷中があり[185]、ここにおいて青少年の年長者が年少者を指導するという自治・自立的教育が「郷中教育」と呼ばれたのだった。青少年たちは郷中において、武道や身体の鍛錬とともに和漢書の講読・講習と詮議《せんぎ》（討論）を日常的に行なった。これに加えて、特に定めた日や夜に特定の学習訓練行事が実施されたが、その一つに「義臣伝読み」と呼ばれる行事があった。赤穂《あこう》義士の討ち入りがあった十二月十四日の夕方に、郷中の青少年たちが集まり、『赤城《せきじょう》義臣伝《ぎしんでん》』（以下『義臣伝』）という書を輪読する行事である。赤穂義士を祭り、その後読み手を交替しながら夜明けまで朗読が続けられる。

『義臣伝』全十五巻の著者は、片島（後に大野）武矩《たけのり》（生歿年未詳）。発行されたのは享保四年（一七一九）であるから、赤穂事件（元禄十五）の十七年後のことである。片島は江戸中期の人で筑前に生まれ、貝原益軒（一六三〇〜

一七一四）などから儒学を学び、叔父から砲術を修めてその後継者になっている。享保年間に入り、大阪に居住し『義臣伝』はここで書かれた。義士十七回忌にあたり、その忠誠心に打たれ、それを顕彰しようとして書かれた著作である。赤穂事件の顛末を漢字仮名交じり文で綴った実録読物であり、赤穂義士たちの伝記と言える書である。『義臣伝』の引用書としては、その序文に次のような諸書が挙げられている。

『赤城盟伝』『赤城紀談』『西山紀蘭』『義士文通』『介石記』『追加介石記』『鍾秀記』『新撰大石記』『槿花集』『赤穂忠臣記』『介浅記』『武家明鏡記』『寺嶝私記』『易水連袂録』『蓬紀談』『義人録』『忠士筆記』『忠義碑文』『瑞光院之記』『山科之蘭書』『義士考』『義士絶纓書』

以上のように、片島が『義臣伝』を著す前に、これだけの義士関連書が出版されていたことが分かる。赤穂義士の討ち入りは、事程左様に人々に衝撃を与えた事件だったのである。

赤穂事件とは、言うまでもなく赤穂藩主・浅野内匠頭《たくみのかみ》長矩《ながのり》（一六六七～一七〇一）が、江戸城松の廊下で吉良上《きらこう》野介《ずけのすけ》義央《よしなか》（一六四一～一七〇二）に斬りつけるという刃傷事件がきっかけになった事件である。長矩は幕命により切腹、義央はおとがめなしだった。これを赤穂藩家老・大石内蔵助《くらのすけ》良雄《よしお》（一六五九～一七〇三）は不服とし、大石を含む四十七名の元藩士たちが亡き主君の仇を討つため元禄十五年（一七〇二）十二月十四日夜、吉良邸に討ち入り、念願を果したのだった。

同事件は、当時の江戸の町に大きな反響を呼び、人々は義士たちの義挙に拍手喝采を送った。また、将軍綱吉《つなよし》（一六四六～一七〇九）をはじめ幕閣らも、義士たちに同情的であった。吟味を終えた後、義士たちは、四つの大名に分かち預けられ、囚人としてよりもあたかも賓客のように遇された。義士たちは結局切腹に処せられたが、身分の上下を問わず世間の同情が彼らに寄せられた。江戸市中のあちこちには、その失望感や憤りと義士称賛を表現した左のような落首が張り出された。

「忠孝の二字をば虫がくひにけり世を逆さまにさばく老中[186]」
「たぐひなき敵打ぞと名をあげて諸国の武士の鏡とぞ見よ[187]」
「吉良がくび大石臺でさゝげたる忠臣誉れ名は万代も[188]」
「浅からぬ知恵有ものが寄合て内匠の儘にきられ上野[189]」
「楠のいま大石となりにけりなほも朽せぬ忠孝をなす[190]」

その切腹後十二日目には、はやくも義士をモチーフにした『曙《あけぼの》曾《そ》我《がの》夜討《ようち》』という新作歌舞伎が、元禄十六年（一七〇三）に江戸で上演されている。そして、その七年後には、同様に赤穂事件をカモフラージュして描いた人形浄瑠璃『碁盤太平記《ごばんたいへいき》』（近松門左衛門、宝永七）が江戸や上方で大好評を博した。その集大成として寛延元年（一七四八）、初演の竹田出雲・三好松洛《しょうらく》・並木千柳《せんりゅう》合作の人形浄瑠璃『仮名手本忠臣蔵』が大ヒットし、大量の観客を動員した。興行界では、興行成績が上がらないときには忠臣蔵を出せば劇場は息を吹き返すといわれ、忠臣蔵は「独参湯《どくじんとう》」（万能薬）とまで呼ばれたほど人気を博した[191]。『仮名手本忠臣蔵』や赤穂事件を題材に多くの人々が川柳に詠み込んでいるが、その数は約三千四百句にのぼる。これは江戸期に詠まれた川柳約二十六万句の約1・3％を占めており[192]、いかに多くの人々が忠臣蔵や赤穂事件に興味関心を抱いていたかが推量できる。

吉田松陰が「昔赤穂の国難、義士四十七名あり、身を舍《す》てて仇を報ず、今に至るも声明赫々《かくかく》として人の耳目に在り、童孺《どうじゅ》婦女すら艶称せざるはなし〔子供や婦女もほめた[193]〕」と書いているように、赤穂義士への賛仰は、身分老若男女を問わず世間に広く行なわれていた。松陰自身、宮部鼎蔵（一八二〇～六四）・江幡五郎（一八二七～七九）らと奥羽旅行出立日としたのが、十二月十四日「赤穂義士志を遂げし日」であった。十二月十四日は、志士たちにとって重要事を挙行する記念すべき日になっていたのだった。中岡慎太郎（一八三八～六七）の日記『行行筆記』によれば、慶応二年（一八六六）十二月十四日に「西郷の寓に会し」、西郷従道（一八四三～一九〇二）、黒田清隆（一八四〇～一九〇〇）、村田新八（一八三六～七七）、大山巌ら（一八四二～一九一六）と『義臣伝』を会読したということが記されている。[194]『義臣伝』は郷中教育を卒業した人たちの間でも、こうして読まれ続けていたようである。

戊辰戦争（一八六八～六九）で、会津藩が降伏し若松城の城受け取りの儀式の際に、官軍側の責任者（軍監）となった薩摩藩士・中村半次郎（後に桐野利秋、一八三八～七七）の態度には、『義臣伝』の影響があったことが読み取れる。「人斬り半次郎」と恐れられた中村が、意外にも温情に溢れた応対をし、城受け取りの出処進退を誤らず行なった。この立ち居振る舞いの見事さには皆驚き、それを伝え聞いた板垣退助（一八三七～一九一九）、伊地知正治（一八二八～八六）、山県有朋（一八三八～一九二二）ら参謀の間でも大評判となった。この中村の温情には、松平容保（一八三六～九三）は人を介して金銀造りの名刀を贈り、これに報いたといわれている。

この件について、後に中村は人に「愛宕下《あたごした》の寄席に於て之を聞けるのみ」[195]と語っている。つまり愛宕下の寄席で赤穂城開城の講釈を聞いて、それに倣い丁重に城受け取りを行なったということである。中村は若松城の天守閣に残った無数の弾痕を見て愕然とし、「我も亦一掬《いっきく》の涙を濺《そそ》ぐを禁ずること能はざりき」[196]と会津藩士の苦衷を思い「男泣きに泣いた」[197]といわれているが、こうした心情のよってきたるところにも『義臣伝』の存在が推量されるのである。

また、西郷や黒田らと同時代の薩摩出身の奈良原繁（一八三四～一九一八）は沖縄県知事のとき、明治四十一年（一九〇八）に那覇市で開催された赤穂義士記念会に出席した折、来会者たちの前で『義臣伝』を約一時間にわたり暗誦してみせ、一同をあっと驚かせたという話が残っている。[198]この逸話から分かるように、薩摩では『義臣伝』が相当に読み込まれていたことが察せられる。

偉人伝の学習は、「講話会」という行事の中でも行なわれた。赤穂義士をはじめ楠木正成、伯夷・叔斉、文天祥、謝枋得などの人物の話を先輩から聞き、発奮激励の機縁としたようである。[199]また、藩校・造士館の七カ条からなる学規の一つに、「古道を論じ、古人を議して、当時之ことを是非すべからず(200)」とあるように、薩摩では先人の言行を引き合いに出して、その善悪是非について議論することが活発に行なわれていたのである。

明治以降も、義臣伝読みをはじめとする郷中教育の伝統は鹿児島で継承された。昭和十九年（一九四四）に卒業した鹿児島市西田小学校の同期生たちが書いた回想記（『西田一九会二〇〇〇年記念誌　あしたうらら』穂高書店、平成十二）に、郷中教育の後身として設立された「学舎」と呼ばれる民間教育施設で義臣伝読みが行なわれていたことが、次のように記されている。

「鹿児島市には、明治時代から郷中教育の伝統を受け継ぐ、十八の健児の学舎があり、西田小学校区にも、学校のすぐ西隣に自彊（じきょう）学舎がある。私も、小学校二年生から六年生までこの自彊学舎に通った。〔中略〕学校から帰るとすぐ学舎に行き、夕方遅くなるまで学舎で過ごす毎日だった。〔中略〕／そこで、学舎で体験した行事や先輩たちから指導されたことなどを書いてみたい。〔中略〕／〔義臣伝輪読会は〕江戸時代の赤穂義士の討ち入りに因み、旧暦十二月十四日の夜に行われる行事で、先輩たちが義臣伝を輪読されるのを、正座して聞いていた(201)」

さらに同書には、小学校でも義臣伝読みが行なわれていたことが確認できる、次のような記述もある。

「毎年十二月四日《ママ》の赤穂浪士討ち入りの日、鹿児島では小学校四年までは、昼から学校の講堂に集められて義士の忠義を教えられた。五年生以上になると、夕方から講堂の板張りの床に正座させられ、校長先生が『赤穂義士伝』を読むのを聞かされた(202)」

このように戦前までは、学舎や学校で「義臣伝読み」が行なわれていたようだ。戦後は学舎がこれを受け継ぎ、現在は一般財団法人となって、ここに通う子供達は今もこの輪読会を行なっているのである[203]。

### （エ）　全国諸藩藩校の教科書に採用された『大日本史』

『大日本史』は、徳川光圀が十八歳のときに『史記』の伯夷伝を読み、修史の志を立て編纂されることになった漢文史書である。光圀は伯夷伝から、大義名分・忠孝の重大性、歴史書の永遠性を感得して学び、それを『大日本史』に反映させようとした。明暦三年（一六五七）、光圀三十歳のときに史局（後に「彰考館」）を置いて修史事業を開始。光圀歿後もそれは継続され、明治三十九年（一九〇六）、二百五十年の歳月を費やし完成に至ったのだった。この間、その修撰に与った学者たちは、数百人にものぼる。『大日本史』は、神武天皇から後小松天皇（一三八二〜一四一二）までの時代を対象に、『史記』の体裁に倣い紀伝体により叙述されている。それまでの六国史や『本朝通鑑』などは編年体の形式であったから、『大日本史』は紀伝体を採ったわが国最初の史書であり、「本紀」七十三巻、「列伝」百七十巻、「志」百二十六巻、「表」二十八巻、「目録」五巻から成る構成は、その規模において類書を圧倒している。「本紀」は天皇、「列伝」は后妃、皇子、皇女、将軍、将軍家族、将軍家臣、文学、歌人、孝子、義烈、烈女、隠逸、方技、叛臣、逆臣、諸藩のそれぞれの伝記を載せている。「志」は政治、教化、経済などの沿革変遷を具体的に記述。「表」には、各種の官職表を載せ、為政者と治乱荒廃との関連が明示されている。

編纂目的は、その序文に次のように記されている。

「史は事を記する所以《ゆえん》なり。事に拠りて直書すれば、勧懲自ら見《あら》はる。上世より今に迄るまで、風俗の醇澆《じゅんぎょう》、政理の隆替、炤炤然として諸《これ》を掌に観《み》るが如し。善は以て法と為すべく、悪は以て戒と為すべく、而して乱賊の徒をして懼《おそ》るゝ所を知らしめば、将に以て世教を裨益し、綱常を維持せんとす」（原漢文[204]）

右の言葉の中に「事に拠りて直書す」るとあるように、『大日本史』は客観的に史実を充分に精査することを重視した。したがって、その編纂にあたっては、全国に史臣を派遣して数多くの古書・古文書を蒐集、分類、整理し、真偽の鑑定を行なった。そして、諸種の史料を比較対照し、科学的に考証して史実を究明したのである。『大日本史』本文の間に、出典の史料が逐一注記されているのはそのためである。

こうして事実をありのままに記述することで、歴史を貫く天の理法が自ずと示され、善悪是非は明らかになり、それによって世の風教向上を助け人倫の確立維持に貢献しようとするものだったのである。実際『大日本史』は、当時から世の風教向上に貢献していると意識されたことは、大高阪《おおたかさか》芝山《しざん》（一六四七〜一七一三）が鵜飼錬斎《うかいれんさい》（一六四八〜九三）に与えた次のような書から、その一端を窺うことができる。

「聞く大日本史を修め既に半《なかば》を過ぐと、我邦《わがくに》古今の事蹟一目瞭然として肇めて昭《あきら》かに、孝子、忠臣是《これ》に由《より》て安きに就く、乱臣賊子是に由て誅《ちゅう》を受く、吾子《ごし》まさに勉励し、速に其の功を成すべし。豈たゞに後世の亀鑑たるのみならんや、仰いで君命を体し、俯して父の志を継ぐ、忠孝の道を兼ね尽すといふべし[205]」

芝山は土佐の儒学者で、彼は『大日本史』を読んでその精神に触れ、孝子、忠臣といった正しい道徳の道を進む者は安心の境地に入ることができ、それに対し人の道に背く乱臣賊子どもは誅罰を受けることになった、と記している。そして、彰考館で『大日本史』編纂に携わっていた錬斎に、同書は「後世の亀鑑」であり、これを編纂することは忠孝の道の実現に繋がるのだから、速やかにその事業を進めてもらいたいと激励の言葉を送っているのである。

『大日本史』をひとつの道徳書として見たとき、その本領は「本紀」「列伝」の人物評価を行なった安積澹泊《あさかたんぱく》（一六五六〜一七三七）の論賛において発揮されている。評価は、大義名分主義と忠孝一致の道徳を尺度にしてなされた。これは『史記』が本紀、列伝の後に、その功業や行動の是非について「太史公言ふ」という書き出しで評論した論賛に倣ったものである。しかし、この論賛は後に史官の建議により、文化六年（一八〇九）に『大日本史』から全文削除されることになった。臣下が天皇の行為を批判するのは許されない。論賛がなくとも、本文に記された事実により、自ずとその是非善悪は明らかになるというのがその理由だった。

だが、論賛は後に澹泊の著作『大日本史賛藪《さんそう》』（享保元）として単行され、『大日本史』そのものよりも、多くの人々に読まれ、感化を及ぼしていった[206]。その一人に、後述する頼山陽がいた。山陽は、「賛は是れ書中の眉目、全體を概す可き也[207]」（原漢文）と心からこれを推奨している。なお、山陽はかつて家中に三年間幽閉されていた際、叔父の頼春風《しゅんぷう》（一七五三〜一八二五）から『大日本史』を借り受けて読み、触発されて『日本外史』（以下『外史』、文政十）著述の志を立てたのであった。

『大日本史』は、何分にも浩瀚な書物であり学術的であったため、通俗書のように広く一般読者を獲得することは難しかった。そこで、山陽は『大日本史』を多く参照し簡略にまとめて読みやすくし、また同書に盛られていなかった南北朝合一後の歴史を補おうとして『外史』を書いたのであった。『外史』のような『大日本史』のコンパクト版は、水戸藩においても出されている。当時彰考館総裁であった青山拙斎（一七七六〜一八四三）がまとめた『皇朝史略』（文政九、以下『史略』）である。『史略』は、藩校[208]や寺子屋で教科書としても読まれた[209]。

このように『外史』『史略』の出版によって、一般書生にも『大日本史』の概略が伝わるようになり、幕末になると『大日本史』そのものを入手する人たちの層が広がった。例えば饅頭屋の主人が、水戸藩から七両二分で『大日本史』を購入したなどという記録が残っている[210]。『大日本史』の読者の裾野はこうして庶民レベルにも広がり、やがて全国諸藩の藩校[211]、郷校、私塾あるいは寺子屋[212]の教科書の一冊として使用され、忠孝を柱とする道徳が教えられていったのだった。

幕末〈勤皇の志士〉として『大日本史』を読んだ一人、田中光顕（一八四三〜一九三九）は、次のように述べている。

「年少の頃から勤王水戸は私の心の祖国であった。朝廷の有難さを身魂に徹するやうに教へてくれたのは大日本史である。〔中略〕大日本史なかりせば草莽の志士は炬《ともしび》を求めて苦んだかも知れぬ[213]」

田中をはじめとする多くの志士たちは、『大日本史』に示された道義道徳の基準を〈炬〉にして暗夜を照らし維新への光明の道を切り拓く行動をとっていったのであった。

### （オ）　崎門学派の教科書『靖献遺言』

江戸期の尊王思想史上、国学、水戸学と並んで重要視されるのが崎門学《きもんがく》である。学祖は山崎闇斎。その門下六千人に及んだといわれるのは誇張だが、門生は頗る多かった[214]。闇斎は、天皇にひたすら忠勤しようとして生涯京都を離れず—一時期京・江戸間の往復はあったが—、道義とその実践躬行を説いた人であった。彼はまとまった伝記書を著していないが、後に「尊王論の書」として幕末に至るまでに多大な影響を及ぼした書を出版（刊年不明）している。それが、『拘幽操《こうゆうそう》』である。「拘幽操」は唐の詩人・韓退之（七六八～八二四）の詩だが、その原文に二程子（程顥《ていこう》一〇三二～八五、程頤）と朱子の論評と闇斎自身の跋文をつけ一書にして表章公刊したものである。「拘幽操」は徳望の高かった周の文王（生歿年未詳）が讒言《ざんげん》に遭い、殷の紂王《ちゅうおう》（生歿年未詳）によって監禁されたときの心境を思いやって退之が詠んだ詩である（第三章第二節参照）。無実の罪で罰せられようと、文王は己の主君である紂王に対して一片の怨みも抱かなかった。その純忠の精神や生き方に倣え、と闇斎はこの詩をテキストに門人たちに講義をした。その講義中、闇斎は左手を刀の下緒に掛け、目をそばだて「君臣の道万古に亙って変はらず」の段に至ったときはとりわけ力が入ったという[215]。こうして「拘幽操」を講ずることは、崎門学派に脈々と受け継がれ「君臣の道」が講ぜられていったのである。

この崎門学派でよく読まれ講義された道徳教科書に、闇斎の門人・浅見絅斎《けいさい》（一六五二～一七一二）が著した『靖《せい》献《けん》遺言《いげん》』（貞享四、以下『遺言』）がある。「靖献」の二字は、『書経』「微子篇」の「自ら靖じて自から先王に献ず」の言葉に由来する。「自ら安んじて身も心も君に捧げる」という意味だ。絅斎は佐藤直方（一六五〇～一七一九）、三宅尚斎（一六六二～一七四一）とともに「崎門三傑」と称され、中でも闇斎学の正統を最も継承した人として知られている。したがって、絅斎もまた師闇斎の勤皇の志を受け継ぎ、刀の鎺《はばき》には「赤心報国」の四字を朱で篆し(216)、また京都に居を構えて「足東土を践まず」(217)ということを誇りにしていた。彼は京都で塾を開き門人に教えていたが、絅斎の学風を慕い、数多くの公卿大名らが招聘しようとした。しかし、絅斎は皆これを固辞し、一貫して処士としての生涯を全うした。

その絅斎の『遺言』は、中国の忠臣義士たちの言行集ともいうべき書だ。楚の屈平（紀元前三四三～二七八）、漢の諸葛亮《しょかつりょう》（一八一～二三四）、晋の陶潜《とうせん》（三六五～四二七）、唐の顔眞卿《がんしんけい》（七〇九～八五）、宋の文天祥（一二三六～八三）、南宋の謝枋得《しゃぼうとく》（一二二六～八九）、処士（元の）劉因《りゅういん》（一二四八～九三）、明の方孝孺《ほうこうじゅ》（一三五七～一四〇二）、以上八名の人物の最期の言葉や道義的言行を書き、またそれに参照すべき人物たちの事蹟も書き加えて、大義名分を明らかにしよ（正そ）うとした書である。絅斎は『遺言』を著す以前、わが国の忠臣義士伝を書こうとした。しかし、皇室のために尽くした忠臣義士を顕彰すれば、幕府から迫害を被ることになろうと判断し、中国の忠臣義士に換えて『遺言』を著したのだった(218)。絅斎の本意は、わが国の忠臣義士伝から道を説くことにあった。したがって、彼は『遺言』をテキストにして講義を行ない、日本史上の人物の道義的言行を取り上げ、その当否を論じた。

この講義は、筆録され『靖献遺言講義』（寛延元）が遺されている。その中で絅斎は、「空言ヲ以義理ヲ説ク、誠ニ其《その》事歴《じれき》ヲ挙テ閲ㇾ之尤《もっとも》親切ニシテ、感発興起有ㇾ余不ㇾ如也(219)」と書き、具体的な事例（人物の生き方）を挙げて道徳を説くことが最も親切な方法であり、人に感激感動を与えることができるとしている。

そして、

「学問ハ名分ガタ、ネバ君臣ノ大義ヲ失フトノ玉フゾ。此意ヲ世人ニシラセント思フテ、ヲレガ靖献遺言ノ書ヲアラハシ出シタゾ。コノ書ヲヨクミヨ、聖人ノ大道、嘉右衛門殿〔山崎闇斎〕ノ心、コノ書ニアリ[220]」

と述べているように、『遺言』の読者に与える力に対して大いなる自負を持っていたことが窺える。

『遺言』は中山専庵（絅斎の門人）から、「遺言八篇ハ則チ前世未発ノ忠経、天下後世ノ人ヲシテ感奮興起シ、以テ忠ヲ竭《つく》シ、義ヲ秉《と》ルコト有ラシム、亦百世ノ師ニ非《あら》ザルカ[221]」と評されたように、同書は絅斎門下の間で最も重視重用された書であった。したがって、門下門流の学者たちがそれを講義し、筆録したものが少なからず伝来している[222]。絅斎と同門の谷秦山《じんざん》（一六六三～一七一八）も、『炳丹録《へいたんろく》』という『遺言』と同じ忠臣孝子の伝記書の執筆を予定していた。しかし、『遺言』が編纂されたことを知り、これを中止した（その序文は残っている）といわれている[223]。秦山は『遺言』を高く評価し、その講義を門人に行なった。さらに、同郷（土佐藩）の家老・野中兼山（一六一五～六三）の流罪になった遺族に秦山は同書を贈り、これによって道義道徳を考究し実践躬行していくよう激励し、しばしば慰問もしたのだった。

兼山は秦山が生まれた年に亡くなっているのだが、兼山の学問奨励政策のお陰で自分はものの道理の分かる人間になった、と秦山は兼山に恩義を感じていた。兼山の遺族は彼の歿後、政敵によって弾圧され流罪に処せられたのだが、その遺族に恩返しをせねばということで陰ながら援助をしたのだった。こうした罪人に同情しそれを支援するということは、秦山にとって不利な立場になりこそすれ、決して得になることではなかった。なるほど『遺言』に学んだ秦山もまた、そこに記された忠臣義士さながらの気性と節義を養い行動した人だったのである。

絅斎の門人・若林強斎（一六七九～一七三二）は、生涯にわたって熱心に『遺言』の講義を門人たちに行なった。その講義録『靖献遺言師説』（安永六～八）は、『遺言』の指導書として同門の間で繰り返し筆写され広範囲に広められた。宝暦事件（一七五八）の中心人物として知られる竹内式部（一七一二～六八）は、その強斎の『遺言』講義に列席していた門人である。後に式部は公卿たちに『遺言』を講じたのだが、それが幕府の忌諱《きき》に触れた。『遺言』の影響を恐れた幕府は、式部を京都追放処分にし、関係した公卿たちも解職処分された。式部はその後しばらく伊勢の宇治山田に身を寄せていたが、再び幕府より嫌疑をかけられ八丈島に流される途中、三宅島で病歿したのだった。

同じく絅斎の門人三宅観瀾（一六七四～一七一八）は、徳川光圀に招かれて彰考館の総裁となり『大日本史』の編纂に携わっていた。したがって、水戸藩でも早くから『遺言』はよく読まれ尊ばれ座右の書とされた(224)。後年水戸を訪れて感化を受けた吉田松陰も、『遺言』を愛読した人であった。松陰は、江戸伝馬町の獄にいたときから、友人宮部鼎蔵に「靖献遺言の一書、何卒御贈与祈り奉り候(225)」と書き送り『遺言』の入手を懇願している。しかし、このときは入手できなかったようで、野山の獄に移ったときも兄杉梅太郎に、「靖献遺言どうぞ借覧は出来申す間敷くや。弟未だ此の書を読み申さず、已に夢の城中にも丁寧に其の功を称し之れあり、何卒一読仕りたし(226)」と手紙を書き送っているから、その借覧の熱望振りが分かる。

それから、二週間ほどして入手することができ(227)、読み終わった松陰は、次のように言って同囚の富永有隣（一八二一～一九〇〇）に同書を勧めている。

「靖献遺言の一書は、読者をして勃然沛然《ぼつぜんはいぜん》として忠義の心を興起せしむ。〔中略〕獄中古人《こじん》の言行を観るに、片善寸美と雖《いえど》も皆感発する所あり。況《いわん》や此《こ》の書の精忠苦節、紙表に洋溢《よういつ》せるものに於てをや。昨《きのう》此《こ》の書を借り、反覆して手より釋《はな》つに忍びず、声を抗《あ》げて誦読し、傍《かたわら》に人なきがごとし。今試みに之れを老兄に示す。老兄之れを読まば、亦《また》必ず感発する所あらん(228)」

松陰は没頭して『遺言』を声に出して読み、あなたも必ず心が奮い立たせられるから読んでみなさいと富永に薦めているのだが、行間から松陰の尋常ならざる感激感動が伝わってくるようだ。それから、兄梅太郎にも「靖献遺言や外史の平氏伝〔中略〕を見るに付けても、愈々益々激昂《げっこう》す[229]」と書き送っているから、よほど興奮を覚えたらしい。『遺言』を繰り返し読み[230]感激が醒めやまらぬ松陰は、『遺言』に登場する八人の忠臣義士の境涯を一人につき一首の詩（全八首）を詠い、その衷心を吐露している。さらには、松陰が安政六年（一八五九）、幕府から江戸召還の命を受け、死を覚悟して萩を出立する間に書いた詩（「東行前日記」）の一節にも、

「枋得　縦《ほしいまま》に旬日の食を停め、／屈平寧んぞ獨り身の清きを事とせしや」（原漢文[231]）

とあるように『遺言』に登場する謝枋得と屈平の清節を詠み込んで、大義をはっきり見分けることが漸く身についたと、自らの訣別遺言として親戚門下諸友に贈っているのである。

松陰と共に志士の双璧として知られる橋本左内は、崎門学派の吉田東篁《とうこう》（一八〇八～七五）の学問を受けており、彼もまた『遺言』を愛読し、よくそれを携帯して外出したほどだった[232]。さらに、獄中でも「天祥の大節　嘗《かつ》て心折《しんせつ》す〔感激心酔した〕／土室《どしつ》なほ吟ず正気《せいき》の歌[233]」（原漢文）と詩を詠み、『遺言』に登場する文天祥の牢中での態度に学ぼうとしていた。

小浜《おばま》藩の尊攘論者・梅田雲浜《うんぴん》（一八一五～五九）などは、松陰から「是《こ》れは靖献遺言にて固めたる男[234]」とまで評されていた。雲浜は、強斎→小野鶴山（一七〇一～七〇、強斎の女婿）→山口風簷《ふうたん》（一七四一～一八〇六、鶴山の女婿）→山口菅山（一七七二～一八五四、風簷の子）→雲浜というように学問を継承していた。薩摩藩を代表する志士・有馬《ありま》正義《まさよし》（一八二五～六二）も、山口菅山に師事しているが、その自伝に十四歳の元服時に友人とともに『遺言』を読んだということが記されている[235]。また、同書を愛読した福井藩主・松平春嶽《しゅんがく》（一八二八～九〇）は、「読靖献遺言有作」と題する七言律詩を遺している[236]。

このように松陰や左内をはじめとして志士たちの多くが、『遺言』を愛読したが、それは庶民層にも読者を獲得し

ていた。大阪の町人学者・山片蟠桃《やまがたばんとう》（一七四八〜一八二一）にいたっては、『遺言』に対して、「日本ノ書籍多シトイヘドモ、〔中略〕中ニモ栗山〔潜鋒〕先生ノ保元大記及浅見先生ノ靖献遺言コレガ冠タリ[237]」という賛辞を遺している。蟠桃は、栗山潜鋒《せんぽう》（一六七一〜一七〇六）が書いた史書『保建大記』（享保元）と『遺言』を本邦著作物中冠絶した書であり、最も優先して読むべき書だと推奨しているのである。潜鋒も実は崎門学派に属し、水戸藩に招かれ彰考館の総裁にまでなったが、三十六歳でその才を惜しまれながら夭逝《ようせい》した人であった。

『遺言』は、刮目すべきことに鳥羽伏見の戦い（一八六八）の最中でも読まれ講義されている。官軍陣中（淀城）において征討大将軍・仁和寺宮嘉彰親王《にんなじのみやよしあきしんのう》（後の小松宮彰仁親王、一八四六〜一九〇三）の御前で、軍事参謀・中沼了三《りょうぞう》（一八一六〜九六）が陣羽織を着ながら『遺言』の諸葛亮の「前出師表《ぜんすいしのひょう》」を御進講していたのだ。そして、了三は片時も『遺言』を手放さず、さらに「赤心報国」銘入りの絅斎愛用の刀を腰に帯び進軍したのだった。

薩摩の西郷従道、土佐の中岡慎太郎なども、中沼の門下生であった。もちろん中沼は絅斎の学統に連なる学者で、学習院の講師、孝明天皇・明治天皇の侍講、昌平学校の一等教授や新政府の参与などを務めた人であった。退官後は京都や大津に私塾を開いたが、彼を慕う塾生が数百人も集い隆盛を極めたという[238]。

『遺言』が刊行されてから幕末にいたるまで、百数十年の歳月を閲しているが、その間、同書は絅斎の門下門流の人々を中心に継承され講ぜられていったのだった。そして、その中に説かれた道義道徳は、明治維新に奔走した志士たちの精神的バックボーンになっていったのだった[239]。水戸藩弘道館教授だった内藤恥叟《ちそう》（一八二七〜一九〇三）も『遺言』の維新に果した功績を次のように評している。

「今に至りても、此の『靖献遺言』を読む時は、自ら慷慨激昂の気風を養ひ出す事なり。〔中略〕今日大権の王朝に復したる原因を計ふるには、安正〔絅斎〕が勤王を以て、其の先鋒首唱とせざるべからず[240]」

「王朝に復したる原因」となったということは、中国でも認識されたのであろう。[241]『遺言』は海を渡り、日露戦争の翌年、明治三十九年（一九〇六）に、清国の北洋武備研究所で翻刻出版されたのだった。

### （カ）　維新推進の書と評価された『日本外史』

この『遺言』とともに、多くの志士たちに読まれた書に、頼山陽の『日本外史』がある。[242]例えば、吉田松陰は『遺言』同様獄中において『外史』を読み、そのすべての論賛を筆写し、所々に批判を加えた『外史彙材』（安政四）を書いている。松陰はまた松下村塾においても『外史』をテキストに使っていたから、門人・久坂玄瑞（一八四〇～六四）もそれをよく読んでは抄出し、自分の愛読書籍目録の中に入れている。高杉晋作（一八三九～六七）や中岡慎太郎など志士たちをかくまった讃岐の博徒の親方・日柳燕石《くさなぎえんせき》（一八一七～六八）も、自ら書写して『外史』を愛読した一人であった。[243]

『外史』の内容については、尾藤正英が次のように述べている。

「本書はいわば人物中心の武家時代史であって、〔中略〕個々の人物の人間像を描写し、その心情の美しさ、行動の正しさ勇ましさを顕彰することに主眼がおかれていて、直接に読者の心情にふれる要素が大きい。人々はそれを読むことを通じて、武士としての生き方を、あるいは日本人としての人生観を、学ぶことができたのである[244]」

『外史』は、尾藤が言うように「日本人としての人生観を、学ぶことができ」る人物伝的史書であった。しかも、吉川幸次郎が日本人の書いた漢文の中で「一ばん名文」と指摘するように、[245]その文学性の高さは飛び抜けていた。それゆえ、『外史』は清国でも注目を集め、広く普及した。例えば『外史』を読んだ斉学裘《せいがくきゅう》（一八〇三～歿年不詳）という文人は、「筆老にして気充ち、辞は厳にして議は正しく、正に太史公『史記』を読むが如く、人をして百たび読みて厭《あ》かざらしむ、不朽の作なり」[246]（原漢文）と評している。『外史』は最高峰の史書と中国ではみなされている『史記』に匹敵する書であり「不朽の作」と言っているのは、まさに大絶賛というべき評価だろう。

岩国藩の出身・江木《えぎ》千之《かずゆき》（一八五三～一九三二、官僚・政治家）が、「私共のその頃〔江木の青年期〕の学問修業は、日本政記、日本外史、弘道館記や、会沢先生の新論を読む」[247]ことだったと語っているように、『外史』は「学問修業」の一書であり、諸藩の藩校でも教科書としてしばしば使用された[248]。さらに、多くの私塾や寺子屋でも教科書として使用され[249]庶民にも親しまれた。明治三年（一八七〇）に来日したウィリアム・グリフィス（William Elliot Griffis：一八四三～一九二八）も、「若き明治皇帝の官軍は、彼らの国の物語の解説者たる頼山陽の著作をよく読[250]」んでいたと書いている。「幕末から明治にかけて、『外史』ほど多くの読者を有った歴史書は無[251]」かったのである。現に伊藤博文は文久三年（一八六三）、イギリスへ密航する際に英語辞書とともに山陽の『日本政記』を携えて渡っている。『日本政記』は山陽の死後、弘化二年（一八四五）に刊行されたもの。神武天皇から後陽成天皇（一五七一～一六一七）までの歴史が編年体で叙述され、全九十三篇の史論（論賛）が明快に書かれた『外史』の姉妹編とも言うべき史書である。伊藤は「山陽の政記は大好きだ。日本の王政時代と封建時代、頼朝が覇府を開いて封建になったについての政事論だが、予は子供の時から政記が好きで、それを唯一の書物として読んでいた[252]」と述べているが、『外史』とともに志士たちから共鳴を呼んだ史書であった。

橘曙覧《たちばなのあけみ》（一八一二～六八）が「頼山陽／外《そと》つ史《ぶみ》朝廷《みかど》おもひにますらをを励ませたりし功績《いさお》おほかり[253]」と詠み、渋沢栄一が「〔外史が〕維新の鴻業を未然に翼賛したる功勲は決して没すべからず[254]」と言い、幕末期における『外史』の思想的功績を指摘している。明治以後もしばらくは『外史』は広く読まれていたようだ。作家・中村真一郎（一九一八～九七）の外祖母は、明治初年生まれの「文字通り無学な田舎の一老媼[255]」であったが、中村が中学生のとき漢文副読本の『外史鈔』を読み悩んでいたら、「台所に立ったままで、私の読みかけた部分を蜒々と暗誦して聞かせてくれた[256]」という。このことから中村は、「明治の初めの地方の少女は、『日本外史』を暗記することが初等教育であったのだろう。／それは『外史』が全国津々浦々に行き渡っていた証拠となる[257]」としている。明治の初頭にも、このように庶民の初等教育教材として『外史』は読まれ、しかも諳んじることができるまでよく人の頭脳に浸透していたのであった。

維新後には海外でも、維新推進の原動力になった書として評価され、中国で翻刻、ロシア語、フランス語、英語に翻訳された。また、アメリカボストンの市立図書館には、山陽の名が世界各国の学者に混じり刻まれているのである[258]。

## 3　幕末維新期の志士たちと楠木正成伝

頼山陽は、桜井の駅（湊川の戦いの前に、その子正行と別れた場所）を訪ねて古を偲び、しばしたたずみ追憶にふけったと『外史』で述べた後、楠木正成に次のような最大級の賛辞を贈っている。

「その大節は巍然《ぎぜん》として山河と並び存し、以て世道人心を万古の下に維持するに足る[259]」（原漢文）

正成の節義は永遠に人々の道義の師表になるだろうと山陽は言っているが、人物伝の薫陶教化の計り知れない力を知る手がかりの一つに、江戸期における正成の伝記的著作の影響力を指摘することができる。

室町から戦国時代にかけては、「智謀武略に長けた名将」というのが正成に対する理解であった[260]。しかし、十七世紀半ば、『太平記』が版本として流通し、次のような『太平記』にある記述のように、正成は義を貫き道に殉じた人物として理解されていくようになる。

「元弘已来《このかた》かたじけなくもこの君にたのまれ進《まい》らせて、忠を致し功に誇る者何千万《いくせんまん》ぞや。しかるを、この乱不慮に出《い》で来て後、仁を知らざる者は朝恩を棄てて敵に属《しょく》し、勇《いさみ》なき者は賤《いやし》くも死を免れんとて刑戮《けいりく》に逢ひ、智なき者は時の変を弁《わきま》へずして道に違ふ事のみ多かるに、智仁勇の三徳を兼て、死を善道に守る者は、古より今に至るまで、この正成程の者はなかりつるに、免《のが》るべきところを遁《のが》れず、兄弟ともに自害して失《う》せにける[261]」

『太平記』は、慶長・元和年間に刊行されたものとして、今日およそ十種類の版本（異植版）が知られているほどに、武家の教養書としてよく読まれた[262]。「智仁勇の三徳を兼て、死を善道に守る者」という道徳的な英雄像は、『太平記』の注釈・評論書ともいうべき『太平記評判秘伝理尽鈔』全四十巻四十四冊（以下『理尽鈔』）によって、さらに増幅されていく。

『理尽鈔』は、その題名に「秘伝」とあるように、公刊される以前は口伝により知られていた書である。作者は未詳だが、これを刊行したのは大運院陽翁《だいうんいんようおう》（一五六〇？〜一六二二？）という法華宗（日蓮宗）の僧侶である。陽翁は出自・経歴など不明な点が少なくないが、『理尽鈔』の講釈・伝授を行なっていた人物である。『理尽鈔』の奥書に、陽翁は名和正三から名和家伝来の『理尽鈔』を伝授されたと記しているが、正三が実在していた人物か定かではない。『理尽鈔』の記載分量は『太平記』の一・六倍ほどで、「評云」あるいは「伝云」という形で『太平記』の記事について論評や補説、異伝、秘話、謎解きを加えた内容になっている。成立時期は室町中期頃から江戸初期頃までの諸説があり、未だ定説は得られていない。出版されたのは、正保二年（一六四五）三代将軍家光（一六〇四〜五一）のときである。『理尽鈔』では、楠木正成が大きくクローズアップされ、『太平記』には見られない次のような正成の姿が描かれている。

「伝云、古より和朝に正成程の智仁勇を備へたる男なし。先づ数箇所の新恩を給ひしに侈《おご》る事なく『諸人の貧苦をすくいてこそ』とて、前々の公納《こうのう》〔官府への上納〕十にして二つをゆるす。賦斂《ふれん》〔正成が課した税の取りたて〕以て然也〔当然ゆるめる〕。加レ之《しかのみならず》摂津・河内の両国にて所々に池をほらせて新田を余多《あまた》仕てげり。〔中略〕

是如せし程に、人皆、其恩の深き事を思ひし。是皆、智・仁也。勇は勿論也。去れば、正成討れたりと聞こへしかば、河内・摂津・和泉・紀伊・大和等の人民、親・子の死したるが如く、家々さけび歎きて、声を惜しまず、と也[263]」

正成は数箇所の領地を恩賞としてもらったが、それに驕らず「民の貧苦を救ってこそ」と言って減税を行なった。池を掘らせて新田をたくさんつくり民の生活を豊かなものにしていったという記事である。智仁勇に優れた正成は、領国の人民の幸福のために治世を行なう理想的な為政者として描かれている。池田光政（一六〇九～八二）や上杉鷹山（一七五一～一八二二）などの為政者たちも、正成を明君として仰ぎ、正成のように治政を行なおうと努めたのは、こういう記事からの影響があったと考えられる。

『理尽鈔』は政道や兵法を論じた書として迎えられたが、十七世紀末にはそれを種本とした「太平記読み」と呼ばれる大道芸能（講釈）が登場し、社寺の境内や大道の辻、巷の盛り場といったところで講釈師がそれを物語った。「楠が御目見えする講釈場」（『寄太鼓《よせだいこ》』）という句が残っているように、「今日より正成出づ」の張紙が講釈場に張り出されると客が押し寄せ、特に合戦講釈は喝采を博したのだった[264]（第二章第五節参照）。林羅山（一五八三～一六五七）なども少年のころ、講釈を聞きその多くを暗誦できるほどによく聞いていたという[265]。そして、新井白石（一六五七～一七二五）も、四、五歳のころ、講釈を夜遅くまでよく聞いて、終わったときに意味を質問したりすることがあったので、人々が感心なことだと言ったと自叙伝『折りたく柴の記』（享保元）に書いている[266]。

こうして、『理尽鈔』の内容は、地域身分を越えて広く庶民に至るまで認知されていく。上層農民であった壺井可《よし》正《まさ》（一六三六～一七一三）は、村落指導者として正成を手本にして村を治めていかなければならないということを、子孫らへの教訓書『河内屋可正旧記』（元禄六～宝永三）に書き留めている[267]。また、横浜の豪商・中井撰之助（一八二〇～六一）も、その著『子供教草』（嘉永七）の中で、「日本に堪忍十全の者は楠正成一人にて候」と書いている。

『子供教草』は撰之助三十五歳のときの著作で、自分の息子に対して「実父より差送りたる教訓の書簡」という体裁をとり、撰之助の処世訓を述べた書である。この中で、撰之助は「堪忍」ということを取り上げ、「堪忍は、身を守る第一」とし、それをわが国で全うしたのは「楠正成一人にて候」と息子に訓えているのである。(268)

可正も撰之助も、親が子に教訓を伝える場面で、その生き方の代表・手本として正成を取り上げていることは注目される。「言或《げんあるい》は楠公に及べば、田父野老〔いなか者で教養のない人〕と雖も必ず色を荘《おごそか》にして竦聴《しょうちょう》す〔謹んで聴く〕(269)」と言われたように、正成への景仰の念は庶民レベルにも広がっていた。柴五郎は、幼い日に母親に抱かれ「楠公父子、二十四孝の話なども母より教えられ、いまなお一部を暗記しおりて、それを口にすれば、なつかしきかな(270)」と述懐しているが、家庭の中で親子の寝物語の中でも、正成は登場していたようである。

赤穂事件のときには、こんな落首《らくしゅ》が出現している。

「楠のいま大石となりにけりなほも朽せぬ忠孝をなす」

また、川柳にも「大石が碑にもすへたき鳴呼の二字(271)」という句がある。大石内蔵助の墓碑にも、正成の墓碑銘の最初にある「鳴呼」の文字を刻んであげたい、という意味の句である。これは赤穂事件の主役大石内蔵助を正成の再来、正成の精神を継ぐ人として詠ったものである。こうした歌が詠われるのも、庶民が正成の生き方をよく知っており、忠孝を体現した代表的な偉人として畏敬していたからである。滝沢馬琴（一七六七～一八四八）の黄表紙『楠正成軍《ぐん》慮知恵輪《りょちえのわ》』（寛政九）を見ても、正成と大石が忠臣の双璧という趣旨のことが書かれている。したがって、こうしたとらえ方は、かなり一般的にしかも長期にわたって流布していたことが分かる。

『理尽鈔』が刊行されて以降、その影響を受けた正成関連の書物として次のような著作が出されている。(272)

随柳軒種田吉豊『楠氏二先生全書』（寛文二）
遠藤元閑『本朝武家評林』（元禄十三）
馬場信意『南朝太平記』（宝永六）
畠山泰全『三楠実録』（正徳二）
落月堂操巵『楠一生記』（正徳六）
山田案山子『絵本楠公記』（初編：寛政十二、二編：享和元、三編：文化六）

右の書籍の中でも、特に『絵本楠公記』は、「極めて広範な受容をみた[273]」。それは、「絵本であり、文章が平易であることなどに加えて、諸書にみえる正成関連記事をほぼ万遍なく取り込んだ、いうなれば、正成ものの〈スタンダード〉であったことが大きな要因であろう[274]」とされている。さらには、正成の教えと称する様々な夥しい数の道徳的な教訓書も出され、「近世後期から近代初期にかけての識字層で、楠教訓書の類とかかわりをもたなかったものはほとんどいないであろう[275]」と言われるほどに、往来物などにも登場して教えられ盛行した。

江戸期の道徳教育は、正成抜きでは考えられない。先述した浅見絅斎は『靖献遺言』を使い講義する中で正成に言及し、正成を「仰ぎ望む」の意から自ら「望楠楼」と号した。その門人若林強斎もその書斎を、「望楠軒」と名づけ、師と同様『遺言』を講義する中で繰り返し正成を取り上げ、その誠忠を称揚している。また、この望楠軒では、絅斎が創作した謡曲『桜井』（喜多流）を舞うことが恒例の行事となっていたといわれている[276]。

元禄五年（一六九二）、徳川光圀によって建てられた正成の墓碑「嗚呼《ああ》忠臣《ちゅうしん》楠子《なんし》之《の》墓《はか》」は、名所となり数多くの人々が詣でた。また、橘曙覧が「年年《としどし》に　御墓《みはか》の文字を　すりふやし　写しひろむる　君の真心《まごころ》[277]」と詠ったように、その碑銘の拓本がよく売れた。真木和泉守は、「天下の人かりそめにも義理をわかち知るもの、墓前に拝伏して、其《その》高義《こうぎ》を感じ、涙をそゝがぬものなし[278]」と、義理をわきまえる者なら、誰しもが正成の墓前で、その高い道徳的行動に感涙しない者はいないだろう、と言っている。吉田松陰もこの墓に詣でること四回に及び、「楠公の墓を拝し、涕涙《ているい》禁ぜず(279)」と感慨を述べ、「余不肖、聖賢の心を存し忠孝の志を立て、国威を張り海賊を滅ぼすを以て、妄《みだ》りに己が任と為(280)」すと自らの覚悟を固めている。『留魂録』（安政六）の最後においても、「七たびも生かへりつつ夷《えびす》をぞ攘《はら》はむこころ吾れ忘れめや(281)」と、正成の湊川討死のときの願いと自らの思いを重ね合わせて歌に詠み込んでいるのである。

さらに、松陰はその拓本を購入し、塾の床の間に掲げて塾生に示してその精神を教えた。松陰の門人・野村靖（一八四二〜一九〇九）によれば、「七生説」は門下生の中で「士規七則」と並ぶ「経典」として尊重されたという。野村自身も「余の如きも今日に至る迄、常に座右を離した事はない(282)」とした文章であった。「七生説」は、松陰の人生観、世界観が最も端的に表された文章といわれるが、その七生とは、正成の弟正季《まさすえ》が兄と刺し違えて亡くなるとき、正季が「七たび人間に生まれて国賊を滅ぼしたい」と言ったとされる話（『太平記』）に由来する。先述したように松陰は塾で『外史』をテキストに講義することがあったが、特に大事にしたのが正成の言行が記されているところだった。この松陰に学んだ久坂玄瑞は、正成を祭る「楠公社」を長州藩に造営しようと計画したことがあったし、高杉晋作も正成を敬慕して自らを「楠樹」と号したことがあった。

正成を祭るという気運は、すでに近世初頭にあったが、いよいよ盛んになったのは、やはり幕末期であった。会沢正志斎《せいしさい》（一七八二〜一八六三）は『草偃和言《そうえんわげん》』（嘉永五）の中で、「青史に光輝垂れたるもの多しといへども、忠勇智謀兼子備りて、天下後世の模範とすべきは、楠公にしくものあらず(283)」として、正成の命日に祭祀を挙行し、正成に思いを馳せ、忠義について友と語らい深めていくことを奨励している。会沢と同僚の藤田東湖《とうこ》（一八〇六〜五五）も、正成の命日にその霊魂を祭る「楠公祭」を執り行なっている。次に掲げる東湖が献じた弔文（弔㆓楠公㆒文）を読むと、東湖が正成の何に感嘆し、学び、祈ろうとしていたかということが明瞭に看取することができる。

「嗚《あ》呼《あ》公《こう》の忠精義気天地に亘って虧《か》くるなく、日星と并《なら》びて堕つる莫《な》し。〔中略〕英魂は猶ほ芳山の巘《き》に繞《めぐ》り、児

> 孫殉節、皇運の存危、上は天常を扶《たす》け下は民彝《みんい》を立つ。既に当時の義を唱へ、又百世の師と為る。余《よ》復《ま》た何をか悲しまん。忠魂髣髴《ほうふつ》として此《こ》の卮《さかずき》を享《う》け、而して斯《こ》の辞《ことば》を聴け(284)」（原漢文）

人の守るべき道を立て、「百世の師」となった正成の「忠精義気」に感嘆し、それを学び、それを自らも行なっていこうと祈り誓っている。正成を単なる戦略家・名将として仰いでいるのではなく、道義を確立した永遠の教師として東湖は正成をとらえているのである。

　水戸に学んだ真木和泉守も、東湖が正成を道徳的にとらえたように、「孔子」「孟子」同様、正成に敬称の「子《し》」をつけ、その高徳を讃え「楠子《なんし》」と呼んでいる。正成を論じたその「楠子論」は「嗚呼、楠子《なんし》の忠義。蓋《けだ》し天下の一人なり(285)」（原漢文）と書き出し、

> 「楠公の闔族《こうぞく》三世数十人　天朝の為に死に給ひし事こそならひ侍るべけれ。保臣《やすおみ》〔和泉守〕がごときかずならぬものにても、一門挙つて死に侍らば、天下にはさりとも雄々しき死様かなとて、見習ふ人もあらん(286)」（傍点引用者）

と述べている。正成の一族一門三代にわたり皇室に殉じたことこそが倣うべきことで、これを自分も実践すれば後に見習う人も出てくるだろう、ということだが、和泉守は正成を讃えるだけでなく、それに倣い自分も実践しようと述べている。むろん和泉守はそれを禁門の変（一八六四）において実践し、「見事戦死之積に御座候(287)」の言葉通り天王山で自刃し生涯を終えているのである。そして、「ゆめ吾子孫たるもの楠氏の三世義に死して、心かはらぬあとなわすれそ(288)」と子孫に訓戒の言葉を遺しているのを見るとき、同じく志士であった佐久良《さくら》東雄《あずまお》（一八一一～六〇）が、その子石雄《いわお》に宛てた遺書の中で「唯〻楠正成尊ノ如キ忠臣ニナラウト、一向一心ニオモフベシ、思テ修行スベシ(289)」と

書いたのを想起させる。思うに、志士たちの思想の底流には、等しく「正成に倣え」という通念があったのだろう。この和泉守もまた、毎年楠公祭を欠かさなかった人だが、幽囚中十年間になおかつ病で喀血《かっけつ》した直後にもそれを怠らなかった。「忠義、千歳綱常を掲ぐ」[290]とは、この楠公祭のときに詠んだ「祭楠公」と題する詩の一節であった。

楠公祭は、佐賀藩においても幕末に、枝吉神陽《えだよししんよう》（一八二二～六二）の登場により盛り上がる。藩校「弘道館」教授だった神陽は、佐賀における皇道大義の主唱者であった。彼は、高伝寺にあった正成・正行像[291]を見出し、嘉永三年（一八五〇）正成の命日に楠公祭を斎行した。そして、この日をもって、正成の精神を称揚する私塾「楠公《なんこう》義祭《ぎさい》同盟」が結成され、ここから神陽の弟・副島種臣や江藤新平、大隈重信、島義勇《しまよしたけ》、大木喬任《たかとう》など明治維新で活躍する人材が輩出されていくのである。

渋沢栄一が青年期、国事に奔走しようとして家を出るとき、父親にこう告げている。

「自分が微力を以てなにほど奔走したとて、到底目的を達し得られずに終るかも知れぬが、楠公のごとく戦死しても構はぬゆゑ、一番やれる處《ところ》までやつて見る気である」[292]

渋沢は正成の戦死を引き合いに出して父を説得し、父親がそれに同意しているところが興味深いところだ。「楠公のごとく」というのは、それだけ広く深く人々に浸透し力があった言葉と解してよいのではないか。このように正成の伝記の効力は、江戸期において永く広く続いた。学術的な分野から大衆娯楽の分野まで、身分的には上は武士から下は庶民に至るまで、正成は道徳的に尊崇の対象となった人物であったのである。

維新の元勲・大久保利通（一八三〇～七八）は、河内の楠氏旧跡を訪ねた折、堺県令・税所篤《さいしょあつし》（一八二七～一九一〇）に、こんな言葉を述べたという。

「吾等同志の者が、尊王倒幕の大義を唱へ、身を捨て家を忘れ、東奔西走して天下を動かし、遂に明治維新・王政復古の御代を開いたのは、皆これ大楠公《だいなんこう》の遺志を継承して君国の為に臣節を淬励《さいれい》（自己の修養につとめること）したからである」[293]

幕末期には長州藩で、「君臣湊川」という言葉が合言葉のように言われた。この言葉が叫ばれると、「尊王攘夷、公武合体の両派の葛藤錯節も、立ちどころに解決された」[294]というが、正成の生き方は討幕運動の精神的エネルギーそのものであったと言っていいだろう。明治元年（一八六八）四月に詔が下され、正成のために湊川神社が建てられた。維新第一の事業が湊川神社創祀であったということが、それを象徴していると言えるだろう。

## 4　人霊祭祀と倫理思想の形成

明治元年（一八六五）に正成を祭る湊川神社が創建されたが、明治以前から正成を祭る神社や境内社は全国に点在していた。正成を祭った神社として最も古いとされるのが、佐賀市白山にある楠神社である。楠神社は龍造寺八幡宮境内に建てられ、正成・正行像を祭っている。御神体の正成・正行像は佐賀藩士・深江信渓《しんけい》（一六二〇〜八二）らが寛文三年（一六六三）に制作し、永明寺（佐賀市大和町）にそれを祭り、藩主・鍋島光茂（一六三二〜一七〇〇）や重臣らが参列する祭祀がとり行なわれていた。

これは、徳川光圀の正成墓碑の建立（一六九二）より二十九年早い公的な正成顕彰活動である。しかし、信渓の死後、この祭祀はしばらく途絶えていった。永明寺は廃され、父子像は藩主・鍋島家の菩提寺・高伝寺などに安置されていたが、安政三年（一八五六）に枝吉神陽を中心とする楠公義祭同盟によって見出され、現在の楠神社に祭られ祭典が斎行された。祭典での参拝が終わると、参列者一同が神職宅に集まり、同盟者の氏名を奉書折紙に記して奉納する。そして、年少者が年長者に奉納されたお神酒の酌をし、談話を聞いて義勇の気を養ったという[295]。その参列者には、大隈重信、江藤新平、副島種臣、島義勇、大木喬任ら錚々たる顔ぶれが揃っていた[296]。このように佐賀の楠神社をはじめとして、正成を祭神とする社祠は江戸期に数多く建てられ、現存するのは全国で六十一社確認することができる[297]。

わが国では正成だけでなく、英雄や偉人の霊を神として祭るという人霊祭祀の伝統がある。古くは、奈良時代に善政を敷いた国司（筑後守）・道君《みちのきみ》首《おびと》名《な》（六六三～七一八）を人民たちが神として祭った例[298]や、蝦夷討伐で武勲をあげた坂上田村麻呂（七五八～八一一）を祭る田村神社（滋賀県甲賀郡土山町）[299]などが挙げられる。

菅原道真を祭る天満宮も人霊祭祀の代表例であり、文教の守護神として全国いたるところに祭られている。室町時代の学者の多くが、道真を学者の理想としてその肖像を壁間に掲げて崇敬した。江戸時代にも藩校や寺子屋の中で祭られたり[300]、学者や芸術家が天満宮に事業の成就を祈願したりしたという例は夥しくある[301]。但し、道真の場合は、このように後に学問の神として広く崇敬されてきたものの、創祀のきっかけは怨霊の祟りを鎮めることにあったから、現世での遺徳や偉業の顕彰をきっかけとした祭祀の部類とは異なる面がある[302]。

桃山時代に豊臣秀吉（一五三七～九八）を祭る豊国《とよくに》神社が創建されるが、偉人・義人・英雄として、その霊を祭る信仰が顕著になってくるのは、近世に入ってからである。徳川家康（一五四三～一六一六）の日光廟が創建され、全国の藩祖も祖神として祭られ、各地方ではその郷土において功績を残して人々から敬慕された義人を祭る社祀が数多く建てられていった[303]。近代以降、正成と同じく建武中興で功績のあった忠臣、吉野朝の天皇・皇族、さらには維新の志士や国学者、義民、英雄的武将、武勲を挙げた軍人などの神社が全国各地に続々と創建されていく。

会沢正志斎は『草偃和言』の中で、祭りや年中行事を取り上げ、その中でも五月二十五日の楠公祭について、「されば貴賤となく、此日に遇ゥては、殊に同志の友をも求メて、相共に義を励し、其身の時所位に随て、国家に忠を尽さん事を、談論思慮して、風教の万一を助け奉るべき也[304]」と述べている。正成を祭る楠公祭での心得を書いているのだが、これは正成に限らず偉人や義人を顕彰し祭るという行為には、自分だけでなく周囲の人々と共にその偉人・義人について語り、一緒に道義について学び励ましていこうとする意義があるのではないだろうか。

かつてラフカディオ・ハーン（Patrick Lafcadio Hearn：小泉八雲、一八五〇〜一九〇四）が洞察したように、「日本人の考えでは、死んだものも、生きているものとおなじように、この世に実存している[305]」とされている。そして、実存すると感じるだけでなく、ハーンは次のように死者から感化を受けていると言う。

「死者はいかにもわれわれの神であり、われわれのすべての行為は、まことにそれらの神々の感化をうけていると言える[306]」

「日本人の死者に対する感情は、どこまでも感謝と尊敬の愛情である。おそらくそれは、日本人の感情のなかでも、一ばん深く強いものであるらしく、国民生活を指導し、国民性を形成しているのも、この感情であるらしい。愛国心もそれに属していれば、親をだいじにする孝道もそれに属し、家族愛もそれに根ざしているし、忠義の念もそれに基づいている[307]」

このハーンの言葉を借りて言えば、偉人を神として祀ってきた日本人は、その感化を受け、その中で愛国心、孝道、家族愛、忠義の念といった道徳心を養ってきた、ということが考えられる。モラル・バックボーンの形成に死者（偉人）の果す役割は、特に日本人の場合はこのように顕著に認められるのである。

## 第五節　戦前期の人物伝教材とその教育

### 1　明治の指導的人物伝書『西国立志編』

日本の近代的学校教育制度は、明治五年（一八七二）八月、「学制」によって開始される。そして、九月に文部省は「小学教則」を定めて、初等普通教育の教授内容及び教科書を指示した。ここに示された教科書の多くは、欧米文化を内容とした啓蒙書類で占められていた。したがって、明治初期は「翻訳教科書時代」とも呼ばれ、当時の教科書として欧米の書籍を抄訳編集したものや翻訳教科書が多く使用された(308)。その中で人物伝を掲げた翻訳修身教科書として使用されたのが、『西国《さいごく》立志編』（以下『立志編』）であった。『立志編』は、サミュエル・スマイルズの『自助論』を邦訳したものである。中村正直《まさなお》（一八三二～九一）が、明治三年（一八七〇）に翻訳刊行した。『自助論』は、一九〇四年頃までに二十五万部以上という記録的な売れ行きを示し、教訓、生き方の書としてヴィクトリア時代のイギリス人に多大な影響を与えた。また、世界二十ヵ国語以上に翻訳され、日本だけでなく世界各国で読まれたベストセラー本であった（第一章第三節参照）。

訳者の中村は、昌平黌《しょうへいこう》の主席教授で、当時日本最高の漢学者と目されていた。実際当時の清国人から「真の漢文」と言われるほどに、卓越した漢文の文章力を持っていた人だった。その一方で、十六歳の頃から蘭書、英書にも関心を寄せ密かに熱心に勉強していたというバランス感覚のとれた柔軟な思考の持ち主であった。また、佐藤一斎《いっさい》（一七七二～一八五九）から「中村某は学生の模範なり(309)」と称賛を受けたように人格者でもあった。

中村は、早くから開国論を唱え、開明的な考え方を持っていた。慶応二年（一八六六）幕府が十二名の若者を選抜してロンドン留学生派遣を決定するや、これに同行したいと自ら願い出て許された。中村、三十五歳のときのことである。そして、派遣留学生一行を代表する「取締役」として随行し、イギリスに渡ったのである。当時のイギリスはヴィクトリア朝の最盛期で、中村はその文明とイギリス国民の自助独立の気風に触れ感銘を覚え、寝食を忘れるほどに英文学の勉強に打ち込んだ。しかしながら、この留学は倒幕によって約一年半で中断され、中村は帰国の緒に就くことになる。その際、親しくしていたハンフリー・W・フリーランド（Humphry W. Freeland：一八一九～九二）から送別の品として贈呈してもらったのが、『自助論』であったのである。

中村はイギリスで、国民や社会の様子をつぶさに見て、

「西国の強きは、人民篤く天道を信ずるによる。〔中略〕／けだし国は、人衆あい合うの称なり。故に人々の品行正しければ、すなわち風俗美なり。風俗美なれば、すなわち一国協和し、合して一体を成す。強何ぞ言うに足らん[310]」

と英国の隆盛を、勤勉で忍耐強く自主自立心のある英国民の人格に由来すると洞察していた。そして、中村は帰国の船中で『自助論』を読み、イギリスを富強にした原点はこれだと悟ったのである。そこには儒教道徳や修身訓話に相通ずるものがあると看取し、傍らからそれを離さず暗誦するほどに感銘を受けた。帰朝後には直ちにその翻訳に取りかかり、「西国立志編」と題して世に出したのである。『立志編』は立志、勤勉、忍耐、節約といった自助の精神を、西洋古今の偉人たちのエピソードを通して説いた書である。本書は小学校上学年の口授教材、読物資料として使用されたようである。

スマイルズは、同書で偉人伝の価値、効果について次のようなことを述べている。

「真正の人と称せらるべき人の言行を記載する書は、中に貴重なる種子を包蔵す。〔中略〕けだし極高の言行、極善の儀範は、人心を鎔鋳《ようちゅう》〔金属を溶かして鋳造〕すること、百代の遠きに及び、後人をして企慕追求せしむるなり[311]」

偉人伝に記された人としての規範は永く残り、後世の人々が生き方の手本として強く求めるものになるのだ、ということである。同書は出版されるや一般でも広く読まれ、「明治思想界の大宝典[312]」「明治の聖書[313]」と激賞された。明治天皇（一八五二〜一九一二）も侍講から同書の講義を受けられている。また、明治八年（一八七五）十一月、中村が校長を務めた東京女子師範学校の開校式では、美子《はるこ》皇后（昭憲皇太后、一八五〇〜一九一四）ご臨席のもと、『立志編』の生徒による御前講読が行なわれている。

　明治末年までに同書の出版部数は本国イギリスを上まわって百万部を超え、「格言と偉人の伝記とを巧に総合したその構造が、明治青年に自己激励の核と状況判断の資料を提供(314)」していった。この爆発的な売れ行きによって、版元の秀英舎（現在の大日本印刷株式会社）は日本一の印刷所となった。

「影響感化の大なること福沢翁の著訳と並んで空前と称せられる。〔中略〕当時の青年が、本書に接して感激措く所を知らなかったのは想像に余りある。福沢が明治の青年に智の世界を見せたと云ひ得るなら、敬宇は正に徳の世界を見せたものと謂っていゝ(315)」とあるように、事実この書から感激感動して大倉組を創立したのが大倉喜八郎（一八三七～一九二八）であった。彼は、後年その感謝の意を表するために中村に白檀の火鉢を贈っている。同様に星製薬を起業した星一《はじめ》（一八七三～一九五一）は、生涯にわたって『立志編』を愛読して、その徳を実行しようとした。また、岡山孤児院の創設者・石井十次《じゅうじ》（一八六五～一九一四）も同書に感動し、貧しい子供たちの教育を志したのだった(316)。

　国木田独歩（一八七一～一九〇八）は、「非凡なる凡人」（『運命』明治三十九）という作品の中で「活きた西国立志編」と言われるほどに『立志編』の感化を受け「堅実なる有為の精神」を持つに至った桂正作という主人公を描いている。『立志編』によって、少なからぬ明治の青年たちが、桂正作のように「非凡なる」人へと成長を遂げていったことだろう。

　幸田露伴（一八六七～一九四七）は、明治日本における中村の影響感化について「攘夷的感情の懐抱者までをして西洋文明を窺知するに至らしめた(317)」と『明治初期文学界』で述べている。露伴自身も『立志編』に触発され、『蘆の一ふし』（明治二十六）、『鉄三鍛《てつさんたん》』（同四十二）といった小説や『文明の庫』（同三）、『蒸気船の発明者』（同三十四）、『鉄の物語』（同四十二）などの発明発見物語を書いている(318)。雑誌『成功』第三巻第四号（明治三十七）が品性修養に必要な書物を質問したアンケートで、露伴は『論語』『孟子』や『新約聖書』などとともに『立志編』を挙げ推奨している。

このように『立志編』の道徳的な影響は国民各層に浸透し、中村に対する声望も大いに高まった。「江戸川聖人」と呼ばれ、[319]直接教えを受けたいと多くの若者が訪ねてくるようになり、中村は明治六年（一八七三）に「同人社」を設けた。やがてその生徒は三百名を超え、慶応義塾と双璧をなす私塾に発展していった。中村が、「教育上の箴言《しんげん》」（後の「教育勅語」）の草案（「徳育大意」）執筆を文相芳川顕正《あきまさ》（一八四二～一九二〇）から依頼される（最終的には中村の草案は却下された）ほどに、世の師表として仰がれていくようになったのも、『立志編』訳出の力が与っていたものと考えられる。

さらに、『立志編』中のいくつかの話、例えば種痘法を発明したエドワード・ジェンナー（Edward Jenner：一七四九～一八二三）や陶祖ベルナール・パリッシー（Bernard Palissy：一五一〇?～九〇?）のエピソードは、後の国定修身教科書や国語教科書にも取り入れられたり着想を与えたりしている。『立志編』は、その後のわが国の教科書教材にも、感化影響を及ぼしているのである。[320]これほど『立志編』が国民的に歓迎された背景には、同書が欧米の古今の人物伝を載せた書であったこと、そして人物伝が徳育教材として長きにわたって広範に編集され重用されてきたというわが国教育の歴史的素地があったということが考えられるのである。

## 2　明治エリート青年たちを魅了したカーライル『英雄崇拝論』

夏目漱石（一八六七～一九一六）の小品に、「カーライル博物館」（明治八）がある。イギリス留学中、博物館となったカーライルの旧宅を訪れ、その印象を書いた訪問見物記である。漱石は四度ここを訪ね、そこにある名簿に四度自分の名前を記した。その名簿の前の頁を繰ってみると、日本人の名は一人も見当たらない。ここへ来たのは自分が初めてだなと「下らぬ事が嬉しく感じられる」と書き、漱石のカーライルに寄せる尊敬と親しみの情の一斑が窺える。「漱石の初期作品に満ちている諧謔や警句、奇抜な発想には、カーライルにごく近しいものがある」[321]し、『吾輩は猫である』（明治三十八）にも登場人物がカーライルと同様「胃弱」であることを自慢して友人にからかわれるといったシーンが描かれている。

大衆一般に受け入れられたのがスマイルズだとすると、漱石のようなエリート青年層に受け入れられ深甚な影響を与えたのがトーマス・カーライルであったと言えようか。カーライルは、主著『フランス革命』（*The French Revolution*：一八三七）により高く評価され、文壇的地位を確立した。十九世紀イギリスヴィクトリア朝を代表する思想家・歴史家である（第一章第三節参照）。その著作は、わが国では明治十年代末に紹介され、住谷天来（一八六九～一九四四、新聞人・牧師）が訳した『英雄崇拝論』（警醒社、明治三十三）は大正期まで十数版を重ねた。この他にも『英雄崇拝論』の注釈や翻訳書は四種程(322)出版され、その数は「明治期全体の英米作品を通じても、一、二を争うほどの夥しさである(323)」という。

「歴史とは英雄の伝記である」「社会は英雄崇拝の上に建っている」という歴史観から書かれたのが、『英雄崇拝論』であった。『英雄崇拝論』は、漱石をはじめとして明治のエリート青年たちを惹きつけた。

　「それ〔『英雄崇拝論』〕が若者の机上を飾る青春必読の書となっていたことは、今に残る夥しい数の翻訳・注釈書、あるいは当時実際にその原本を繙いた先達の証言などから判断して、間違いのない事実である(324)」

このように明治青年にとって『英雄崇拝論』は「机上を飾る青春必読の書となっていた」のである。例えば国木田独歩は、

　「吾、英雄論を読みて後已に一年、再読して後已に半年。而して今にして始めて『英雄』崇拝の真意をさとりぬ。『英雄』を尊ぶ所以んは実に人生を尊ぶ所以んなり(325)」「英雄なくんば吾人生を失望す、吾今にして始めてカーライルが英雄崇拝の本旨を知りぬ。然り此の世界若し彼のクリストなく、ミルトンなくルーテルなく其他『シンセリ

テイ』以て茲に立ち人間を教へ、人類を導き、人類を支配せざりしならば吾、人生を失望す。吾は英雄の雄魂霊心を通じて人生の希望を認む[326]」

と『英雄崇拝論』に対するその熱情を吐露している。そして、独歩はそれに鼓吹されて小説家になったとも言えるほどに、『英雄崇拝論』に多大な感化を受けているのである[327]。

高山樗牛（一八七一〜一九〇二年）も「『サーター、リザルタス』とこの英雄論とが吾几上に二つなき友なりし一時ありき[328]」と述べている。『サーター、リザルタス』（*Sartor Resartus*：邦題では「衣服哲学」、一八三八）とは、カーライルの人生哲学を展開した著作である。新渡戸稲造は、これをアメリカ人宣教師メリマン・ハリス（Merriman Colbert Harris：一八四六〜一九二一）から譲り受け、以降生涯三十四回に及び愛読したということが知られている。さらに新渡戸の武士道論には、カーライルの道徳思想や「偉人」のとらえ方の影響をみてとることができる[329]。むろん新渡戸も、「世界の歴史は英雄によって作られる」（『英雄崇拝論』）という言葉に影響を受けた英雄崇拝者であった[330]。

内村鑑三も、友人の新渡戸からカーライルを教えられ、「日本のカーライル」「第二のカーライル」と人から呼ばれるほどにカーライルに傾倒し、その著作を愛読した。内村の『代表的日本人』は、カーライルの『英雄崇拝論』に範をとってできた著作でもある[331]。カーライルは英雄の不可欠な資質として、〈Sincerity〉（誠実）ということを『英雄崇拝論』の中で繰り返し強調しているが、内村も同様「誠実」という言葉を『代表的日本人』の中で多用している。

北村透谷（一八六八〜九四）は、「当世文学の潮《うしお》模様」という評論文を「君が世界は今代にあらずして、〔中略〕無限無際涯たる未来にあり。カーライルは、君が確かに未来に於ける英雄の第一級に位ゐす可を保証せり」と『英雄崇拝論』で示された文学者の使命を踏まえて書いている[332]。宮沢賢治（一八九六〜一九三三）の作品にも、『英雄崇拝論』からの影響の可能性が指摘されているが[333]、以上のようにそれは日本近代文学・思想草創期の中心的な作家たちを鼓舞し、影響を与えていたのである。

### 3　徳育化に貢献した『フランクリン自伝』

漱石の『坊ちゃん』に、主人公・坊ちゃんが赤シャツ・野だいこと釣りに出かけ、最初に「ゴルキ」という魚を釣り上げるシーンがある。この魚を見た帝大卒の赤シャツが、「ゴルキというとロシアの文学者みたいだね」と西洋通ぶってロシア新文学に言及すると野だいこも「そうですね」と賛同する。このやりとりに無知な一般人を代表する坊ちゃんが反発を感じ、

「一体此《この》赤シャツはわるい癖だ。誰を捕《つら》まへても片仮名の唐人の名を並べたがる。人には夫々専門があつたものだ。おれの様な数学の教師にゴルキだか車力だか見当がつくものか、少しは遠慮するがいゝ。云ふならフランクリンの自伝だとかプツシング、ツー、ゼ、フロントだとか、おれでも知つてる名を使ふがいゝ[334]」

と不満をぶちまけるのだが、ここに出てくる「フランクリンの自伝」と「プツシング、ツー、ゼ、フロント」は共に当時中学校上級以上の諸学校で英語教科書としてよく使われていた書籍であった。したがって、坊ちゃんも学校で習った「フランクリンの自伝」「プツシング、ツー、ゼ、フロント」は「おれでも知つてる」外国書籍ということなのだろう。

『坊ちゃん』は明治三十九年（一九〇六）の作品だが、この頃には『フランクリン自伝』（*Franklin Autobiography*、以下『自伝』）は、このように学校の教材として、また広く一般にも読まれていた書であった。例えば、正岡子規（一八六七～一九〇二）は、肺結核で病臥していた時期（明治三十五）に、『自伝』の原書をほぼ毎日のように読み、「苦しみながら読んだのであるが、得た所の愉快は非常に大なるものであつた[335]」と『病牀六尺』（明治三十五）に

書いている。それから、島崎藤村（一八七二〜一九四三）がまだ一介の英語教師として無名だった頃、生徒に乞われ読んで聞かせたのが『自伝』だった。国木田独歩に至っては『自伝』を読み怠慢な生活を自戒して、ベンジャミン・フランクリン（Benjamin Franklin：一七〇六〜九〇）に倣い日課表を作成して生活しようと試みていたほどだった。

『自伝』はフランクリンの五十一歳までの半生が記され、一七九一年に刊行された書である。文学作品として高い評価を受け、アメリカだけでなくイギリス、フランスをはじめ世界中で読まれた。わが国では幕末期の文久年間に、箕作阮甫《みつくりげんぽ》（一七九九〜一八六三）が『玉石志林《ぎょくせきしりん》』（刊行年不明）の中で「合衆国ベンヤミン、フランクリン略伝」として『自伝』の一部を紹介していた。

明治に入ってからは、小学校修身の翻訳教科書の中で、フランクリンが登場している。例えば、ボンヌ（Louis Charles Bonne：一八一九〜八一）の児童用教科書を箕作麟祥《みつくりりんしょう》（一八四六〜九七）が翻訳した『泰西《ヨーロッパ》勧善訓蒙《かんぜんくんもう》』（明治四）の前編、巻の下、第六編、第十八章に「徳ニ進ムノ法〇『フランクリン』ノ教誨」において、フランクリンが十二徳[336]を立て、表を使って日々実践しようとしていたことが記されている。チャンバース兄弟（William Chambers：一八〇〇〜八三／Robert Chambers：一八〇二〜七一）の児童用道徳書を福沢諭吉（一八三五〜一九〇一）が翻訳した『童蒙教草《どうもうおしえぐさ》』（明治五）巻の一、第四章にも、「べんじやみん・ふらんきりんの事」としてフランクリンの略伝と彼の処世術が記されている。

フランクリンの名を題名に冠した最初の書と考えられるのが[337]、青木精一『亜国弗氏立身伝　一名、弗氏言行儀範』（明治九）である。十二の徳行についての注釈とフランクリンの略伝が記されている。明治二十年前後にはチャンバー／山田邦彦訳『仏蘭克林《フランクリン》金言玉行録』（杉本甚介、明治十七）、フランクリン／ウェルド補編／御手洗《みたらい》正和訳『名《めい》花之余薫《かのよくん》』（丸善、明治二十）、フランクリン／望月興三郎訳『勤勉立志冨蘭克林《フランクリン》自叙伝』（上田済生堂、明治二十二）など、フランクリンの自伝的翻訳本が相次いで刊行された。なお、『勤勉立志冨蘭克林自叙伝』は、明治三十年（一八九七）までに五版を重ねるほどに多くの読者を獲得していた。さらに民友社の少年伝記叢書の第一巻として、国木田独歩訳・翻案『フランクリンの少壮時代』が明治二十九年（一八九六）に出版された。同著は好評を得、発刊後二ヵ月足らずで再版が出されるに至った。

左に列記したように明治三十年以降もフランクリンの自伝的著作や翻訳本の出版は行なわれ、明治末年まで続いていたことが分かる。

熊谷五郎『弗蘭克林《フランクリン》』（博文館、明治三十五）、中里介山編『フランクリン言行録』（東京内外出版協会、明治四十）、塩見平之助『フランクリンの女性観』（隆文館、明治四十一）、白井二峯『フランクリン成功訓』（東京堂、明治四十二）、笹川準訳『立志成功新訳フランクリン』（精華堂書店、明治四十三）、竹村修訳『フランクリン自叙伝』（内外出版協会、明治四十三）

右に掲げた『フランクリン自叙伝』を出した内外出版協会は、フランクリンの手帳を用いた十三徳修養法に倣い、「品性修養の為に作られたる新趣向の日記帳」として『反省日録』を販売している。[338] これは、自伝を読むだけでなく、フランクリンの修養法そのものを実践しようとする人たちが多くいるということが見込まれての商法だったのだろう。

こうした『自伝』受容の一方で、フランクリンに言及する中学校修身教科書と彼の伝記的教材を載せる小学校国定修身教科書が登場する。中学教科書では二、三年生用に多く登場し、手帳を使い工夫して十三徳を修徳することを実践したことなどについて言及している。小学校国定修身教科書では、第一期、第二期において次のような項目の中で、西洋人としては最も多く登場している。

第一期　高等小学校一年：第十八課「自立自営」、第十九課「規律正しくあれ」、第二十・第二十一課「公益」、第二十二課「勤労」。

高等小学校四年：第十課「勤労」、第十八課「修徳」。

第二期　尋常小学校六年：第十二課「自立自営」、第十三課「規律正しくあれ」、第十四課「公益」。

『自伝』の教えは、皇室にも及んだ。明治天皇の侍講だった儒学者・元田永孚《ながざね》（一八一八～九一）が、「フランクリンの十二徳」に注目し、それに自ら註を書いた手録を、美子皇后に献上し進講している。これをご覧になった皇后がその内容に倣い和歌に詠まれたのが、「明治九年、弗蘭克林《フランクリン》の十二徳によませたまへる」歌（『昭憲皇太后御集』）であった。その中の一首、「勤労　みがかずば玉の光はいでざらむ人のこころもかくこそあるらし」は後に手を入れられ、「みがかずば玉も鏡も何かせむまなびの道もかくこそありけれ」となり、東京女子師範学校の開校式（明治九年二月）に下賜された。これは、現在も師範学校の後身・お茶の水女子大学の校歌として歌い継がれている。

やがて、この歌が元歌となり文部省唱歌として広く愛唱されるようになったのが、左の「金剛石」の歌（明治二十）である。わが国の伝統的道徳とフランクリンの教えを融合させ、子供の心に素直に浸潤していく内容になっている。

一、金剛石も、みがかずば、／玉の光は　添はざらむ／人も、学びて　後にこそ、
まことの徳は　あらはるれ。／時計のはりの　絶間なく／めぐるがごとく、時のまも、
光陰《ひかげ》惜《おし》みて　励みなば、／いかなる業《わざ》か　ならざらむ。

二、水は器に　したがひて、／そのさまざまに　なりぬなり。／人は交る　友により、
よきにあしきに　なりぬなり。／己に優る　よき友を／えらび求めて、もろともに、
心の駒に　鞭うちて、／学《まなび》の道に　進むべし。

なお美子皇后は、明治における二点の人物伝教材編纂にもご尽力されており、それをここで少し触れておきたい。先ず一点目が『明治孝節録』（明治十）である。全四冊、138例話、162名（女性はうち76名）が収められている。皇后は、日頃から新聞紙などから人々の道徳的善行の記事を抜粋収集し、それを保存されていた。ところが、明治六年（一八七三）に皇城火災の折にそれが焼失してしまった。そこで、侍講・福羽美静《ふくばびせい》（一八三一～一九〇七）が皇后の内旨を受け、各官府の賞典録の中から優れた人物の事績を集めて皇后に奉じた。これをもとに、近藤芳樹（一八〇一～八〇、宮内省文学御用掛《ごようがかり》）が文章を書いて、『明治孝節録』として完成させたのであった。

皇后は後述する『幼学綱要』の補遺として、女性のための徳育書の編纂を思い立たれ、その内意を受けて西村茂樹（一八二八～一九〇二、宮内省文学御用掛）が明治二十年（一八八七）に著し宮内省から出版されたのが、二点目の『婦女鑑《ふじょかがみ》』全六巻である。『婦女鑑』も人物伝を盛った修身教科書と言ってよく、日本人だけ（34話）でなく中国（33話）や西洋（53話）の中からも良き妻賢き母の姿（全120例話、126名）を通して、十二の徳目（孝行・友愛・婦道・勤倹・慈善・母道・忠誠・愛国・識見・才学・処変・雑徳）を教える構成になっている。同書は華族女学校（現学習院女子大学）、女子師範学校（現お茶の水女子大学）以下全国各地の女学校に普及し、第十五版（昭和十）まで出版された（第二章第六節参照）。

### 4　人物伝教材が主流だった修身教科書

明治期の道徳教育における人物伝教材の受容・活用の傾向は、欧米偏重への反省と日本の伝統文化尊重の機運と相俟ってさらに高まっていく。それは明治十二年（一八七九）、道徳教育の不徹底を痛感した明治天皇の聖旨を受けて、元田永孚によって起草された「教学聖旨」の「小学条目二件」の中に、

「仁義忠孝ノ心ハ人皆之有リ然トモ其幼少ノ始ニ其脳髄ニ感覚セシメテ培養スルニ非レハ他ノ物事已ニ耳ニ入リ

先入主トナル時ハ後奈何トモ為ス可カラス故ニ当世小学校ニ絵図ノ設ケアルニ準シ古今ノ忠臣義士孝子節婦ノ画像・写真ヲ掲ケ幼年生入校ノ始ニ先ツ此画像を示シ其行事ノ概略ヲ説諭シ忠孝ノ大義ヲ第一ニ脳髄ニ感覚セシメンコトヲ要ス[339]」

として打ち出されたことに端を発する。「仁義忠孝ノ心」つまり儒教的な道徳を具体的な「古今ノ忠臣義士孝子節婦」の「行事ノ概略ヲ説諭」していくことが必要だとされたのである。

これを受けて文部省は明治十三年（一八八〇）に編集局を設けて、西村茂樹を編集局長として刊行したのが『小学修身訓』全二冊である[340]。その内容は教学聖旨の趣旨を踏襲し、中国の古典、江戸期の教訓書、西洋の著書から抜粋された古今東西の格言や名句を八つの徳目の下に集めてあるものである。例話としての人物伝は掲載されていないが、それは「教師ノ口授ニ委託ス[341]」と「凡例」に記されてある。以後民間で刊行された修身教科書は、同書に準拠して編纂されるようになった。

この『小学修身訓』同様、教学聖旨（小学条目二件第一項）の意を体し、明治天皇の親諭を受けて編纂された道徳教科書に『幼学綱要』全七冊がある。これは元田永孚が編纂し、明治十五年（一八八二）に宮内省から出版された。本書は「孝行」「忠節」をはじめとする二十の徳目によって編成され、各章一つの徳目の大要が冒頭に記され、それに関する経書からの引用漢文がいくつか記されている。その後にその例話として、和漢の歴史上の人物伝教材が数話掲載されている。同書は、勅旨をもって出版されたいわば勅撰に準ずる道徳教科書として先ず地方長官に頒賜され、その後全国の諸学校に下賜されている。

明治十四年（一八八一）五月に出された「小学校教則綱領」では、第十条に「初等科ニ於テハ主トシテ簡易ノ格言、事実等ニ就キ中等科及高等科ニ於テハ主トシテ稍高尚ノ格言、事実等ニ就テ児童ノ徳性ヲ涵養スヘシ[342]」と初めて修身の教材要旨が示された。「事実」とは人物伝を含む修身実話である。

こうして、この教則に基づいて明治十六年（一八八三）には、『小学修身書』「初等之部」全六冊、翌十七年（一八八四）には同「中等之部」全六冊が、文部省編輯局から前記の『小学修身訓』を改めて編集して出された。したがって、人物伝は載せていないが、同書の冒頭「教師須知六則」の中で「書中何れの語を口授せんにも。かならず先づ其前に記したる小引の意をよく説き聞かせ。或は是に交ふるに。忠臣孝子の伝記を以てし。而して後其主とする所の語を挙げて。以てこれを断ずべし[343]」とあって、教科書にある教訓に交えて教師が「忠臣孝子の伝記」を口授するという方針は『小学修身訓』と同様である。

民間においても、先の教則に従って多くの教科書が出版されている。その中で『小学修身書』全三冊（金港堂、明治十四）は、多くの版を重ねた人物伝使用の代表的な民間出版教科書である。同書は、例えば「孝弟師友」というように徳目を掲げ、その中に訓言や例話としての人物伝が配されている。

明治十九年（一八八六）、小学教則が改正され、同二十四年（一八九一）までは修身教育においては教科書を使用せず、教師の談話・口授によって行なうものとされた。それは、暗誦や字義の解釈に偏るといった教科書使用の弊害が指摘されたことによるものであった。しかし、このとき出た同十九年五月の文部省令第八号（「小学校ノ学科及其程度」第十条）には「小学校ニ於テハ内外古今人士ノ善良ノ言行ニ就キ児童ニ適切ニシテ且理会シ易キ簡易ナル事柄ヲ談話シ[344]」とあるように、「談話」の中では「内外古今人士」を取り上げて談話することが文部省の念頭にはあったようである。なお、同年五月には、この年公布された教育令によって教科書の検定制度実施が明らかにされ、これに基づいて教科用図書検定条例が定められた。翌二十年（一八八七）五月にはこれを廃し教科用検定規則と定めて、検定制度が実施運営される運びとなったが、修身教科書の民間における刊行は激減していった。

そうした中で、談話資料として刊行され使用された教科書に、丹所啓行・前川一郎『普通小学修身談』全四冊（集英堂、明治十九）がある。同書の凡例に「本書ハ小学尋常科ニ於テ修身ヲ教フルニ際シ内外古今人士ノ美徳善行ニ就キ格言嘉言ニ適当シタルモノ、一例ヲ示シ以テ感化ノ効ヲ補ハントスルナリ[345]」とあって、先の文部省令に則って著されたことが分かる。同書の特徴は、人物伝を主体に編纂されている点である。

明治二十三年（一八九〇）十月、教育勅語が煥発され、修身科は教育勅語の趣旨に基づいて行なわれることが「小学校教則大綱」（同二十三年十月）で示された。その内容については、「修身ヲ授クルニハ近易ノ俚諺《りげん》及嘉言善行等ヲ例証シテ勧戒ヲ示シ教員身自ラ児童ノ模範トナリ児童ヲシテ浸潤薫染セシメンコトヲ要ス[346]」とした。そして、文部省訓令第五号で従来の教師による口授形式が改められ、教科書の使用が発令され、十二月に「小学校修身教科用図書検定標準」が公示された。その検定標準の中に「修身教科用図書ニ掲載セル例話ハ成ルヘク本邦人ノ事蹟ニシテ勧善的ノモノタルヘシ[347]」とあり、人物伝などの「例話」はなるべく日本人の「事蹟」で「勧善的」なものを選ぶようにとしている。以上のように教科書の使用とその基準が示されたことによって、同二十五年（一八九二）から二十七年（一八九四）にかけて約八十種の小学校修身書が出版されるようになったのである[348]。

末松謙澄『小学修身訓』上中下三冊（精華舎、明治二十五）は、この教育勅語の趣旨と文部省の教則によって編集された教科書である。同書は毎巻四十課が置かれ、徳目によって課が編成され訓言と事例つまり人物伝が載せられている。こういう徳目本位に編集・教材配列がなされる（徳目主義の教科書と言われる）ものは、明治三十年代の初め頃までである。その徳目は、教育勅語に示された徳目か小学校教則大綱に掲げられた徳目に基づいている[349]。

明治三十三年（一九〇〇）八月に、小学校令及び施行規則が改正された。これにより編纂された教科書が、『新編修身教典』尋常小学校用全四冊・高等小学校用全四冊（普及舎、明治三十三）である。同書の緒言に「本書ハ、徒ニ、多クノ人ノ事例ヲ示シテ児童ヲ困惑セシムルコトヲ避ケ性格ノ完美ニシテ、国民ノ模範タルベキ人物ヲ挙ゲ、興味アル具体的事例ニヨリテ、道徳的感情及道徳的意志ヲ修養センコトヲ期セリ[350]」としてあるように、国民の模範となるべき人物が厳選されその伝記に、いくつかの課（徳目）をあてて授業ができるようにしてある。このように人物本位に、編集・教材配列がなされているのである。

教科書はやがて国定化（明治三十七）していくが、その教科書においても主教材は人物伝であった。したがって、戦前の修身教育の主流をなしていた教材は、人物伝教材であったと言っていいだろう。

さて、こうした人物伝教材を主体とした教科書について、当時の教育界ではどのような評価がなされていたのだろうか。当時修身教育の指導的役割を果たしていた堀之内恒夫（広島高等師範訓導）は、自著『修身教育の根本的省察』（賢文館、昭和九）において、次のように述べている。

「修身教育は実に困難であるとされてをる。恐らく修身教育が易々たるものであるといふ教育者は天下二十幾万の教育者中一人としてあるまい。修身教育困難の声は殆んど堪へ間なく聞く所である。困難所かそれは更に極論されて修身教育の効果にさへ疑問を挿む者すら少なくない。実際修身教育の効果をあげるといふことは難事中の難事である[351]」

堀之内は、このように率直に修身教育の難しさやその教育的効果を確認することの困難性に言及している。しかしながら、「例話教材などいふは修身科の教材としては、極めて重要なる教材である[352]」と言うように、「例話教材」すなわち人物伝教材の重要性を一方で指摘しているのである。

堀之内が説いた「例話教材」の重要性とその価値については、彼の『修身教育原論』（東洋図書、昭和四年[353]）に詳しい。彼はその中で、「例話教材」の「陶冶価値を否定した人はないと思ふ。特に小学校に於ける修身教育に於ては、例話教材の価値は多分に信ぜられてゐることは、こゝに私の贅言を要せない所であらう[354]」と書いており、当時人物伝教材に対する教育的効果は広く認められていたことが分かる。

## 5 修身教育の国際的評価

では、この修身教育は、海外からどのような評価を得ていたのだろうか。

実はわが国の修身教育は、明治後期において国際的な注目を浴びている。それを主に平田諭治『教育勅語国際関係史』（風間書房、平成九年）に拠って、以下紹介してみよう。

一九〇五年（明治三十八）二月、イギリスの有力総合誌『ナインティーンス・センチュリー・アンド・アフター』（*Nineteen Century and After*）に、「日本の道徳教育」（Moral Teaching in Japan）という論説が発表されている。修身教科書の著者でもある末松謙澄《のりずみ》（一八五五～一九二〇）が、渡英した際に著した論文である。その翌三月に末松は、ロンドン芸術協会第十三回例会で「日本の倫理」（The Ethics of Japan）と題する演説を行なっている。これについて例会の議長を務めていたフリーマン・ミットフォード（Algernon Bertram Freeman-Mitford, 1st Baron Redesdale：一八三七～一九一六、外交官）は、後日（一九〇六年二月）来日して末松との再会を果たし、その日記の中で、末松の演説に対して次のような賛辞を書き記している。

「彼〔末松〕がタイムズ紙、その他の英国やフランスの新聞雑誌に載せた講演記録や小論文によって、彼の名前はヨーロッパ中で有名になっていた。この前に彼と会ったのは、私が、その時、議長を務めたロンドンの芸術協会で、日本の道徳に関する素晴らしい論文を彼が読み上げた時であった[355]」

末松が紹介した修身教育は、ヨーロッパ中で高い評価を受けていたことが、このミットフォードの言葉から窺える。末松とミットフォードが再会を果たした翌一九〇七年（明治四十）、ロンドン大学の日本教育講演の要請を受け、菊池大麓《だいろく》（一八五五～一九一七、数学者）が、五ヵ月間にわたる講演を行なっている。その講義録である『日本の教育』（*Japanese Education, Lectures Delivered in the University of London*）は、一九〇九年（明治四十二）五月にロンドンのジョン・マレー社から英文で出版された。これはイギリスにおいて大きな反響を呼び、二十七社の新聞雑誌が同書を取り上げて論評した。この論評の邦訳が、菊池の著書『新日本』（冨山房、明治四十三）に収録されている。

その中の『サタデー、レヴュー』には、「此《こ》の書の最も興味あるは日本小学教育の記述と道徳教育に使用せらる、方法との記述に存す[356]」などと書かれている。これら新聞・雑誌の数（二十七社）から見ても、この書の注目度の高さが推察できる。

一九〇八年（明治四十一）には、第一回国際道徳教育会議（First International Moral Education Congress）が国際倫理協会連合（International Union of Ethical Societies）主催によって、ロンドン大学で開催された。世界初の道徳教育国際会議である。二十一ヵ国の政府及び二十二の大学、五十二の教育当局、百十八の各種団体、計百九十二に上る政府・団体、千八百人が参加し、四日間にわたって盛大に挙行された。

これに日本からは、北条時敬《ときゆき》（一八五八～一九二九、広島高等師範学校長）が出席。「日本諸学校の徳育」（An Address on Morals as Taught in Japanese Schools）と題する演説を行なっている。会場には、教育勅語や修身教科書などが陳列され、各国代表からこれを買い受けたいという希望が殺到した。帰朝後に北条は、「大に喝采を博せり」と『東京朝日新聞』（「万国道徳会議」明治四十二年六月十三日）に書いている。

以上平田の研究から修身教育の国際的評価をみたが、加えて注目できるのが、ドイツ地政治学の創始者・カール・ハウスホーファー（Karl Ernst Haushofer：一八六九～一九四六）の発言である。ハウスホーファーは、明治四十一年（一九〇八）から同四十三年（一九一〇）まで、駐日ドイツ大使館附語学将校として滞日したことがある。この二年間で見た明治日本の興隆の背景について書いた著書が、若井林一訳『大日本』上巻（洛陽書院、昭和十七）である。

彼はこの書の中で、修身科教科書の浸透度について、次のような評価を行なっている。

「教科書の中では歴史的、伝記的、逸話的な資料を巧妙に駆使して理論的教則が実例によって説明せられ、教へ込まれ、且つ強化されてゐる。その実例たるや単に中学生にのみ知られてゐるのではなく、実に既に全国民の血と肉の中に浸透してゐるものである。〔中略〕日本では教へれば教へるほど、道徳上の日本偉人や模範人物が国

民の心に真に近く生き甦へるのである」(357)

教科書に実例としてあげられた「歴史的、伝記的、逸話的な資料」が「全国民の血と肉の中に浸透してゐる」とハウスホーファーは指摘しているのである。

戦後の教育学において修身科の教育的成果を積極的に評価した研究はほとんどなく、さらに修身科は戦後占領軍により軍国主義的、超国家主義的な内容だと判断され廃止になったという誤解も存在する。しかし、アメリカ側では、すでに戦時期に修身教科書の緻密な調査が行なわれていたが、そのような判断はなされていなかった。

修身科教科書の分析は、すでに戦時中カリフォルニア州モンテレーのプレシディオにあるＣＡＳＡ（Civil Affairs Standing Area：民政要員集合基地）でロッカード（E.N. Lockarad）海軍大佐とエアレット（P.D. Ehret）海軍大尉の二人によって進められていた。その結果、彼らは修身教科書の内容について「占領軍の安全と成功を脅かすものではなく(358)」、「社会や国家に関する説話」も「アメリカの小学校の教材と大差はない(359)」としている。戦時色の強い昭和十五年版の教科書についても、それは「一時的なもので、修身教科書の基本原理」ではないと分析した(360)。したがって、「修身教科書の教材は、総じて『中庸な国家主義的教養』を含むものであり、たとえばここで忠誠、奉仕、過去の英雄や軍人などが説かれることはむしろ当然であると結論づけた(361)」のであった。さらに占領直後に行なったＧＨＱのＣＩＥ（民間情報教育局）の厳密な調査分析の結果においても、教科書の「大部分は無害(362)」であるとされた。しかし、「修身科を禁止する強い圧力があり」「みせしめ」のために停止指令が出されたのであった。

このように敵国側アメリカにおいても、軍国主義的、超国家主義的といった分析はされず修身教科書はほぼ穏当な内容と判断されたのだった。しかし、連合国側の国々に〈しめし〉をつけるためにも、あえて懲罰的な停止指令が出されるに至ったというのが真相であったのである。

修身教育の内容が穏当さを欠くものであったのなら、例えば次のような台湾の楊素秋《ようそしゅう》や楊應吟《ようおうぎん》の発言は出てくるだろうか。

「修身や歴史の授業では、先生が名人伝、偉人伝といった訓話をしてくれました。ご本を読んだり、紙芝居を見せてもらうこともありました。楠正成、二宮金次郎、宮本武蔵、吉田松陰、豊臣秀吉、徳川家康、勝海舟、雪舟、明治天皇、織田信長、金原明善、貝原益軒、乃木大将、野口英世、東郷元帥、エジソン、キューリー夫人…。私はいつも、息もつかずに聞いていたものです。これらの人物が艱難辛苦を乗り越えて立派な人になったという話を聞くと、感動してファイトが湧いて来ました。そして自分もあやかりたいと思いました[363]」

「本当に日本人の信用がなくなり、民族、人種が変わってしまったのかと思うことがあります。／これも修身や教育勅語という科目がなくなってしまったからではないかと思います。なぜ今はこれらの科目を教えないのか、なぜそれが廃止されたのか、不思議でなりません[364]」

楊素秋も楊應吟も戦前日本が台湾を統治していたときに、日本の教育を受けた人たちである。その彼らが偉人伝を聞いてそれにあやかりたいと思い、戦後日本人の精神的堕落は、修身を教えなくなったからだと指摘している。そして、「今こうして私があるのも、父の教育と、自分が受けた日本の教育のお陰であり、この二つの恩恵を大いに受けていると、私は今でもとても感謝しております[365]」と楊應吟は日本の戦前の教育を高く評価しているのである。

このように修身教育を評価する人は、楊に限らず台湾には、数多くいるのではないだろうか[366]。なぜなら台湾では、二宮尊徳（一七八七〜一八五六）像が製造され販売されているからである[367]。二宮尊徳は第一期（明治三十七）から第五期（昭和十六）まで、全期の国定修身教科書に載り、明治天皇に次いで数多く登場した人物である。したがって尊徳は、〈修身教科書の顔〉とも言うべき人物である。その像が台湾で売られているというのは、修身の教えを肯定的にとらえる台湾の人たちの心の反映とみてとれるのではないか。

写真1

ちなみに尊徳は近年中国やアメリカでも、注目を集めているということもつけ加えておこう。中国では日本経済の発展の原因、基礎は尊徳の道徳思想だということが言われ、今注目を浴び研究されている。二〇〇三年（平成十五）には、北京大学教授の劉金才が中心になり、「国際二宮尊徳思想学会」が設立された。尊徳の道徳思想は今や中国だけでなく、国際的にも注目を集めるようになっているのである（第二章第十二節参照）。また、清華大学外国学部教授の馮峰《ひょうほう》は、約千二百字の尊徳の思想の紹介文を載せた日本語教科書を作成した。二〇一二年（平成二十四）から、中国全土の大学で使用されているという[368]。

さらに李鋒伝（東北財経大学教授）は、日本が明治以降の近代化を成功させたことについて、次のように述べている。

「近代日本を建設するため、明治の元勲は、この二宮金次郎（尊徳）を《ママ》生き方を全国民が学ぶよう、日本全国の小学校に金次郎の銅像を建立しました。そして、それが見事に実を結び、明治の時代、わずか数十年で世界の一等国にのしあがりました[369]」

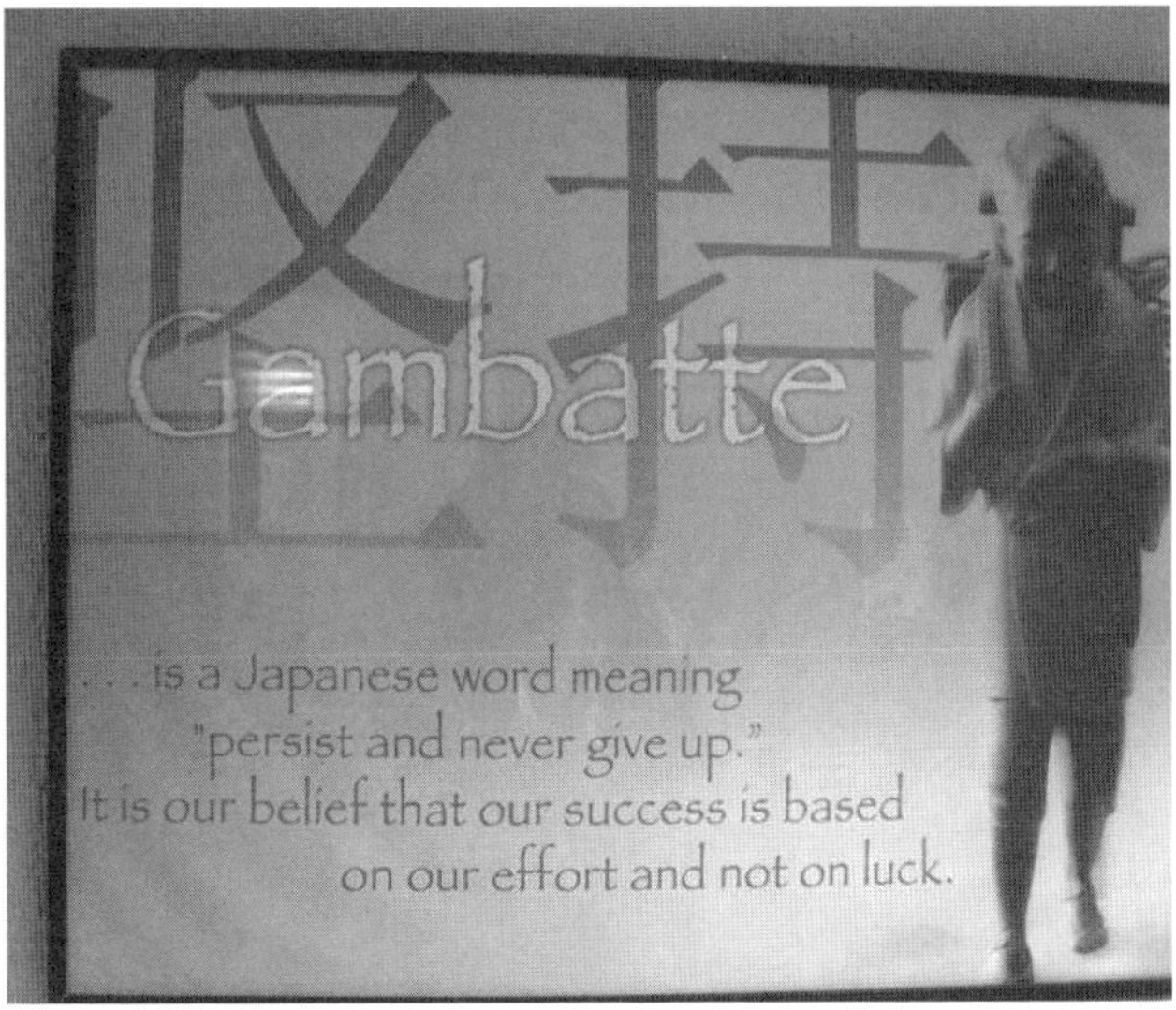


**写真2**

李は「見事に実を結」んだと、尊徳を教えていた戦前期の教育を評価している。そして、李は一方で日本の戦後教育についてこんな批判を加えている。

> 「〔戦後〕金次郎の銅像がなくなったときと、同じくして学校が荒れだしたのです。〔中略〕／尊徳の教えを真っ先に捨て去ったのが、日教組など公立学校教職員組合です。ゆえに教員の世界には『譲道』思想の影もありません。教育の混迷はこうして始まったのです。／今、教育の見直しが問われているとき、二宮尊徳の教えを見直すことが必要です[370]」

戦後教育の混迷は、戦前の教育や尊徳の道徳思想を見失ったからだと、李教授は手厳しく指摘しているのである。

このように中国で、修身科による道徳教育の成果について、目が向けられるような研究が出始めているのは見逃せない点であろう。加えて尊徳は、アメリカでも知られ、徳育に導入する学校が現れ、次のようなポスター（写真1、2、写真提供：青木多寿子）が掲示されている[371]。

「Kaizen　改善」「Gambatte　堅持」と大書され、尊徳像

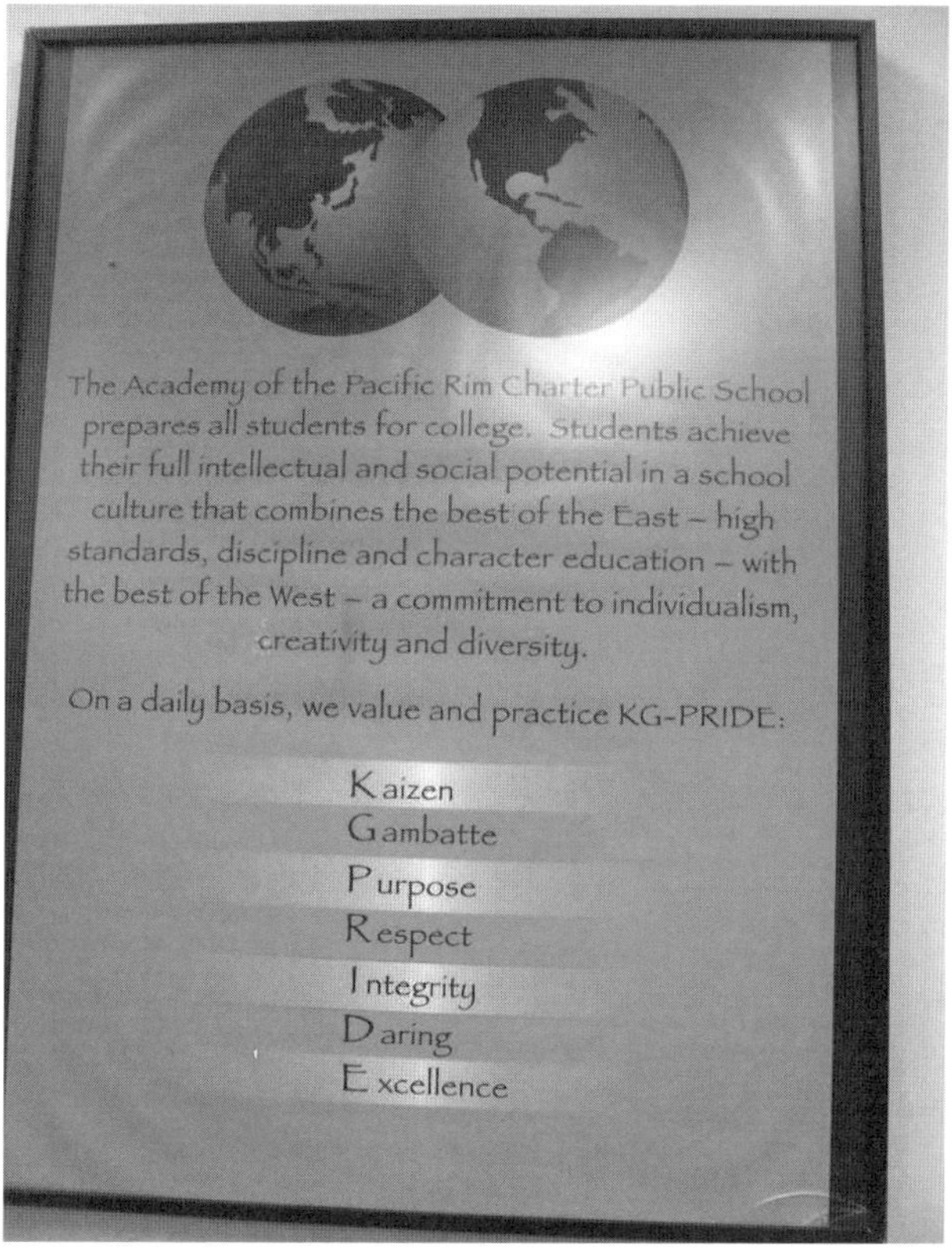


**写真 3**

がそこには描かれている。これは、アメリカで推進されている人格教育（character education）のポスターである。人格教育では、道徳的価値（徳目）とそれを体現している行動を描いたポスターが校内によく掲示されているが、その中に尊徳が登場しているのである。ポスターには、さらに「Kaizen」「Gambatte」の意味とその重要性が次のように簡潔に記されている。

「Kaizen is Japanese principle meaning the continual improvement of ourselves and our community. We engage in daily rituals and routines that help us grow as individuals and as a community.」

（カイゼンは自分自身と私たちのコミュニティの継続的な改善を意

味する日本の原則です。私達は、個人とコミュニティとしての成長を促してくれる儀式と日常業務に従事します）

「Gambatte is Japanese word meaning“persist and never give up.”It is our success is based on our effort and not on luck.」

（ガンバッテは「持続し、決してあきらめません」という意味の日本語です。私たちの成功は運ではなく、私たちの努力に基づいています）

この学校では焦点化されている七つのコアバリューが取り上げられているが（写真3、写真提供：同右）、「Kaizen」と「Gambatte」が最上位に記されていることは興味深いところである。

## むすび

二千五百年前に、孔子がその教団内で偉人伝を通して教育を行なった。孟子がそれを受け継ぎ、以後わが国においても、孔子・孟子の教えは現代に及んでも尊重されている。イエス・キリストの伝記的聖書である福音書は、千数百年のときを隔てて今も人々の信仰を集めている。漢の時代（紀元前一〇〇年頃）には『史記』が東洋において、ローマ帝国時代（二世紀初め）には『プルターク英雄伝』が西洋において成立し、以後それらに掲載された人物伝は人々の心の指標になっていった。信仰強化に人物伝を活用したのは、西洋キリスト教やわが国の仏教において見られた現象であった。英国では十八世紀成立の『サミュエル・ジョンソン伝』、続く十九世紀ヴィクトリア朝の最盛期に出た『自助論』が国民的規範となり、自伝文学の最高傑作と称される『フランクリン自伝』を生んだアメリカでも人物伝はよく読まれ、現在では人格教育の中で人物伝が取り上げられ学校で教えられている。

わが国においても徳育に人物伝が資されてきた歴史は長いが、取り分けその活用が国民的に広範に行なわれたのが江戸期以降のことだった。『靖献遺言』が世に出たのが十七世紀末頃、それから約九十～百年後に庶民の子供が学ぶ『本朝千字文』『菅丞相往来』などの人物伝型往来物が刊行されている。そして、藩校などでは『日新館童子訓』をはじめとする偉人伝が編纂され教えられた。また、紀伝体の『大日本史』や『日本外史』が幕末期に藩校や私塾、寺子屋でよく教科書として使用された。明治期には『西国立志編』が学校で使用される一方、一般でもベストセラーになるほどよく読まれ、文化人や実業家たちに多大な影響を与えた。その後は「日本の道徳」を教えることに主眼をおいた『幼学綱要』が編纂され、これが祖形となって国定修身教科書がつくられ道徳教育が行なわれていったのだった。

以上のように二千年以上にわたる人物伝活用の歴史とそれが及ぼした影響・感化力を見て検証すると、徳育における教材としての有効性が明らかにできたと考えられる。殊に『靖献遺言』成立から国定修身教科書が使用された一九四五年までの約二百五十年間を見渡して分析した結果、この間人物伝教材は道徳教育において積極的かつ広範囲に取り入れられ活用され、明治維新に活動した人々の精神的支柱の一翼を担い、近代国民国家形成期においては国民道徳形成の主体をなしていたと判断できる。したがって、その教育的有効性は大いに認められてしかるべきものと考えられるのである。

そこで、日本人が道徳性を培う上で、特に人物伝教材が適正であり有効であることを最後に論じておきたい。

欧米で信仰されているのがキリスト教やユダヤ教であり、中東・アジアなどではイスラム教である。この三教に共通するのが一神教であるということだ。一神教の信者は、人は神と契約を結び、神の似姿をもって人格を形成しようとし、神からの指示によって善悪などの倫理的判断を行なっているという意識を持っている。「道徳は神の命令として理解され、神によって直接権威づけられた」[372]のだった。近代的人間の内面の問題を哲学的に基礎づけたといわれるイマヌエル・カント（Immanuel Kant：一七二四～一八〇三）も、道徳は「汝～なすべし」という定言命法の形で与えられると考えたが、結局これは「伝統的に神の命令であったもの―古代のモーゼの戒律（十戒）―を世俗化しただけ[373]」のものだった。したがって一神教の影響を受けた人々の道徳性のとらえ方は、外の原則〔神や定言命法〕の上に基礎づけられる傾向があると考えられる。

一方日本人の倫理的判断は、「モーゼの十戒」や「モーゼ五書」に示された神の絶対的な指示という意識はなく、自分自身の内にある〈心〉が行なっているという感覚でとらえているのではないだろうか。そういう感覚は、江戸時代に武士から庶民に至るまで爆発的に普及した「心学」という通俗道徳の創始者・石田梅岩（一六八五～一七四四）の〈心〉と倫理的判断のとらえ方を見ていくと、認識しやすいと考えられる。

梅岩は、「万事ハ皆心ヨリナス。心ハ身ノ主《あるじ》ナリ[374]」とし「心ヲ知ル」ことを最高の目標とした。心には、欲望へ向かう心と正しい道へ向かう心があると考えた。そして、後者の心を孟子に倣い「性」と呼び、心を究めて「性」＝善＝聖賢の心を知り実行することの大切さを説いた。梅岩の教えは、「唯一〔神道〕ヲ相《たすく》ルニ、儒仏ノ法ヲ執リ用ユベシ[375]」「儒道・仏道・老子・荘子ニ至ルマデ、盡《ことごと》ク此国ノ相《たすけ》トスルヤウニ用ユルコトヲ可思《おもうべし》[376]」とあるように、神道を柱としていたようだが、儒教、仏教、老荘思想などを柔軟に取り入れた内容である。そして、その意味を知ってから「聖人ノ行ヲ見テ法ヲ取ベシ〔手本とすればよろしい[377]〕」と言っている。梅岩にとって、そうした諸々の教えや手本となる先人の行ないは、「玉ノ鏡[378]」のような心を磨く「磨種《とぎくさ》[379]」ととらえられていた。

梅岩は学者や宗教人ではなく、百姓の次男として生まれ、商家に奉公し番頭として商人の生活を送っていた一般市井人である。余暇に儒者の講義や神道講釈などを聞く以外、特定の師について学問を受けたということもなかった。したがって、彼の学問は独学であり、しかも晩学であった。梅岩は二十年間ほど自分自身の心の本質をつかみかねていたようで、その後小栗了雲〔生歿年未詳〕という隠者に指導を受け、四十歳頃に母親の看護をしていたときに突然心の本質について確信を得るに至ったという。そして、四十五歳のときに京都の自宅で、公開講釈を始めたのだった。月謝は無料、誰でも聴講は許された。

「心学」という梅岩の教えの名は、門弟・手島堵庵《とあん》（一七一八～八六）によってつけられた。堵庵も商家に生まれた人で、梅岩の門下に入り、その思想を平易に説き庶民階級に広く普及させた。堵庵の講席は、四、五百人もの人々が押し寄せたというほどの盛況ぶりを呈した。さらに堵庵の門人・中沢道二《どうに》（一七二五〜一八〇三）や柴田鳩翁《きゅうおう》（一七八三〜一八三九）の代になると、その影響は寺子屋をはじめ武家や公家にも拡大し、その勢いは幕末まで衰えなかった。

梅岩は、本来の心のことを「性」と名づけ弟子の堵庵は「本心」としているが、これに即して行動するのが人の道であると説いている。この私欲を含まない「本心」という心のとらえ方は、「今君が言ったことは本心なのかね」と言うように、今日でも使われている言葉であり、現代日本人にも通じる概念である。日本人は、梅岩が主張したように私欲にとらわれない「本心」を尊び、学問や修行によってそれに磨きをかけて、より的確に善悪を判断することができると考えている。こういう心の把握の仕方は、梅岩の発明ではなく日本人の古来伝統的なとらえ方だったのではなかろうか。梅岩は、ただそれを自分の経験から体得し、分かりやすく表現したので、その教えは身分や老若男女を超えて広範に爆発的に普及したのだと考えられるのである。

日本人の場合、善悪の倫理的判断は神からの指示ではなく、右に述べた「本心」で行なっているという感覚をもっている。したがって「本心」が曇っていては、明確な判断ができないので、梅岩が言うようにそれを磨いていかなければならないと思っている。

その方法として、梅岩の教え同様に儒教で示された教えや堯や舜さらには文王、武王、孔子といった具体的な聖人や偉人たちの生き方などを倫理モデルにして学び磨き、行為の是非を分別していくということを昔から日本人は伝統的に行なってきたのである。したがって、倫理モデルによって心を磨くという伝統的な発想のある日本人の倫理的特性から、人物伝はより適合した道徳教育教材であると考えられるのである。

# 第二章　国定修身教科書における人物伝教材

## はしがき

かつてド・ラブレー（Emile Louis Victor de Laveleye：一八二二〜九二、法学者）が、「あなたのお国の学校には宗教教育はない、とおっしゃるのですか」「宗教なし！どうして道徳教育を授けるのですか[380]」と新渡戸稲造に問いかけたことがあった。これが新渡戸の『武士道』著述の一つのきっかけになっていくのだが、このエピソードから分かるように欧米では宗教教育の中で道徳を教えるというのが当時の一般常識であった。

これに対してわが国の道徳教育が、そういう教育方法をとらず、修身科教育という言わば世俗化した道徳教育を行なっていったことは、当時世界の近代国民国家の中では先進的で独創的な展開をしていたとみていいだろう。先述したように国際道徳教育会議において、わが国の道徳教育が大いに注目されたのもそのためであったと考えられるのである。

欧米において、逸早く公教育内容の世俗化をめざしたのがフランスである。フランスは一八八二年（明治十五）の法律の制定により、公教育からカトリックの宗教教育を排除した。したがって、従来の初等教育カリキュラムにおける「道徳・宗教教育」を廃止し、替わって「道徳・公民教育」を新設したのだった。一方、わが国はそれより十年早く（修身開始は明治五年）世俗的な道徳教育を行なっていたことになる。わが国では国柄や国民性に適合した道徳教育として、宗教教育によらない修身科教育というものを先人たちは構築していたのであった。

しかし、明治初期は新渡戸が「明治十年前後僕が学校盛りの時分には日本の国は、教訓に就いては（道徳とは言はぬ）砂漠の時代であった。〔中略〕教育上道徳観念を養ふ者は殆どなかつた[381]」と言っていたように、学校における道徳教育は不徹底であり、充実化していなかった。急速な西洋近代化により江戸期の儒教中心の道徳教育が力を失い、その基本理念が動揺していたからだった。それがようやく軌道に乗っていくのは、教育勅語が明治二十三年（一八九〇）に煥発されて基本理念が確立し、同三十七年（一九〇四）から国定修身教科書が使用されていってからのことである。

国定修身教科書は昭和二十年（一九四五）までの間、四回改訂され五期にわたって使用された。最近その一部が出版されたりしているが[382]、それを読むと少し修正すれば今でも学校で使えそうな例話が載っていることが分かるだろう。

しかし、いかんせん、修身教科書に対する偏見や思い込みは、教師の間に根強いものがある。「古臭い」「封建的だ」「生徒の実情にあっていない」などともっともらしいことが言われたりするが、修身教科書を本当に読んで評価しているのだろうか。

そこで本章では、国定修身教科書にはどんな人物や内容が記されているのか、まずはその手引きとして以下に十二の修身例話を紹介しよう。例話の内容だけでなく、それに関連する話題や人物、エピソードなども取り上げて書いてみた。これを読まれたのを契機に実際に修身教科書を手にとり読んでいただけたらと思う。そうすることで、修身教科書の正当な評価への進展が望めるからである。

## 第一節　〈共通の価値〉を示す郷土の偉業　宮古島の人々―「博愛」（第四、第五期）

**明治六年にあった外国人救出例話**

文部科学省が編纂した『私たちの道徳　中学』（廣済堂あかつき、平成二十六）に、トルコ軍艦エルトゥール号の海難事故（和歌山県串本沖）をめぐる日本・トルコの友好例話（「海と空―樫野の人々」）が掲載されている。

明治二十三年（一八九〇）、沈没したエルトゥール号の船員たちを串本の人たちが救助した。その恩義に対してトルコが九十五年後の昭和六十年（一九八五）、イラン・イラク戦争でテヘラン空港を脱出できなかった約三百名の日本人に航空機を差し向け救出したという話である。

このエルトゥール号救出物語とよく似た例話が、実はかつて国定修身教科書に載せられていたことがある。それは「博愛」（第四期）、「宮古島の人々」（第五期）というタイトルで取り上げられた話である。

明治六年（一八七三）、沖縄県宮古島沖で大嵐に遭い、暗礁に乗り上げたドイツ商船ロベルトソン号が沈没した。その船員・乗員たち全員を荒波の中、宮古島（上野村）の人々が懸命の救助活動で助け出した。救助された人々は無事帰国し、後にドイツ皇帝ヴィルヘルム一世（Wilhelm I：一七九七〜一八八八）がこれを嘉賞《かしょう》し感謝の意を表して、宮古島に記念碑を軍艦で送り届けたという内容である。

**博愛精神を後世に**

宮古島では、この博愛精神を後世に語り継ぐべく平成八年（一九九六）、上野村に「うえのドイツ文化村」というテーマパークが開設された。同十二年（二〇〇〇）には、ドイツのシュレーダー首相（Gerhard Fritz Kurt Schröder）がここで開催された記念式典に出席した。さらに同十八年（二〇〇六）には、ロベルトソン号船長の子孫ゴスタ・ガールトンも感謝の気持ちを伝えるために来村している[383]。

地元小学校では、毎年「博愛の日」を設け、ロベルトソン号にまつわる話を発表したり地域の清掃活動を実施したりするなど博愛の精神を考える機会にしているという[384]。

こうした先人の偉業を伝える話は、他の地域にも遺されているのではないだろうか。もし埋もれ隠れているとしたら、それを掘り起こし道徳教育に活用してほしいものだ。価値観が混乱しているといわれる今日、地域に遺された先人の偉業こそ、地域住民が誇りに思える〈共通の価値〉を示してくれているからである。

## 第二節　工藤少年の〈手本〉　工藤俊作と上村彦之丞―「博愛」（第二～第四期）

### 英国人が感激した武士道精神

英国元外交官サム・フォール卿（Sir Sam Falle）の *MY LUCKY LIFE: In War, Revolution, Peace & Diplomacy* (The Book Guild, 1996) が、『ありがとう武士道』（中山理監訳、麗澤大学出版会）として平成二十一年（二〇〇九）に翻訳出版された。その巻頭にフォール卿は、こう記している。

「私は、本書を、大戦中、私の命を救ってくださった、日本帝国海軍少佐、故工藤俊作に捧げます。そして、武士道という偉大な精神をつくり上げられた日本およびすべての日本人に、深甚の謝意と尊敬の念を申し上げたいと思います[385]」

工藤俊作（一九〇一～七九）とは、第二次大戦中活躍した駆逐艦「雷《いかずち》」の艦長（後に中佐）である。ジャワ沖海戦（一九四二）で日本海軍によって自艦が撃沈され漂流する中、フォール卿は英国海軍将兵四百二十二名とともに工藤の「雷」によって救助されたのだった。この話は、惠隆之介『海の武士道』（産経新聞出版、平成二十年）やフジテレビ「奇跡体験！アンビリーバボー」などで紹介され話題を呼んだ。惠によれば、工藤は幼少の頃、祖父母から子守歌代わりに軍歌「上村将軍」を聞き育ったという。[386]「上村将軍」というのは海軍大将・上村彦《かみむらひこ》之《の》丞《じょう》（一八四九～一九一六）のことである。上村は明治四十三年（一九一〇）から使用された第二期国定修身教科書に登場するから、工藤少年はこの教科書からも上村のことを学び、生き方の〈手本〉としたのであろう。

### 戦場で示された博愛精神

「博愛」（第二期、巻五、第二十五課）と題する例話の中で、上村は次のように伝えられている。

「明治三十七八年戦役に上村艦隊が敵艦リューリクを打沈めし時、敵の溺死せんとする者六百余人を救ひ上げたるは極めて名高き美談なり[387]」

日露戦争蔚山《うるさん》沖海戦（一九〇四年）で上村司令長官率いる第二艦隊が、ロシア・ウラジオストック艦隊の巡洋艦リューリク号を撃沈。同艦はそれまでに多くの日本商船や輸送船を撃沈し人命を奪っていたが、上村は波間に漂い溺死に瀕したロシア将兵六百二十七名を救助したのだった。これに対しわが国では、「これでこそ日本武士なれ」（「東京朝日新聞」明治三十七年八月十六日）と讃えられ、世界の賞賛をも博した。そして、この「博愛」的行動、武士道精神は工藤に受け継がれ、三十八年後の太平洋上で再現されたのである。

## 第三節　一夜の感動が大著を生む　本居宣長―「松阪の一夜」（第五期）

### 念願かなった師真淵との出会い

筆者の勤務する皇學館《こうがっかん》大学（三重県伊勢市）では、毎年本居宣長（一七三〇～一八〇一）の命日（太陽暦で十一月五日）の前後に、山室山《やまむろやま》（松阪市）のお墓を教職員・学生ともに参拝するという恒例行事が営まれている。

宣長は歴史の教科書に「国学の大成者」「国学を発展させた人」などと記されているが、宣長自身は「皇朝学などはいひもすべきを、うちまかせてつねに、和学国学などいふは、皇国を外《ヨソ》にしたるいひやう也[388]」と書いている。

皇朝学を二字熟語にすれば「皇学」である。したがって、皇學館にとって宣長は親も同然であり、山室山参拝をする意義はまずもって、そこにあるのである。

さて、この宣長の例話が国定修身教科書（第五期、巻四、第十一課）に「松阪の一夜」というタイトルで掲載されている。佐佐木信綱（一八七二～一九六三）の書いた文章（『賀茂真淵と本居宣長』湯川弘文社、大正六）がもとになった名文である。かねてから面会したいと願っていた老大家・賀茂真淵（一六九七～一七六九）が参宮の際に松阪の旅館・新上屋《しんじょうや》に宿泊していることを宣長は知るや、そこをある夜訪ね、念願がかなう。

### 三十五年努力し完成させた大著

宣長は『古事記』研究について「何かご注意くださることはございますまいか」と問う。真淵はこれに答えて、「順序正しく進むといふことです。これは、学問の研究には特に必要ですから、まづ土台を作つて、それから一歩一歩高くのぼり、最後の目的に達するやうになさい[389]」とアドバイスした。この後の教科書の叙述がよい。

「夏の夜はふけやすい。家々の戸は、もう皆とざされてゐる。老学者の言に深く感動した宣長は、未来の希望に胸ををどらせながら、ひつそりした町筋をわが家へ向かつた(390)」

「ひっそりとした町筋」の情景と宣長の心情が対比的に描かれ、感動した宣長の熱き思いがより際立って読む者に伝わってくる。面会の機会は、この松阪の一夜以来とうとう来なかった。しかし、「わが国の学問の上に不滅の光を放(391)」つ『古事記伝』四十四巻（天明六〜文政五）という大著述は、こうして一夜限りの出会いの感激・感動とその後三十五年の努力によって完成されたのであった。

## 第四節　徳望と度量を備えた英雄　西郷隆盛―「度量」（第三、第四期）

### 西郷の心の広さ

以前中学校で西郷隆盛を題材にして、道徳の授業を行なったことがある。そのとき、ある生徒が「西郷という人は悪い人だと思っていました」と感想を書いていた。西郷を「征韓論」者、西南戦争の「指導者」というほどしか書いていない教科書で教えられてきたのだから、さもありなんと思ったのを覚えている。

しかし、かつて西郷は勝海舟（一八二三〜九九）から「その胆量の大きいことは、所謂天空海潤で、見識ぶるなどといふことは、固より少しもなかつた(392)」と評され、国民的英雄として広く人々から敬愛され、道徳教育でも教えられた人物であったのである。西郷は第三期（巻五、第二十一課）、第四期（巻五、第十五課）国定修身教科書に登場する。「度量」と題して、橋本左内との出会いの逸話を通して西郷の心の広さが描かれている。

「左内は二十歳あまりの、色の白い、女のやうなやさしい若者でした。隆盛は、心の中で、これではさほどの人物ではあるまいと見くびつて、あまりていねいにあしらひませんでした[393]」

### 西郷を教科書にとり入れた官の「度量」

最初左内を侮っていた西郷は、この後左内の国事に関する意見を聞いて自分の過ちを深く恥じ、翌朝すぐに左内を訪ねて礼を失した応接の件をわびた。左内の意見の詳細は教科書に記されていないが、それは日英同盟や日露戦争を予見したような雄大な国外・国内対策論であった。

教科書は最後に、「隆盛は『学問も人物も自分がとても及ばないと思つた者が二人ある。一人は先輩の藤田東湖で、一人は友人の橋本左内だ』と言つてほめました[394]」と結んでいる。西郷は左内から貰った手紙を二十年間大切にし、最期のときにも携帯していた鞄の中にこれを入れて手離さなかった。友人左内に対する西郷の思い入れの深さや人情の厚さが窺われよう。

西郷は官に抗した人物となったが、後に官の道徳教科書に登場する人物となった。西郷の徳望もさることながら官の「度量」にもよって、世界の教科書の中で類例を見ない壮挙が実現されたと言えるだろう。

## 第五節　「忠誠心」は普遍的道徳的価値　楠木正成―「忠孝」（第二、第三期）

### 忠誠心を体現した楠木正成

アメリカ大統領セオドア・ルーズベルト（Theodore D. Roosevelt：一八五八～一九一九）が、忠臣蔵（為永春水『いろは文庫』、天保七～明治五）の英訳本『ロイヤル・ローニンズ』（齋藤修一郎・Edward Greey 訳：*The Royal Ronins: an historical romance*：一八八〇）を読んで、日本人の忠誠心の厚さに感銘し、日本への敬意を抱き続けていたという話を聞いたことがある[395]。そういえば、以前全米でベストセラーになったウィリアム・J・ベネット編著

『道徳読本』（*The Book of Virtues*：邦訳『魔法の糸』実務教育出版）にも、「忠誠心」という徳目が盛り込まれていた。現代のアメリカ人にとっても、「忠誠心」は道徳教育上必要とされる徳目なのだろう。

忠誠心といえば、その精神を体現した代表的な人物として、昔の日本人誰もがその名を挙げたのが楠木正成である。正成に対する崇敬心が国民的規模で高まったのは、江戸時代である。徳川光圀によって、正成戦没の地・湊川に墓碑が建てられた。この石碑の拓本はよく売れたらしく、橘曙覧はこれを「年年に　御墓の文字を　すりふやし　写しひろむる　君の真心」と歌に詠んでいる。正成人気は武士だけでなく庶民の間にも相当浸透し、「太平記読み」という講釈に正成が登場する段になると客が一斉に集まったという。

**パークスをも感動させた正成・正行の「忠孝」**

吉田松陰は正成の墓の前で、「楠公の墓を拝して涕涙禁ぜず」と述懐しているが、およそ志士と呼ばれる人たちの中で、松陰のような感懐を抱かない者はなかったと言えるほど、正成崇拝には熱烈なものがあった（第一章第四節参照）。

幕末に来日した駐日イギリス公使ハリー・パークス（Sir Harry Smith Parkes：一八二八〜八五）は、「楠木正成の誠忠に対し、一外国人として賛嘆を惜しまない」という趣旨の記念碑を明治九年（一八七六）、桜井の駅に建てている。桜井の駅で正成が息子・正行に「忠義を尽くすことこそ第一の孝行である」と遺言し、湊川の合戦で討ち死にした話にパークスは感激したのである。

この話は、戦前の修身の教科書に「忠孝」（第二、第三期）と題して描かれ、唱歌「桜井の訣別」（作詞・落合直文、作曲・奥山朝恭）の中でも歌われた。人の道を守り、自らを超えて人のために尽くそうとした、その透き通るような忠誠心が人の心を打つのだろう。

戦後、忠誠心は封建的・軍国主義的徳目とみなされてきた。しかし、「忠誠心」はこのように東西を問わず昔も今も変わらない普遍的な道徳的価値として重んじられているのである。

## 第六節　慈愛と権威とを有する天使　昭憲皇太后―「皇后陛下」（第二期）

### 道徳教育に専心された昭憲皇太后

第二期国定修身教科書（巻五、第二課）に、「皇后陛下」という文章が載せられている。ここで言う皇后陛下とは明治天皇の皇后、昭憲皇太后のこと。書き出しはこうである。

「皇后陛下は教育の事に深く御心を用ひさせ給ひ、さきに東京女子師範学校に／みがかずば玉も鏡もなにかせん／まなびの道もかくこそありけれ／といふ御歌を賜《たま》ひ、又華族女学校を建てさせ給《たま》ひて『金剛石』『水は器《うつわ》』の御歌を賜へり[396]」

東京女子師範学校が設立されたのが、明治八年（一八七五）。下賜された「みがかずば……」の御歌は同校の校歌に採用され、現在（お茶の水女子大学）も歌い継がれている。「金剛石」や「水は器」の歌詞内容から分かるように、皇太后は特に道徳教育に専心された。

皇太后の内意を受けて福羽美静編『明治孝節録』（明治十）、西村茂樹編『婦女鑑』（同二十）という修身教科書がそれぞれ宮内省から出されている。これは外国の翻訳教科書が多かった当時のことを考えると、わが国道徳教育史上極めて重要な意義があると言えよう（第一章第五節参照）。

### 今も人道支援を続ける「昭憲皇太后基金」

また、「皇后陛下は〔中略〕赤十字社事業の発達を思召さるること深くして、日本赤十字社総会に常に行啓あらせらる[397]」と教科書に記されているように、皇太后は社会福祉事業の推進にも尽力なされた。

明治二十四年（一八九一）に、皇太后のご支援で日赤（現在の日赤医療センター）の病院が開院された。そして、同四十五年（一九一二）、「平時でも人類の幸福と平和をはかることこそ赤十字の本旨」との思し召しにより、万国赤十字連合に寄付をされた。

このように赤十字の事業として戦時だけでなく、平時の人道的な事業を奨励することは、当時、国際的には画期的なことであった。このお金は「昭憲皇太后基金」として、今も人道支援活動の拡充などの事業費にあてられ、世界の多くの地域を援助し続けている。

「皇后は実に慈愛と権威とを有する天使である[398]」。イギリス公使クロード・マクドナルド（Claude Maxwell MacDonald：一八五二～一九一五）が皇太后に拝謁するたびに言ったこの言葉は、皇太后の真実の姿を伝えて余すところがないのである。

## 第七節　師への敬愛を教える　上杉鷹山と細井平洲—「先生をうやまへ」（第四期）

### 「仰げば尊し」を教えよう

昔の卒業式は、「仰げば尊し」を歌うのが定番だった。しかし、今は歌う学校もずい分少なくなってきた。「仰げば尊し　わが師の恩」などと子供たちに歌わせるのは、気が引けるという教師が増えてきたからなのか。昔は「先生を敬う」というのが当前のことだったが、近頃は平気で子供の前で担任教師の悪口を言う親がいるそうだ。それが子供にとっていかに不幸なことであるのか、その親は知らないのである。

江戸時代の儒者・細井平洲《へいしゅう》（一七二八～一八〇一）は、「弟子に対してばかりでなく、道に対しても厳格な態度をとることが師への尊敬につながるのだ」と述べている。[399] そして、言葉だけでなく身を以って模範を示し、実践を以って感化した。[400]

先生の悪口を言う親を減らしていくためにも、教師は道義道徳に対して厳格さを保持した上で、もっと自信をもって「仰げば尊し」を教えていけばよいのだ。

## 道徳教育を基盤に立ち直った農村

かつて国定修身教科書（第四期、巻三、第二課）では、「先生をうやまへ」ということが教えられていた。その中で、先に挙げた細井平洲が上杉鷹山に米沢藩の教学指導者として招聘《しょうへい》され、丁重な応対を受けた場面が次のように描かれている。

「平洲が米沢の近くに来ると、鷹山は、わざ〳〵町はづれまで、むかへに出ました。さうして、ある寺の門の前で、平洲を待受けてゐました。〔中略〕それから、休んでもらふために、平洲を寺へあんないしましたが、門をはいつて長いさか道をのぼるのに、鷹山は、平洲より一足も先へ出ず、また、平洲がつまづかないやうに気をつけて歩きました[401]」

平洲は、藩内で領民たちにも人の道を説いた。平洲の講話は人々に深い感銘を与えたが、「民の父母」と自覚した鷹山が、平洲を師として敬い厚遇したことが、さらにその感化影響を強化していったことだろう。

荒廃した農村は、この道徳教育を基盤に立ち直っていった。そして、米沢の地は後に英国女流旅行作家・イザベラ・バードから「東洋のアルカディア（桃源郷[402]）」と讃えられるまでになっていったのである。

# 第八節　摂生を心がけ学問に励む　伴信友―「身體」（第二～第四期）

## 周到・精緻な研究と多くの著作

国学者・伴信友《ばんのぶとも》（一七七三～一八四六）は、本居宣長歿後の門人で、平田篤胤《あつたね》（一七七六～一八四三）と双璧をなす宣長門下最大の学者である。篤胤が宣長の神学的・思想的な学を色濃く継承したのに対し、信友は師の文献学を純粋に受け継ぎ発展させ、周到・精緻な研究によって「近世考証学派の泰斗《たいと》」と呼ばれるほどの学問業績を残した。特に神道に関する研究に打ち込み、『神名帳考證《じんみょうちょうこうしょう》』全六十九巻（文化十成稿）など多くの著作となり、それらは古神道、神祇《じんぎ》史研究の上で今も貴重な文献となっている。

さて、この信友のエピソードを教材にした文章が、国定修身教科書（第二期～第四期）に「身體《しんたい》」と題して掲載されている。信友が常に摂生《せっせい》を心がけ、身体と精神を鍛え学問研究に努めてきたので、有益な書物を多く著すことができたという内容である。実際彼の著作は多く、三百巻に及ぶ。また、輯録《しゅうろく》したもの百五十巻、校訂したもの二百六十巻がある。

## 常日頃を大切にした信友の生き方

「身體」（第四期、巻四、第十課）には、信友の謹直な人柄を伝える話として、次のようなことが記されている。

「夏のまつさかり、気持がだるくなるやうなときにも、たゞしくすわつて、読み書きをしました。又、冬の寒い日でも、こたつを用ひませんでした。家の人が心配して、こたつにはいるやうにすゝめても、『精神が引きしまらないから。』と言つて、きゝませんでした(403)」

このように信友は、非常に旺盛な研究心を持ち、酷暑厳冬の中でも端座して机に向かい日夜書斎で寸暇を惜しみ勉学に励んだのだった。こうした彼の学問は徳川斉昭《なりあき》（一八〇〇～六〇）、松平定信、杉田玄白（一七三三～一八一七）など当時の諸賢から尊重され、教えや交わりを求められたのである。

「いまはには　何をかいはむ　よのつねに　いひし言葉そ　わかこゝろなる(404)」

これは、「平常皆遺言」と題する信友の辞世である。平常の言葉が遺言であり、辞世の句であるというこの歌は、毎日の行ないに真心を尽くし、常日頃の生き方や発する言葉を大切にした努力家・信友の信条がいかにもよく表されていると言えよう。

## 第九節　下言容れ採用　松平定信――「きそくをまもれ」（第四期）

### 定信の見識と尊王心

松平定信は、三十歳という若さで主席老中になり、幕政を再建した〈賢相《けんしょう》〉である。江戸時代全期間の老中就任時の平均年齢は四十五歳であるから、まさに異例の大抜擢であった。老中就任に際し定信は、「人々解体仕《つかまつり》候《そうろう》義《ぎ》に御座《ござ》候はゞ、只今《ただいま》の内に私死去仕候様《よう》に奉願候(405)」と、江戸本所吉祥院に祭られる歓喜天に密かに願文（天明八年正月二日、定信死後九年を隔てた天保九年に発見）を納めた。難局を前に、彼が身命を賭け並ならぬ決意を抱いて立ち向かおうとしていたことが、これによって窺うことができる。

老中就任の矢先、京都の大火で皇居が炎上するということがあった。定信は、その検分のために上京した。焼け跡で家来の者から床几《しょうぎ》（椅子）にかけるよう勧められたとき、「ここを何と心得るか。賢くもここは陛下の御座所であるぞ」と一喝したという。その後、皇居は往古の正しい姿に戻さねばならぬとして、詳しく調査し古制に則り立派に造営されたのであった。定信のこの見識と尊王心は、父・田安宗武《たやすむねたけ》（一七一五～七一）の影響が考えられる。宗武は、賀茂真淵や荷田春満《かだのあずままろ》（一六六九～一七三九）といった国学者から古学を熱心に学び研究した人であった。

### 規則に厳格にして好んで直言を受ける

この定信のことが、国定修身教科書（第四期、巻三、第十八課）の中で、「きそくをまもれ」と題して次のように伝えられている。

　定信があるとき地方に見まわりに出かけたとき、関所を通り抜けようとした。そのとき関所の役人は「規則ですから笠をおとり下さい」と言う。定信は「なるほど、そうだった」と、かぶっていた笠をすぐにとって通った。それから宿に着いた定信はその土地の上役の者に、関所での不心得を述べ、注意してくれた役人に厚く礼を伝えてもらいたいと丁寧に挨拶したという話である。[406]

　このように定信は規則に対して厳格であるとともに、好んで直言を受け、下言を容れることに努めた。実際中井竹《ちく》山《ざん》（一七三〇～一八〇四、大阪の儒者）の『草茅危言《そうぼうきげん》』全十巻（寛政元）など、彼に出された上書や建白書は多数にのぼり、採るべき政策は採用され実施されていったのである。

## 第十節　近世万葉学の金字塔　鹿持雅澄――「雅澄の研究」（第五期）

### 窮乏の中書き上げた『万葉集古義』百三十七巻

　国定修身教科書（第五期、巻二、第十四課）に、「雅澄の研究」という文章が載せられている。雅澄とは、国学者・鹿持雅澄《かもちまさずみ》（一七九一～一八五八）のことである。全生涯を『万葉集』研究にささげ、近世万葉学の集大成ともいうべき『万葉集古義』百三十七巻（文政十頃）を書き上げた人である。

雅澄は青少年期に漢学、国学を学び、二十歳頃古道究明のために『万葉集』研究の志を立てた。しかし、雅澄は生涯微禄で窮乏を極め、その研究は困難を強いられた。教科書はその様子を、次のように記している。

「まづしい家に生まれたので、勉強をしようにも、本をもとめることができません。雅澄は、知合ひの人から本をかりて来ては、熱心に読みふけりました。家の屋根がいたんでも、つくろふことができず、雨の降る日には、もらないところに、机の置場所を移しながら、研究を続けました[407]」

このように貧困で、また土佐という辺境の地に暮らしていたので、文教の盛んだった江戸や京都などに遊学するという機会も一生得られなかった。

**歿後二十二年にして世界に光を放つ**

学者にとっては、まことに恵まれない環境下にあったが、一徹向上の研究心によって「万葉学研究のうえに、不滅の金字塔をうちたてた[408]」と評される『万葉集古義』が著されたのだった。しかし、この驚異的な大著は、雅澄歿後も広く世に知られていなかった。刊行されたのは、それから二十二年後の明治十二年（一八七九）である。教科書はこれを次のように記して、話を結んでいる。

「明治天皇は、雅澄の研究についてお聞きおよびになり、かしこくも、大御心によつて、『万葉集古義』が、宮内省からしゆつぱんされることになりました。／かうして、雅澄の心をこめた大研究が、始めて全国に知られ、光をあらはすことになりました[409]」

出版された『古義』は、明治四十三年にドイツ・ライプチヒ大学の研究所に日本研究の代表的資料として寄贈された。かつて南海の辺陬《へんすう》に埋もれていた「雅澄の研究」の〈光〉は、こうして遠く西洋にまで輝きわたっていったのである。

## 第十一節　国家維新作用をなした作品　北畠親房―「日本は神の国」（第五期）

### 『神曲』と比肩しうる作品

かつてドイツ地政学の創始者・カール・ハウスホーファーが『神皇正統記』（興国四）を取り上げ、それをダンテ(Dante Alighieri：一二六五～一三二一）の『神曲』（*La Divina Commedia*：一三〇七～二一）と比肩しうる「国家維新作用をなした作品」[410]であると書いていたのを知って驚いたことがある。

『正統記』とは、北畠親房（一二九三～一三五四）が書いた史書である。建武中興挫折後、南朝方の諸将がことごとく戦死する中、親房は常陸国《ひたちのくに》小田城で敵と孤軍奮戦する傍ら、それを執筆したのである。「大日本は神国なり」の書き出しで人口に膾炙《かいしゃ》する書だが、これが国定修身教科書（第五期、巻二、第六課）に「日本は神の国」と題して次のように記されている。

「外国の歴史を見ますと、一つの国が起るかと思へば、やがてほろび、そのあとに、また別の国が起るといふやうなことを、何度もくり返してゐます。日本のやうに、一つの国が、天地のつづくかぎりさかえるといふことは、決して見られないのであります。／親房は、このことを、その国史の本に書きました。／親房の本は、六百年前に、人々の心をふるひ立たせたばかりでなく、今の人々をも、力強く教へみちびいてくれるのであります[411]」

**『正統記』は「神州の亀鑑」**

「六百年前に、人々の心をふるひ立たせた」というのは、親房軍配下の将士たちがそれを写しては読み、自らの精神の支えとして奮戦したことなどを指すのだろう。その後も『正統記』は各地で広く読まれ、江戸時代になると山崎闇斎をはじめとする崎門学派の必読の書になった。そして、近世史学史上の白眉《はくび》と称される史書『保建大記』は、崎門の俊秀・栗山潜鋒が『正統記』を強く意識して著わされたものだったのである。

また、『正統記』は水戸学においても尊重された。「巍然《ぎぜん》として山嶽の如き者は神皇正統記に若《し》くなし。（正統記の作、国体を明かにし名分を正す。実に神州の亀鑑《きかん》たり[412]）」（原漢文）とは、後期水戸学の泰斗・藤田東湖の言葉である。水戸学は崎門学とともに王政復古、勤皇思想を鼓舞して、明治維新の精神的バックボーンになっていった。そして、それらに影響を与えた『正統記』は、まさにハウスホーファーが喝破したように「国家維新作用をなした作品」であったと言っていいだろう。

## 第十二節　世界で注目を集める報徳思想　二宮尊徳――「学問」「勤勉」「孝行」他（第一～第五期）

**経済発展の基盤は尊徳の思想**

日本の戦後の驚異的な経済発展を底流で支えたのは、二宮尊徳の報徳思想であると近年力説している人が、北京大学教授の劉金才である。

「なぜ五十年で、中国と日本の経済格差はこんなにも拡大したのか?」

こんな疑問を抱いて来日した劉教授は、日本の急速な近代化と高度経済成長の原因について研究していたが、なかなかその解答を見出すことができないでいた。そんな矢先、劉教授はたまたま報徳二宮神社を訪れ、尊徳の報徳思想に触れた。帰国して研究すること四年、日本経済の発展が単なる西洋の模倣ではなく、尊徳の思想が基盤になっているという結論を導き出したのだった。

現在中国では北京大学をはじめとして、二十の大学や研究機関に報徳思想の研究施設が設置されている。また、「国際二宮尊徳思想学会」が平成十五年（二〇〇三）に劉教授によって設立され、報徳思想は今日世界的に注目を浴びるようになってきている。

**見直される尊徳の教え**

尊徳はかつて第一期から五期まで、全期の国定修身教科書に明治天皇に次いで多く登場した人物であった。報徳思想にかかわる例話には、次のようなものがあった。

①川端の荒地を開いて菜種を植え、その収穫で油代を得て夜読書に励んだという話。

②捨ててあった稲の苗を拾い集めて、水たまりに植え一俵のお米が取れたという話。

③父に代わって堤防修繕工事に出たが、子供では一人前の仕事ができないと考え、夜遅くまで草鞋《わらじ》をつくり大人たちにそれを配ったという話。

①〜③のエピソードから「積小為大」「勤勉」「節約」「努力」「至誠実行」「奉仕」といった精神を学んだ人たちが、やがて戦後の復興を支え高度経済成長をなしとげたのである。中国の学者・李鋒伝教授（東北財経大学）はこれに着目し、「今、教育の見直しが問われているとき、二宮尊徳の教えを見直すことが必要です[413]」と述べているが、いずれ中国の学者の中から戦前の修身科教育を本格的に研究し、評価する人が出てくるのではないだろうか（第一章第五節参照）。

## むすび

明治二十年代の教育界においては、特にヘルバルト派（Herbartsschule）の教育理論・教授法が盛行した。その影響によって人物伝は積極的に取り入れられるようになった。ヘルバルト派の一人リンドネル（Lindner, Gustav Adolf：一八二八〜八七）の著書が『倫氏教育学』（金港堂書籍）として湯原元一訳で明治二十六年（一八九三）に刊行されているが、それには次のような人物伝活用の効用・効果が述べられている。

「示例の影響は、教諭の勢力より、遥かに強大なり。何となれば言語は、直ちに模すべからざるも、示例は容易に之を学ぶべきを以てなり。且示例は、生徒に教ふるに、独り其事をなすべきを以てせずして、併せて如何にすれば、其事は実行せられ得べしやを以てすればなり。今示例を分ちて左の三者となす。／〔中略〕三は歴史上及び理想上の示例なり。古人の言行を授けて、其言行を以て、生徒意志行為の標準となすは是歴史上の示例なり。又其事実に関せず、善悪の人物を仮定して、同じく是を以て、生徒の意志行為を導かんとするは、是理想上の示例なり。此目的に供用すべきは、東西聖賢の伝記の外、詩歌、小説、伝奇等、其種類極めて多し」（二〇九〜二一一頁）

ヘルバルト派は、道徳教育を重視した。そして、このリンドネルが言うように「東西聖賢の伝記」の教育的効果がヘルバルト派では高く評価されていた。だから、徳育充実化を進めていた当時のわが国の教育界にとっては、大いに歓迎されるべき教育理論であった。また、道徳教育における人物伝の活用は、これまで概観してきたようにすでに近世から重用されてきたから、わが国の伝統に適った教育方法であったと言える。

したがって、森有礼文部大臣（一八四七～一八八九）はドイツからハウスクネヒト（Hausknecht, Emil：一八五三～一九二七）を招聘し、明治二十一年（一八八八）、東京帝国大学でヘルバルト派の教育学を講義させ、さらにドイツ留学帰朝の教育学者にも継続してそれを教えさせた。そして、ここで学んだ門下生たちが新設の高等中学や高等師範学校で教え、ヘルバルト派の教育学を広めていったのである。

このヘルバルト派の修身教科書への影響については、第一期、第二期の修身教科書編纂委員を務めた吉田熊次（一八七四～一九六四）が以下のように述べている。

「教材の配列に関してはヘルバルト派の所謂人物伝記主義と称する所の、同一人物の伝記に依りて多くの徳目を結局することが流行して居た。民間の或修身書の如きは一学年を通じて二三人の伝記を授け、其の中に数十の徳目を配当するのである。其の結果として牽強付会の説明が多く徳目の主義を明らかにすることを不可能ならしめた。国定教科書にては斯かる欠点を避けつゝ人物基本主義の長所を失はざらしめんが為に、同一人物に数個の徳目を配当することを原則とした[414]」

吉田が言うように、国定教科書は人物基本主義の長所を失わないように、また徳目基本主義の得失も考え、両者の長所を合わせとることをつとめて編集された。第一から第五期にかけての国定教科書には、その時期それぞれの国内事情や国際環境に影響されて各期ともに取り上げる人物や内容、徳目などに変化や特徴を見出すことができる。しかし、全期間を通して、人物伝を基本に据えて活用する人物伝記主義を取っていることには変わりはなかった。

第一から第五期の国定教科書に挙げられた人物（例話の中で徳行の主体になっていない人物名は取り上げていない）は、次の表12の通りである。

第一から第五期までに160名の人物が取り上げられており、古代14人（8・8％）、中世15人（9・4％）、近世71人

**表 12　国定修身教科書**（第一～五期）**の時代・国別登場人物**（徳目・登場教科書）

| 時代（国） | 登場人物・徳目・登場教科書（Ⅰ～Ⅴ期） | 登場人数 | 割合（％） |
|---|---|---|---|
| 古代 | 天照大神（国体ⅠⅢⅣⅤ），瓊瓊杵尊（国体ⅢⅤ），大伴家持（祖先と親類ⅣⅤ），小野道風（勉学・立志Ⅴ），上毛野形名と妻（祖先と親類Ⅱ），神武天皇（皇室ⅠⅡⅢⅣⅤ），菅原道真の母（祖先と親類ⅣⅤ），天智天皇（規律Ⅴ），藤原行成（寛容Ⅱ），源義家（勉学・立志ⅠⅡ），小子部のすがる（忠義Ⅴ），日本武尊（沈着，忍耐Ⅰ），和気清麻呂（忠義Ⅱ），和気広虫（親切・博愛・慈善Ⅱ） | 14 | 8.8 |
| 中世 | 織田信長（皇室，勉学・立志ⅡⅢⅣ），加藤清正（友情・信義，勇気，正義，誠実，沈着ⅡⅢⅣ），北畠親房（国体Ⅴ），吉川元春（協同ⅢⅣ），木村重成（克己，勇気ⅡⅢⅣ），楠木正成（皇室，忠義ⅠⅡⅢⅣⅤ），楠木正行（孝行，忠義ⅠⅡⅢⅣ），高台院（豊臣秀吉の妻）（尊敬・感謝ⅡⅢⅣ），小早川隆景（協同ⅢⅣ），豊臣秀吉（忠義，勉学・立志，尊敬・感謝，勤労，誠実，沈着ⅡⅢⅣ），河野通有（忠義ⅠⅡⅣ），井芹秀重（忠義Ⅳ），毛利元就（協同ⅢⅣ），毛利吉就の妻（沈着ⅡⅢ），山田長政（進取気象Ⅴ） | 15 | 9.4 |
| 近世 | 新井白石（勉学・立志，信義・友情ⅡⅢⅣ），泉八右衛門（兄弟ⅠⅡ），伊藤冠峰（信義・友情Ⅰ），伊藤東涯（人格尊重ⅡⅢⅣ），伊能忠敬（勤労，先生，迷信ⅡⅢ），稲生ハル（祖先と親類ⅡⅢⅣ），井上でん（発明・工夫ⅡⅢⅣⅤ），猪山作之丞（協同ⅢⅣ），岩谷九十老（正義Ⅴ），上杉鷹山（倹約・節約，孝行，勉学・立志，発明・工夫，先生ⅡⅢⅣ），上杉重定（孝行Ⅱ），沖楨介（忠義Ⅴ），貝原益軒（寛容，衛生・健康，敬虔ⅡⅢⅣ），春日局（規則遵法ⅡⅢ），勝安芳（進取気象，勉学・立志，勇気ⅢⅣⅤ），賀茂真淵（勉学・立志Ⅴ），鹿持雅澄（勉学・立志Ⅴ），栗林次兵衛（協同ⅢⅣ），儀兵衛（孝行ⅢⅣ），久坂玄瑞（敬虔，勉学・立志ⅠⅡⅤ），後光明天皇（克己，勇気ⅠⅡ），小島蕉園（誠実Ⅱ），西郷隆盛（寛容ⅢⅣⅤ），作兵衛（勤労ⅢⅣⅤ），佐久良東雄（皇室Ⅴ），佐太郎（公益ⅠⅡⅢⅣ），重富平左衛門（協同ⅢⅣ），杉梅太郎（兄弟，親子ⅣⅤ），杉滝子（家庭ⅢⅣ），鈴木今右衛門（親切・博愛・慈善ⅡⅢⅣ），角倉了以（公益Ⅰ），高崎正風（克己ⅢⅣ），高杉晋作（敬虔ⅠⅡⅤ），高田善右衛門（勤労，自立自営ⅠⅡⅢⅣ），高田屋嘉兵衛（進取気象，勇気ⅡⅢⅣⅤ），滝鶴台の妻（節度・節制習慣ⅡⅢⅣ），田中久重（発明・工夫ⅣⅤ），田辺晋斎（人格の尊重Ⅰ），つな（奉仕ⅡⅢ），鐵眼（勉学・立志，親切・博愛・慈善Ⅴ），徳川家康（忍耐，誠実，祖先と親類，勇気ⅠⅡⅢⅣ），徳川光圀（倹約・節約，忠義ⅠⅡⅢⅣ），徳川吉宗（祖先と親類Ⅰ），虎吉（親切・博愛・慈善ⅠⅡⅢ），中江藤樹（尊敬・感謝，人格の尊重ⅡⅢⅣⅤ），永田佐吉（尊敬・感謝ⅢⅣ），南宮大湫（信義・友情Ⅰ），二宮尊徳（親子，孝行・お手伝い，勉学・立志，兄弟，勤労，自立自営，祖先と親類ⅠⅡⅢⅣⅤ），野村望東尼（忠義Ⅴ），橋本佐内（寛容ⅢⅣ），林子平（良心ⅡⅢ），伴信友（衛生・健康ⅡⅢⅣ），福井仙吉（信義・友情Ⅳ），ふさ（孝行・お手伝いⅠⅡⅢⅣ），布田保之助（公益ⅣⅤ），藤井懶斎（迷信Ⅰ），古橋源六郎（公益Ⅲ），細井平州（倹約・節約，尊敬・感謝，先生，信義・友情，礼儀・作法ⅡⅢⅣⅤ），孫兵衛（動植物の愛護ⅡⅢⅣ），松平定信（規則遵法，節度・節制・習慣ⅠⅡⅣ），松平信綱（正直ⅢⅣ），松平好房（礼儀・作法ⅡⅢⅣ），円山応挙（勤労ⅢⅣⅤ），三宅尚斎の妻（家庭Ⅱ），飛田与七（信義・友情Ⅳ），間宮林蔵（進取気象Ⅴ），前野良沢（忍耐Ⅰ），本居宣長（整理・整頓，勉学・立志ⅢⅣⅤ），本松平右衛門（協同ⅢⅣ），弥兵衛（尊敬・感謝ⅠⅡ），山下助左衛門（協同ⅢⅣ），吉田松陰（兄弟，敬虔，自信，先生，親子，勉学・立志ⅡⅢⅣⅤ），渡辺崋山（兄弟，規律，孝行，勉学・立志ⅡⅢⅣ） | 71 | 44.4 |

| | | | |
|---|---|---|---|
| 近現代 | 飯沼正明（進取気象Ⅴ），石井十次（親切・博愛・慈善Ⅲ），板垣退助（克己Ⅴ），伊藤小左衛門（兄弟，進取気性ⅡⅢⅣ），稲垣清二（忠義Ⅴ），岩佐直治（忠義Ⅴ），瓜生岩（親切・博愛・慈善ⅣⅤ），太田恭三郎（進取気象Ⅴ），大山巌（克己Ⅴ），片山義雄（忠義Ⅴ），加藤建夫（忠義Ⅴ），上田定（忠義Ⅴ），上村彦之丞（親切・博愛・慈善ⅡⅢⅣ），木口小平（忠義，勇気ⅠⅡⅢⅣ），栗田定之丞（公益ⅡⅢⅣ），向後三四郎（忠義Ⅳ），皇后（美子）陛下（皇室ⅠⅡ），皇后（節子）陛下（皇室ⅡⅢ），皇后（良子）陛下（皇室ⅣⅤ），皇太后（美子）陛下（皇室Ⅳ），皇太后（節子）陛下（皇室Ⅴ），皇太子（明仁）殿下（皇室ⅣⅤ），皇太子（裕仁）殿下（皇室Ⅲ），後藤新平（克己Ⅴ），小林環（忠義Ⅳ），佐久間勉（責任ⅡⅢⅣⅤ），佐々木直吉（忠義Ⅴ），渋沢栄一（勤労，自立自営Ⅳ），杉野孫七（忠義ⅢⅣ），橘周太（忠義Ⅴ），谷村計介（忠義ⅠⅡⅢ），大正天皇（皇室，祝日・大祭日Ⅲ），乃木希典（公徳・公共心，誠実ⅢⅣⅤ），野口英世（勉学・立志ⅣⅤ），広尾彰（忠義Ⅴ），廣瀬武夫（忠義，約束ⅡⅢⅣ），古野繁美（忠義Ⅴ），古橋源六郎（公益Ⅲ），明治天皇（皇室，祝日・大祭日ⅡⅢⅣⅤ），北白川宮能久親王（皇室Ⅱ），久田佐助（責任Ⅴ），昭和天皇（皇室，祝日・大祭日ⅣⅤ），山本五十六（忠義Ⅴ），横河省三（忠義Ⅴ），横山薫範（忠義Ⅴ），横山正治（忠義Ⅴ），宮古島の人々（親切・博愛・慈善Ⅳ） | 47 | 29.4 |
| 外国 | インス（自立自営Ⅰ），ダゲッソー（規律Ⅰ），孔子（節度・節制・習慣Ⅳ），コロンブス（忍耐，自信ⅡⅢⅣ），ジェンナー（発明・工夫ⅠⅡⅢⅣⅤ），ソクラテス（規則遵法，勇気ⅠⅢⅣ），ナイチンゲール（動植物の愛護，親切・博愛・慈善ⅡⅢⅣ），ニュートン（勤労Ⅰ），ネピアー（約束Ⅰ），ネルソン（忍耐Ⅰ），フランクリン（規律，公益，自立自営ⅡⅢ），リンカーン（勉学・立志，正直，親切・博愛・慈善，人格の尊重ⅠⅣ），藺相如（寛容Ⅰ），ワシントン（正直ⅠⅡ） | 13 | 8.1 |

※割合は全人物伝教材数（160）を分母として算出した。

（44・4％）、近現代47人（29・4％）、外国13人（8・1％）という構成である。時代別で見ると近世の人物が全体で44・4％を占めており、最も高い割合を示している。国定教科書以前の教科書と比較して特徴的なのは、近現代の人物が多く採用されていることである。[415] その傾向は、第一期3人→第二期11人→第三期15人→第四期18人→第五期27人というように改訂されるごとに採用人数が増えている。一方外国人は、孔子と藺相如を除いてすべて欧米人である。第一期10人、第二期5人、第三期5人、第四期6人、第五期1人というように、第一期の10人が最も多く、戦時色の影響を受けた第五期の1人（ジェンナー）が最も少ない。

国定修身教科書は封建的で軍国主義・超国家主義的教材を提供したということで戦後低い評価を受けてきたが、それは印象的な言われなき部分を多分に含んでいると考えざるを得ない。試みに封建的で軍国主義・超国家主義的と指摘されそうな徳目「国体・忠義・皇室」に関わる人物だけを、時代別にピックアップしたのが表13である。そうした人物は

**表13　時代別「国体・忠義・皇室」関連の人物**

| 時代 | 国体・忠義・皇室関連の人物 | 人数 | 割合（%） |
|---|---|---|---|
| 古代 | 天照大神（国体ⅠⅢⅣⅤ），瓊瓊杵尊（国体ⅢⅤ），小子部のすがる（忠義Ⅴ） | 3 | 21.4 |
| 中世 | 織田信長（皇室，勉学・立志ⅡⅢⅣ），北畠親房（国体Ⅴ），楠木正成（皇室，忠義ⅠⅡⅢⅣⅤ），楠木正行（孝行，忠義ⅠⅡⅢⅣ），豊臣秀吉（忠義，勉学・立志，尊敬・感謝，勤労，誠実，沈着ⅡⅢⅣ），河野通有（忠義ⅠⅡⅣ），井芹秀重（忠義Ⅳ） | 7 | 46.7 |
| 近世 | 沖楨介（忠義Ⅴ），佐久良東雄（皇室Ⅴ），野村望東尼（忠義Ⅴ） | 3 | 4.2 |
| 近現代 | 稲垣清二（忠義Ⅴ），岩佐直治（忠義Ⅴ），上田定（忠義Ⅴ），片山義雄（忠義Ⅴ），加藤建夫（忠義Ⅴ），木口小平（忠義，勇気ⅠⅡⅢⅣ），向後三四郎（忠義Ⅳ），皇后（美子）陛下（皇室ⅠⅡ），皇后（節子）陛下（皇室ⅡⅢ），皇后（良子）陛下（皇室ⅣⅤ），皇太后（美子）陛下（皇室Ⅳ），皇太后（節子）陛下（皇室Ⅴ），皇太子（明仁）殿下（皇室ⅣⅤ），皇太子（裕仁）殿下（皇室Ⅲ），小林環（忠義Ⅳ），佐々木直吉（忠義Ⅴ），杉野孫七（忠義ⅢⅣ），橘周太（忠義Ⅴ），谷村計介（忠義ⅠⅡⅢ），大正天皇（皇室，祝日・大祭日Ⅲ），広尾彰（忠義Ⅴ），廣瀬武夫（忠義，約束ⅡⅢⅣ），古野繁美（忠義Ⅴ），明治天皇（皇室，祝日・大祭日ⅡⅢⅣⅤ），北白川宮能久親王（皇室Ⅱ），昭和天皇（皇室，祝日・大祭日ⅣⅤ），山本五十六（忠義Ⅴ），横河省三（忠義Ⅴ），横山薫範（忠義Ⅴ），横山正治（忠義Ⅴ） | 30 | 63.8 |

※割合は，古代が14，中世が15，近世が71，近現代が47を分母として算出した。

古代で3人（21・4%）、中世で7人（46・7%）、近世で3人（4・2%）、近現代で30人（63・8%）である。全期の教科書に登場する人物の総数が160人。「国体・忠義・皇室」に関わる人物の総数は43人でその割合は、26・9%である。

26・9%という割合では、全体を覆うという数値ではないし、五期に初めて登場する次の18人の人物を除けば割合の数値は、15・6%にまで低下する。

小子部のすがる（忠義Ⅴ）、北畠親房（国体Ⅴ）、沖楨介（忠義Ⅴ）、佐久良東雄（皇室Ⅴ）、野村望東尼（忠義Ⅴ）、稲垣清二（忠義Ⅴ）、岩佐直治（忠義Ⅴ）、上田定（忠義

Ⅴ）、片山義雄（忠義Ⅴ）、加藤建夫（忠義Ⅴ）、佐々木直吉（忠義Ⅴ）、橘周太（忠義Ⅴ）、広尾彰（忠義Ⅴ）、古野繁美（忠義Ⅴ）、山本五十六（忠義Ⅴ）、横河省三（忠義Ⅴ）、横山薫範（忠義Ⅴ）、横山正治（忠義Ⅴ）

アメリカが修身教科書を分析して、「戦時色の強い昭和十五年版〔四期〕の教科書についても、それは『一時的なもので、修身教科書の基本原理』ではない」（本書一一二頁）としていたのは、まさに妥当な判断だったと言えるだろう。右に掲げた人物が増えたのは、国定修身教科書全体を見渡せば、それは「一時的なもので」、封建的で軍国主義的超国家主義的な内容が全体的な「基本原理」であるとは言い難いのである。

# 第三章　偉人に学び生きた偉人たちの群像

## はしがき

心の中に誰か偉人を一人でも抱いていると、その人物に支えられたり勇気づけられたりすることがある。

筆者の場合も、心の支えになり続けてくれた〈人物〉が吉田松陰だった。忘れもしないが、昭和五十五年（一九八〇）に三重県O中学校で校内暴力が発生し、それが燎原《りょうげん》の火のごとく全国に燃え広がり、教師を志していた筆者は震え上がったのを覚えている。教師という職に寄せていた筆者の甘き期待というか幻想は、この全国的に起きた校内暴力事件によって打ち砕かれたのだった。

「教師になろうなんて、自分には無理ではないか。ちゃんと勤まるのだろうか。これからの生徒を指導するのは、自分にはとうていできはしないのではないか」

そんなふうに悩み逡巡していたときに出会った人物が、吉田松陰であった。松陰は当時の国際情勢から、日本の行く末をひじょうに案じていたが、それに対処するのに政治改革や軍事政策などより、もっと大事なのは「人心を正す」ことだと言っていた人だった。

松陰が講義した『孟子』も読んでみた。その中には「志士は溝壑《こうがく》に在《あ》るを忘れず。勇士は其《そ》の元《こうべ》を喪《うしな》ふを忘れず」（志士は常に溝や谷に屍をさらすことになるかもしれないことを忘れず、勇士は首を打ち落とされるかもしれないということを忘れない）「自ら反して縮《なお》くんば、千万人《せんまんにん》といへどもわれ往《ゆ》かん」（自らかえりみて正しいと思ったら、相手が千万人でも断じてしりごみしない）など、きらきら輝いてみえる言葉がたくさんあった。

筆者はこの「人心を正す」や「志士は…」「自ら反して縮くんば…」という言葉に、妙に励まされたところがあった。そして、大学卒業後、教師になっていたのである。正直、教室に行くのが恐かったときがあった。そんなときに『孟子』を講義した松陰の著書『講孟余話』（安政三）を教科書と一緒に手に持ち、授業に行ったことがあった。また、生徒指導などで苦境に立ったとき、こんなとき松陰ならばどうしたであろうかと考えたりしたものだった。

それから、二十五年間というもの非力な筆者が、かろうじて中学校で仕事ができたのは、ひとえに松陰という偉人が心の中にいてくれたお陰であったと思う。拙い私事を書いたが、歴史を繙くと、偉人を心の中に抱き自ら偉人になっていったという人の話が実はたくさんある。本章ではそうした偉人たちの話をいくつか紹介し、それによって人物伝の〈力〉を明らかにする証左にしたいと思う。

## 第一節　天下万民のために忠節を尽くす——諸葛孔明と管仲・楽毅

### 1　管仲、楽毅に倣い天下救済を志す

「千載の末今も尚／名はかんばしき諸葛亮」

土井晩翠《ばんすい》（一八七一〜一九五二）の長編叙事詩「星落秋風五丈原《ほしおつしゅうふうごじょうげん》」（明治三十一）の最終句である。千古の歴史を経てもなお、光彩を放つ偉業をなしとげたのが諸葛亮だったと、その高潔な生涯を詠いあげ、戦前多くの日本人に愛唱された晩翠の傑作である。

諸葛亮の「諸葛」は姓、「亮」は名、字《あざな》は「孔明」。今日わが国では〈諸葛孔明〉として、よく知られているであろうか。後漢末期、魏、呉、蜀漢の三国が争覇戦を繰り広げた時代に蜀漢の軍師、政治家として活躍した人である。孔

明が生きたのは戦乱がうち続き疫病が流行り、飢饉が頻繁に起こった、まさに〈乱世〉の最中であった。

漢の朝廷では、私権をほしいままにする官吏が跋扈《ばっこ》し、賄賂が横行して政治が乱れた。黄巾《こうきん》の乱（一八四）という大規模な内乱が起こるのも必定、ともいえる腐敗ぶりであった。内乱平定後、朝廷の実権は軍人へと移っていった。

孔明は青年時代、人にこう語っている。

「文なら管仲、武なら楽毅《がくき》、それが私の目標だ」

管仲、楽毅（生歿年不明）ともに動乱の時代に生きた人物である。この二人に倣い天下の窮民のためその苦しみを救うというのが、孔明の志であった。

## 2　諸国を連合させ大国にあたった管仲と楽毅

管仲と楽毅、この二人はともに済世を目指し、それを果たそうとした人である。

管仲は、孔明より九百年前の人。春秋時代に、斉の桓公（紀元前六八五〜六四三）を補佐した大政治家である。分裂、動乱の世であっても、管仲は宰相として産業を盛んにし、財貨を蓄えて国力を急激に発展させた。「民衆と好悪を同じくした」と言われたように、民の望みにしたがってそれを与え、嫌うものは退けた。それゆえ、管仲が命令を下せば水が下に流れるごとく民心はそれに従ったという。

それから孔子が、

「管仲微《な》かりせば、吾其れ髪を被り衽《じん》を左にせん」[416]（原漢文）

（もし管仲がいなかったら、中国は夷狄に征服されて、ざんばら髪で、着物を左前に着るという未開人の風俗にされていたであろう）

とその功績を称えていたように、列国と同盟を結び、異民族の脅威をはね返す体制をつくり上げている。こうして諸侯と連合し桓公をその盟主たらしめ、強国楚を抑えて国の平和を実現させた。

　この管仲の四百年後、楽毅が現れた。戦国時代、燕《えん》の昭王（?～紀元前二七九）に仕えた名将である。外交と用兵に非凡な才を持ち、諸国の王と連合して大国斉を討つことを説き、盟約をとりつけた。当時小国だった燕を助け、他国との連合軍をよく統率して強国斉を撃破した。しかし、昭王のあとを継いだ恵王（?～紀元前二七二／二七一）から快く思われず、王の殺意を察した楽毅は趙《ちょう》の国に逃れた。楽毅を失った燕は、後に斉との戦に大敗する。ようやく恵王は楽毅を追い立てたことを悔やみ、詫びて彼とのよしみを戻した。

　このとき恵王に報じた楽毅の書簡には、「忠臣は国を去るも、其の名を絜《いさぎよ》くせず[417]」（原漢文）（忠臣は国を去っても、自らの潔白さを主張し旧君を責めることなどしないものだそうであります）と記されている。司馬遷はこの書簡を読んで、「未だ嘗て書を廃して泣かずんばあらざりしなり[418]」と書いている。

　楽毅は趙・燕両国から客卿に迎えられ、後に趙の地で亡くなっている。やがて時は移り、楽毅を尊敬していた漢の高祖（劉邦、紀元前二五六?／二四七?～一九五?）が趙を訪れたとき「楽毅に後世〔子孫〕有るか」と人に問い、楽毅の孫・楽叔を楽郷《がくきょう》（河北省）に封じ華成君《かせいくん》と号させたということが『史記』「楽毅伝」に伝えられている[419]。

### 3　天下万民のための「天下三分の計」

　孔明は晴耕雨読の生活を送り、流寓士人と交わって「臥竜《がりょう》」と呼ばれた。雲を得て天に駆け上るため雲を待ち臥せている竜になぞらえ、その偉才が称えられていた。この臥竜を天翔ける竜とし歴史の表舞台に引き出したのが、劉備《りゅうび》（一六一～二二三）である。

　彼は漢室の末孫と称し、後に蜀漢の皇帝となった男である。彼には関羽（?～二一九）、張飛（一六六～二二一）、趙運（?～二二九）のような勇将はいたが、参謀となる人材がいなかった。孔明の高き才識を伝え聞き、劉備は雪降る中にも彼を訪ね三顧の礼をとって迎え入れた。このとき孔明、二十七歳。以後孔明は、この劉備に仕え全身全霊忠義を尽くすことになる。

当時最も強大な勢力を保有していたのが、曹操《そうそう》（一五五〜二二〇）の魏であった。しかし、かつて大虐殺を敢行した暴虐者、曹操にだけは天下を渡してはならぬ。そう考えた孔明は万民を安んずるため天下を統一すべく考えたのが、「天下三分の計」であった。呉の孫権（一八二〜二五二）と同盟して魏を討ち、漢王朝を再興するというのがそれだ。

劉備はこの献策を聞き、直ちにそれを容れた。孔明に満幅の信頼を寄せ、「自分に孔明があるのは、あたかも魚に水があるようなもの」と言ったという。孔明がなくてはならない存在、ということだ。この劉備の信任に対して、孔明もまた終生変わらず誠意をもって応え、忠貞の節義を全うした。

### 4　軍師将軍に私心なし

劉備が曹操の軍に敗れ、窮迫したことがあった。この窮地を脱するには、孫権に助けを求める道しかない。孔明は劉備の使者として、孫権の駐屯地に赴き交渉にあたる。当時孫権の勢力は、劉備よりはるかに強大だった。しかし、孔明は堂々と対等の交渉を繰り広げた。そして、彼の卓抜な外交手腕により孫権は動かされ、劉備との協同が決したのだった。孫権に仕えていた孔明の兄・諸葛瑾《きん》（一七四〜二四一）に、孫権は言った。

「あれほどの逸材をお前はなぜこちらに引きとめてくれなかったのか」

こうして劉備は孫権と合作し、曹操に大勝した。これが、かの赤壁の戦い（二〇八）である。

劉備が皇帝の位に就いたのは六十歳。このとき、蜀漢が建国され、孔明は丞相《じょうしょう》（首相）と録尚書事（参謀総長）を兼ねた。臣下として最高の地位と権限を占め、政務の一切を取り仕切ることになった。民治に意を用い、人材を抜擢し、多くの名臣が輩出した。謙虚に人の意見を聞き改革改善は期限を設けて約束したので、「亮政を為すこと私無し」[420]と言われ信頼された。

### 5　千古の名文、「出師の表」を上奏す

劉備は病で亡くなる直前、子らに諭して「孔明と一致協力して事にあたれ」と命じた。孔明には、後主が不肖なら「そなた自身が代って王位に就くがよい」とまで言い遺した。一方、孔明もまた終生誠忠を尽くすことを劉備に誓約し、劉備の死後も忠実に守られたのだった。後を継いだ劉備の子、劉禅（二〇七～七一）は無力だった。劉備なき後、蜀漢は内に動揺をきたすが、孔明は事実上同国の政治と軍事の最高統率者としての任を務め、劉禅をよく補佐した。

天下の八割の勢力は魏が占め、三国は「一強二弱」というのが実情であった。劉備生前の猛将たちはすでに亡く、孔明自ら軍を率いて指揮しなければならなかった。孔明は魏を討つ遠征軍を発するにあたり、「出師《すいし》の表《ひょう》」という上奏文を劉禅に奉り、忠誠愛国の心情を吐露した。表（自分の所存を君主に言上する書状）を結んで、孔明は言う。

「願はくは陛下臣に託するに討賊興復の効を以てせよ。効あらずんば則ち臣の罪を治め、以て先帝の霊に告げよ。〔中略〕臣恩を受くるの感激に勝《た》へず。今遠く離るるに当たり、表《ひょう》に臨んで涕泣《ていきゅう》し、云ふ所を知らず[421]」
（願わくは陛下、臣に賊を討伐し、漢を復興する事業をお任せください。もしその効を挙げることができないときは、臣の罪を処断して、先帝の御霊にご報告ください。〔中略〕臣はご厚恩を蒙り感激にたえません。今、遠く去らんとするに当たり、この表を前にして涙が流れ、何を申し上げてよいか分かりません）

「出師の表を読んで涙を墜さざる者は、其の人必ず不忠なり[422]」とさえ言われた千古の名文である。

### 6　子孫に伝えた孔明の忠節

七年に及ぶ長期の遠征は、孔明の体を蝕んでいった。蜀漢軍に対するは、魏の傑出した重臣・司馬仲達《しばちゅうたつ》（一七九～二五一）の擁する軍勢であった。孔明は喀血を隠しながらも奮戦したが、仲達との対陣中に息を引き取った。この

とき、破敗の徴といわれる赤く尖った光の星が、孔明の陣営に落ちたという。

「孔明死す」の報は、直ちに魏軍陣営に届く。魏軍はすかさず蜀漢軍を殲滅しようと攻勢に出たが、これに対し蜀漢軍は反撃の姿勢を示した。圧倒的に優勢な魏軍だったが、「これは孔明の謀略」と恐れ、仲達は退却を命じたのであった。

「死せる諸葛、生ける仲達を走らす[423]」

この言葉のように、孔明が智謀の将軍であり卓抜した政治家、忠義の名臣であったという真価は、彼の死後により鮮やかに現れている。

孔明の治世について「民に怨声《えんせい》なし」と常璩《じょうきょ》『華陽国志』（三五五）が伝えている。[424] 長きにわたる魏との戦乱はあったが、蜀漢の民たちは怨嗟不平の声をあげず孔明を慕ってやまなかった。孔明によって官位をはく奪され厳罰に処せられた李厳（?～二三四）や廖立《りょうりつ》（生歿年不詳）でさえ、その死を聞いて悲嘆の言葉を発したというほどだから、公平、厳正な人であったことが窺える。

孔明亡くなって三十年後、その子諸葛瞻《せん》（二二七～六三）、その孫諸葛尚（二四五～六三）も魏軍と戦い戦死した。東晋の政治家・文人であった干宝《かんぽう》（?～三三六）は諸葛瞻をその著『晋紀』（四世紀初め頃）の中で「能《よ》く外は国に負《ソム》かず、内は志を改めず。忠孝存す」と述べている。[425] 孔明の忠節はよくその子にも伝えられ、千載の末今もなおその名を不朽ならしめているのである。

## 第二節　義のため直言をはばからず──韓退之と孔子

### 1　孤高の人、孔子を仰ぐ

韓退之は、唐代を代表する文章家、詩人である。周・秦・漢代の散文を尊重し古文復帰を唱え、新たな詩風の開拓者として、中国文学史上不動の地位を獲得した。退之は『論語筆解《ひっかい》』二巻（李翺《りこう》との共著）、『論語注』十巻（逸書）を著したように、『論語』の研究者、儒教思想家でもあった。したがって、彼は生き方の拠りどころを孔子に求めたのであった。

「孔子　時に逢《あ》はざるを傷《いた》みて　作る」という序が付された「猗蘭操《いらんそう》」という退之の詩がある。孔子の操《みさお》を蘭《らん》の花になぞらえ、次のように気高く詠っている。

「子《し》　如《も》し傷まずむば／我《われ》　璽《なんじ》を覯《み》じ／薺麦《せいばく》の茂《しげ》きは／薺麦の有《ゆう》なり／君子の傷むは／君子の守《しゅ》なり」(426)（原漢文）

（蘭よ、君が傷つき悲しんでいなければ、私は君を目にとめはしなかった。ナズナやムギのつまらぬ草が茂るのは、彼らの本性。君子が傷つき悲しむのは、君子の操のため）

乱世において世を正すために、孔子は十四年にわたり門人を従え、諸国をまわり道義を説いた。そして、自ら理想とする王道政治の実現をはかった。しかし、諸侯たちは彼を用いなかった。孔子は志半ばにして、やむなく祖国魯に帰ろうとする。その帰途、人知れぬ谷間を通り過ぎると、ひとり蘭の花が香り高く咲いていた。それを見た孔子が、孤高なわが身と引き比べつつ「君子の傷むは君子の守《しゅ》なり」と嘆いたとして、退之が詠ったのが「猗蘭操」という作品であった。

## 2　失意の時期になされた〝永遠の偉業〟

孔子は優れた官僚、政治家として魯《ろ》国で善政を布《し》き外交面でも活躍した。だが、他国の謀略や反対勢力によって失脚させられてしまう。孔子の生きたのは、春秋時代中期から後期にかけて。名教は地に堕ちた乱世であった。

孔子は、堯や舜の政治を理想としながら周公の生き方を絶えず模範とし、世を救おうと魯国を去る。こうして、孔子が門弟を伴い遊説流浪の旅に出たのは、五十五歳のときであった。「朝《あした》に道を聞かば、夕《ゆうべ》に死すとも可なり[427]」「死を守りて道を善くす[428]」（原漢文、以下同じ）。朝に道義道徳が実現される世の中ができれば、私は夕に死んでもかまわない。命がけで道を守る。孔子は、こういう志と覚悟で旅立ったのであろう。

だが、旅は決して安穏平坦なものではなかった。匡《きょう》という国で、人違いをされ襲われて拘禁されるということがあった。このとき動揺した弟子たちに、孔子はこう言った。

「文王既に没し、文茲《ここ》に在らざらんや。天の将に斯《こ》の文を喪《ほろぼ》さんとするや、後死《こうし》の者斯の文に與《あずか》るを得ざるなり。天の未だ斯の文を喪さざるや、匡人《きょうひと》其れ予《われ》を如何せん[429]」
（聖人の道は周の文王によって盛大を致したが、その文王はもう既に亡くなってしまっている。文王の亡き後の文明の道の伝統は、この私の身に伝わっていないであろうか。もしも、天の神がこの文明の伝統を滅亡させてしまうつもりなら、文王の後に生まれたこの私は、文王の作った文明の道を学び得ることはできなかったであろう。しかし幸いにも、私は文王の教えを学び、その道を体得している。もし天の神が、まだこの文明の道を滅ぼさないつもりならば、文明の修得者であるこの私を、きっと天の神がお守り下さるだろう。天の加護のあるこの私を、匡人如き者が一体どうしようとするのか。断じて指一本わが身に触れることはできまい）

天下を正そうとする孔子の自負と気概に満ちた言葉である。

孔子の力を危ぶむ勢力があり、この後も二度三度命を奪われそうになったり監禁されたりした。軍勢に取り囲まれ、一週間も食料が入手できず飢えと疲労で身動きできないときがあった。さすがに困憊《こんぱい》した門人が、「君子も窮することがありますか」と孔子に問うた。孔子は答えて言った。

「君子固より窮す。小人窮すれば斯に濫ると[430]」

（君子だってもとより困窮することがある。窮達は天命で、何とも致し方がない。ただ小人は窮迫すると、取り乱してどんなことでもしたい放題になるものだ。君子は持するところがあって、そうはならない。そこが、君子と小人の異なるところだ）

困窮しても徳のある者は毅然としておるものだ、ということだろう。孔子はこんなときも礼楽の練習をして、その気力は衰えることがなかった。この危機を救ったのが、楚《そ》の昭王《しょうおう》（?～紀元前四八九）だった。昭王は孔子を家臣にしようとしたが、重臣の反対にあい、登用は叶わなかった。十四年の歳月をかけ諸国をまわったものの、ついにどこにも用いられることはなかった。

こうして、魯国に戻ったのが孔子六十八歳のときである。七十三歳で歿するまでの晩年は、教育と執筆にささげられることになる。しかし、不幸はさらに降りかかる。息子の鯉《り》（紀元前五三二～四八三）を亡くし、後事を託そうとしていた高弟・顔淵（紀元前五二一～四八一）、そして子路（紀元前五四三～四八一）までが三年の間に次々と亡くなっていったのだった。「噫《ああ》、天予《てんわれ》を喪ぼせり、天予を喪ぼせり[431]」。さすがの孔子も、こう言って慟哭した。

思えば後世に残る孔子〈永遠の仕事〉は、皮肉にもこの最も失意の時期になされたのだった。五経の一つ『春秋』は、このとき書かれたとされている。魯の国の年代記をもとに編纂され、後に「当世を縄《ただ》し、貶損の義あり[432]」（当世を正し、褒貶の大義を明らかにした）史書として、司馬遷をはじめとする史家たちに尊重された。また、孔子は優れた弟子たちを数多く教育し、彼と弟子たちの言行録『論語』がようやく現在の形に整えられたのは、彼が歿して約三百年がたってからだった。やがて『論語』は、四書の筆頭として尊重され、儒教思想の神髄を伝える書として後世に絶大な影響を与えた。

「仲尼《ちゅうじ》は天下の聖人なり、〔中略〕仁義を為す者は一人《いちにん》のみ[433]」と儒教を批判した韓非子（紀元前二八〇？～二三三）にさえ、仁義の道を行ない得たのは孔子一人だけであったと称えられた。「世界の三聖人」として、ブッダ（紀元前五世紀前後）、キリストとともに今もその教えは人々を導いているのである。

### 3　死をも恐れず直言

退之は下級士族の子であったが、二十五歳のときに進士の試験に合格する。しばらく官につけなかったが、三十五歳でようやく正式の官吏としての第一歩を踏み出した。ところが翌年、飢饉が到来し、多くの餓死者が出るということが起こった。加えて過酷な税が課せられたことに対して、退之は意見書を奉って政府の処置を戒めた。そのために彼は、嶺南《れいなん》の陽山県（今の広東省）という南方の僻地に左遷させられた。三十六歳のときのことである。

しかし、三年後に彼は再び中央に復帰する。「南山の詩」などすぐれた作品が出され、退之の文学が醸成し脂が乗ってくるのがこの頃からである。退之は時折挫折しながらも、官吏における地位を高めていく。だが、退之は単なる文弱の士ではなかった。淮西《わいせい》の軍閥・呉元済《ごげんさい》（七八三～八一七）が反乱を起こしたとき――このとき退之五十歳――、副司令官として征討軍を指揮し、みごと元済を討ち取って、刑部侍郎《けいぶじろう》に任ぜられている。今でいえば、法務次官のような地位である。

唐代の思想界には、儒教、仏教、道教の三教が並存していた。退之が尊ぶのは儒教であったから、社会を破壊するものとして仏教・道教を排撃した。退之五十二歳のとき、皇帝憲宗《けんそう》（七七八～八二〇）が仏舎利を都に奉迎し、大規模な法要を営んだ。これに対して退之は「仏骨を論ずる表」を上奏し諫めたが、憲宗の逆鱗に触れ死刑に処せられようとした。退之は、保身のために直言を恐れるという人ではなかったのである。他の重臣たちのとりなしで退之の罪はなんとか減ぜられ、嶺南の潮州《ちょうしゅう》（今の広東省潮州市）の長官に左遷された。潮州は当時未開野蛮の地、長官とは名ばかりのもの。まさにこれは流刑であった。五十二歳という老境に入りかけた身には、客死を覚悟させるに充分な〈陸の孤島〉であった。

しかし、退之は流謫《るたく》の旅の出立《しゅったつ》に際し、「左遷せられて藍関《らんかん》に至り、姪孫湘《てっそんしょう》に示す」と題して、こう詠う。

「聖明《せいめい》の為に弊事《へいじ》を除《のぞ》かむと欲せしなり／肯《あえ》て衰朽《すいきゅう》を将《も》って残年《ざんねん》を惜しまむや／〔中略〕／知る　汝《なんじ》が遠くより来《きた》る　応《まさ》に意《い》有《あ》るべし／好《よ》し　吾が骨を瘴江《しょうこう》の辺《ほとり》に収《おさ》めよ(434)」

（聖明の君のおんために、弊害を除こうとしただけだ。衰え朽ちたこの身、何とて残年を惜しもうや。…遠くまで来てくれたおまえ、どれほどの思いやりからかがよく分かる。そうだ、私が死んだとき、瘴江のほとりで骨を拾ってくれるがいい）

作中「汝」と呼んでいるのは、退之の兄の孫・韓湘《かんしょう》（七九四〜?）をさす。藍田関《らんでんかん》（長安の南）というところで見送りに来た韓湘に、退之はこの詩（七言律詩）を与えたのである。儒者としてやらねばならぬことを行なったまでのこと、という退之の義に生きる気概が格調高く詠い上げられている。

## 4　豪胆、天晴れ痛快な一生

この潮州左遷時の作とされるのが、「拘幽操」である。その内容は、こうだ。

徳望の高かった周の文王が讒言《ざんげん》に遭い、殷の紂王によって監禁されてしまう。その文王が監禁されているときの心境を思いやって退之が詠った詩である。無実の罪で罰せられようとも文王は己の主君である紂王に対して一片の怨みも抱いていない、という純忠の精神が詠みこまれている。

「嗚呼《ああ》　臣《しん》が罪は誅《ちゅう》に当る／天王《てんのう》は聖明《せいめい》なり」(435)

（ああ私〔文王〕の罪は処罰に相当するのだ。天子さま〔紂王〕は何でも御存知の方なのだから）

文王の至高至純の精神を称えるとともに、左遷時の己が心境と重ねてこの詩を詠んだのであろう。現代日本人にはなかなかこの誠忠ということが理解しにくいことのようだが、実はイエス・キリストもよく似たようなことを言っている。彼は弟子たちとの問答の中で、真に偉大な人は人に仕える者であるという趣旨のことを述べている。つまり、忠義を尽くす人ほど偉大だということなのだ。

ちなみにこの「拘幽操」は、わが国の江戸期特に崎門学派の間で重んぜられ、臣道の極致であるとしてよく講ぜられた（第一章第四節参照）。この文王の君に対する絶対の忠誠心は、わが国の尊王思想や国体思想に多大な影響を及ぼしたのだった。

さて、左遷されてからその翌年に憲宗が崩ずると、退之は再び中央に召喚された。復帰して間もなくのこと、鎮《ちん》州《しゅう》で反乱軍が兵を起こし、節度使《せつどし》（地方防衛のために置かれた役職）牛元翼《ぎゅうげんよく》（?～八二二）が反乱軍に包囲された。このとき退之は五十五歳であったが、朝廷の命により元翼を救うべく最高指揮官として鎮州に向かう。彼は少しの心身の衰えを見せず、反乱軍の本陣に入った。反乱軍士たちが退之を取り囲む。しかし、退之は少しも怯まず屈することなく、彼らを説得し遂に干戈《かんか》を交えることなく事を収めた。

最終的に退之は、御史大夫すなわち検察庁長官という大官となって生涯を閉じている。享年五十六。なんと豪胆で天晴れ痛快な一生であったことか。

# 第三節　正気によって苦境を乗り越える―藤田東湖と文天祥

## 1　父から教わった「正気歌」

「天下真《しん》におそるべき人物なし。たゞおそるべきは東湖《とうこ》先生あるのみ(436)」

明治維新の巨魁《きょかい》・西郷隆盛は藤田東湖を評して、こう言った。西郷は、東湖を心から尊敬した。西郷だけでなく、幕末期全国の志士たちから師として仰がれたのが、水戸藩士・藤田東湖であった。

東湖は、文化三年（一八〇六）生まれ。祖父・言徳（生歿年未詳）は、藤田屋と号して古着商を営んでいた。父は、幽谷《ゆうこく》（一七七四〜一八二六）。身分はこのように商家の出身だったが、幼少時から「神童」の誉れ高く、その抜群の才覚が認められ、水戸藩に採り立てられた。その後、『大日本史』編纂のため彰考館総裁として大きな足跡を残したのである。

東湖は八、九歳の頃から、文天祥《ぶんてんしょう》（一二三六〜八二）の詩「正気歌《せいきのうた》」を父幽谷から教えられた。幽谷もこれを愛唱してやまず、繰り返し吟唱し道義道徳を教えた。後に東湖は幼少時覚えた古詩雑文は十のうち七、八くらいは忘れてしまったが、「正気歌」だけは一字一句忘れなかったと述懐している。

## 2　土牢幽囚時に詠われた「正気歌」

文天祥とは、南宋末期の人。元が南宋に侵攻したとき、天祥はひとり孤兵を率いてこれに向かおうとしていた。このとき彼の友人は「君がやろうとしていることは、羊の群れで猛虎に向かうようなものだ」と諫めたが、彼は断乎としてこう答えた。

「わが宋朝が民を愛育されること三百年、今この危急のときにあたり、誰ひとりこの国難に赴こうとする者がいないのは遺憾に堪えない。だから私は自己の力を顧みず、身をもって勤皇の魁《さきがけ》となろうとしているのだ[437]」

天祥は、身を挺して徹底抗戦した。しかし、遂には奮戦むなしく元軍に捕らえられた。元の宰相の前に天祥は引き立てられ、こう罵られた。

「お前が戦ったことは無駄であったな。宋国は滅びてしまったではないか」

憤然として、天祥は言う。

「重病の親が回復不能とわかっていても、子としてどうして薬をすすめずにおられようか。祖国に尽くすのもこれと同じだ。心の限りやり救えなかったのは、これ天命。今は一死あるのみ。これ以上多言は無用だ[438]」

潔くも鮮やかな天祥の言葉であった。彼の人物とその才を惜しんだフビライ（一二一五〜九四）は、「元朝に仕えないか」と誘い、土牢に閉じ込め降参を待った。しかし、天祥は節を曲げることを潔しとせず、それを拒否したため処刑された。

時に天祥四十七歳。宋が滅亡して、三年後のことであった。「その忠賢の千古に冠絶すること、豈《あに》人の能《よ》く及ぶ所ならんや[439]」（原漢文）とは、明の大儒・薛瑄《せっせん》（一三八九〜一四六四）が、その天祥の高潔な生き方と最期を絶賛して述べた言葉である。「正気歌」は、天祥が土牢幽囚時に詠った五言六十句の漢詩である。その最終句には、こうある。

「哲人　日に已《すで》に遠く／典刑は　夙昔《しゅくせき》に在り／風簷《ふうえん》　書を展《の》べて読めば／古道　顔色《がんしょく》を照す[440]」（原漢文）

（昔の哲人は逝きてすでに遠く、その模範はとっくの昔のことだが、風の音する軒端でその先哲の書を読んでい

ると、古《いにしえ》の神聖な道義が私の顔色を照らしているようで心強く感じられることだ）

天祥もまた古人の示した道に励まされ、それを範として生きた人であった。

### 3　辛酸をなめた蟄居生活

東湖も父の後を継ぎ彰考館に入り、中心的な役割を果たした。また、藩主・徳川斉昭から厚い信頼を受け、開明的な藩政改革推進の中心になり活躍するようになっていった。だが、この改革に反感をもつ家臣たちによって、幕府に讒訴《ざんそ》されるということが起こった。

幕府はそれを「気ままな制度改革」とみなし、法令に違反したとして、斉昭と東湖を処罰した（「甲辰《こうしん》の国難」）。斉昭は隠居謹慎、東湖もまた免職の上、蟄居《ちっきょ》という重いものだった。時に東湖三十九歳。幕府の役人によって、家のほぼすべての戸に釘が打たれ、明かりは窓の小さな隙間からもれてくる陽の光だけである。部屋は、八畳一間だけ。門戸は固く閉ざされ、家から出ることは許されなかった。一切他人の来訪は禁ぜられたから、語るべき友もいない。夏の日などは、過酷を極めた。蒸し風呂のごとく部屋の温度は上昇し、着物は悪臭が鼻をつくというありさま。肌がかゆくてちょっとかいてみると、爪の間にはシラミがはさまっていた。

人生の円熟期、最も油ののった働き盛りのときに、仕事もできず人との交わりもできないというのは、まさに絶望的な状況と言っていいだろう。しかし、今の自分の境遇は狭い部屋だが、「之を天祥の土室に比すれば、猶玉堂華屋のごとし。則ち塵垢の爪に盈《み》ち、蟣蝨《きしつ》の膚を侵す、未だ吾が正気を以て之に敵するに足らざるなり[41]」、と力強く『回《かい》天詩史《てんしし》』上下二巻（弘化元脱稿）の中で書いている。『回天詩史』は、この蟄居中に記された東湖の前半生の自叙伝的著作である。後に、幕末維新志士たちの愛読書、バイブルにもなっていった書である。

蟄居中、東湖はまた、「文天祥正気歌に和《わ》す」という五言七十四句の漢詩を詠っている。もちろんこれは、天祥の

「正気歌」に啓示を受けて作られたものである。東湖の言う「正気」とは、「道義の積むところ、忠孝の発するところ[442]」（原漢文）であり、彼の思想の中核をなす精神であった。

彼はその「序」の中で、

「宇宙を睥睨《へいげい》して、叨《みだり》に古人と相期する者は、蓋し天祥の歌に資るもの多し[443]」（原漢文）
（意気が高まり全世界を見下すほどの元気が出て、古の聖賢義士も何のそのと思える気概が持てるのは、文天祥の「正気歌」のおかげである）

と書いている。東湖は、天祥から生きる勇気や元気を得ていたのである。そして、さらにこの東湖の詠った詩はやがて志士たちに広まり、彼らの志操を高め愛吟されていったのだった。まさに東湖の詩もまた、天祥と同じく人の魂をゆり動かした絶唱だったと言っていいだろう。

ようやく幽閉がとかれ（一八四六）、遠慮、宅慎《たくしん》の処分をへて完全に自由の身になれたのは、四十七歳を迎えたとき（一八四九）である。実に九年という長きにわたって、自由を奪われ辛酸をなめたのだった。それから、四十八歳にして海岸防禦《かいがんぼうぎょ》御用掛《ごようがかり》となり、政界に復帰を果たすのである。東湖は五十歳（一八五五）で亡くなるが、晩年の二年間多くの志士たちから師表として仰がれ教えを乞われた。橋本左内の人物・見識を見抜き、福井藩に彼を推挙したのは東湖だった。

西郷が東湖にはじめて会見したのは、亡くなる一年前の安政元年（一八五四）。西郷は、そのときの清らかな水をあびたような爽やかな印象と感動を次のように語っている。

「東湖先生も至極丁寧成る事にて、彼の宅へ差し越し申し候と清水に浴し候塩梅にて、心中一点の雲霞なく、唯清浄なる心に相成り、帰路を忘れ候次第に御座候[444]」

　幕府の拘束がとかれた後、「天下の藤田東湖」として勇躍できたのは、わずか二、三年の期間であった。しかし、「梅は寒苦を経て清香を発す」と言う。幽閉という「寒苦」の中、文天祥に支えられ養われた東湖の「正気」は、西郷のみならず幕末の日本全土に「清香」を放ってやまなかったのである。

## 第四節　偉人の志をわが志としてなされた世界的発明—御木本幸吉と二宮尊徳

### 1　日光で二宮尊徳の話に出合う

〈世界の真珠王〉、そう呼ばれたのが、御《み》木《き》本《もと》幸吉である。真珠は洋の東西を問わず、太古の昔から宝石貴金属に匹敵する宝玉として珍重されてきた。だが、真珠は天然物に限られていた。かつてその養殖を試みた者はいたが、ことごとく失敗に終わっていた。「真珠養殖は不可能」というのが、世界の常識であった。この常識を覆し不可能を可能にし、発明王エジソン（一八四七～一九三一）をして「世界の驚異だ」と言わしめた人が、御木本幸吉だったのである。

　幸吉は安政五年（一八五八）、志摩国鳥羽町（現在の三重県鳥羽市）に生まれた。家は代々うどんを製造販売する仕事を営んでいた。父音吉も発明の才に優れ、粉ひき機械を考案して県の勧業課から奨励金を授けられたこともあった。

　幸吉の学問は、寺子屋に通い十二、三歳の頃から家業を手伝いながら、夜近くに住んでいた洋学者や旧武家の人の家に行って学んだ程度だった。それに加え、偉人の伝記や篤行者の言行録を特に好んで愛読したという。この幸吉に精神的な転機が訪れたのは、明治十一年（一八七八）二十歳のときである。たまたま東京へ行く知り合いの者に同行し、旅に出る機会を得た。幸吉は、日光にも立ち寄った。それから、日光東照宮参詣の帰途、ある漁夫と道連れになり、彼から二宮尊徳の話を聞いた。

「この辺は昔は荒れはてた野原であったが、少し前に二宮尊徳という人のお蔭で、こんなに開けた良い地所になったのだ[445]」

これを聞いて興味をもった幸吉は、漁夫に案内してもらい、今市《いまいち》の尊徳を祭る二宮神社を参拝したのだった。

### 2　尊徳の志をわが志とする

二宮尊徳とは、江戸末期の農政家である。尊徳は十四歳で母を、十六歳で父を亡くし、一家離散するという艱難に遭遇している。尊徳は、こうした困窮により、わが身やわが家は本来ないものと覚悟した。そして、人や国のためになることに勤めようと「畢生《ひっせい》の覚悟」を決めたのだった。

「むかしより人の捨ざる無き物を拾集めて民にあたへん[446]」

これが、私の志だと尊徳は言った。「人の捨ざる無き物」とは、人が捨てた物ではないが、捨てた物同然の物をいう。すなわち、それは荒廃した人の心や田畑などをさすが、まさに尊徳の一生は、それらをみごとに再生し、「民にあたへ」て、数万人の人たちを飢饉などから救う事業にささげられたと言える。彼が復興させた村は約六百ヵ村にものぼり、死後財産というほどのものは、ほとんど何も残していなかった。

幸吉は尊徳の言行録、福住正兄《ふくずみまさえ》筆記『二宮翁夜話《にのみやおうやわ》』（明治十七～二十）を読み、この尊徳の志をわが志とした。「郷里の産業を改善し、国益を増進する事業を手がけたい」と心に誓ったのである。こうして尊徳の精神は、幸吉の生涯を貫くことになった。

### 3　世界的・革命的な発明

幸吉は、やがて海産物の売買取引の事業を始めた。中でも最も深い関心を持ったのが、真珠の取引だった。そして、誰も肩を並べる者もいないほどに真珠の評価、鑑識眼を養っていった。特に志摩の海域で取れる真珠は、生産高と品質の優良さにおいて群を抜き、「伊勢真珠」として広く知られていた。真珠の需要は高まりを見せていたが、濫獲《らんかく》により数年で絶滅の憂き目を見るかもしれないと言われていたときであった。

真珠を養殖できないものか。幸吉は考え決心した。

「誰もやったことのない仕事こそ、やりがいのある仕事だ。世界の何人も成功しなかったような仕事を成し遂げるのが、日本の新事業家のはえある使命じゃあるまいか。もし、自分の研究によって、真珠の方法が見出されるなら、それこそ、まさに世界的発明で、人類文化のために、どれほど役立つかもしれない。いかに困難であろうと構わない。一身を賭《と》してやってみよう。キットやり遂げてみせる[447]」

だが、養殖化への道は、平坦ではなかった。実験は失敗を重ね、赤潮によって養殖中の真珠貝がすべて全滅するという悲運にも見舞われた。全財産を注いで行なわれていた実験が、海の藻屑と消えた。借金に追われ、親族や友人たちも、彼から離れていった。「御木本は真珠気違いだ。大山師だ」とも揶揄《やゆ》された。

そんな苦心惨憺の中で、研究と実験が辛抱強く重ねられていったのである。そうして、ついに明治二十六年（一八九三）、幸吉は開いた貝の中に、キラリと光る半円の真珠を見出したのである。「おお、できたぞ」と幸吉は歓喜の声を上げ、妻・うめの目にも涙が光っていた。真珠貝の培養を試みてから五年目、世界初の養殖真珠が誕生した瞬間であった。その十二年後の明治三十八年（一九〇五）、ついに真円真珠を完成させたのだった。幸吉四十七歳のときである。

幸吉の養殖真珠は世界的発明であり、真珠産業に革命をもたらした。そもそも真珠は天然物として産出していた。しかも、それを採取するには、大きな危険が伴った。真珠貝は、おおむね水深約三十六～五十四メートルの深い海底にあるからだ。ダイバーたちは、その厳しい水圧に耐えねばならない。それに、サメやフカからの危険にも絶えずさらされていたのだった。さらに、真珠は数千個の真珠貝の中に、わずか二、三粒しか見出せないという代物であった。それを御木本養殖真珠は、常時安定的に生産でき、その採取が女性でも容易にできる安全な仕事へと転換させていったのである。

### 4　尊徳に倣い地域の発展に貢献

幸吉は「自分もこの尊徳の如く国利民福を進める事業をしたいものだ[448]」と言っていたように、自ら私財を投じ、次のような地域の観光や資源開発に貢献している。

・明治維新後荒廃し参詣者が激減していた金剛證寺（伊勢神宮の奥の院として知られる禅寺）だったが、幸吉が堂《どう》宇《う》や参道を整備し観光開発に努めた。
・逢坂峠《おうさかとうげ》近くに湧水の出る「天の岩戸」と呼ばれる名所の参道を整備し復興させた。
・最短距離で内宮と外宮を結ぶ御幸《みゆき》道路の沿道に桜や楓《かえで》を植樹して華やかにさせ、外宮から猿田彦神社までを結ぶ御木本道路を建設した。
・伊勢志摩の景勝を保護するため、国立公園設置をめざして陳情を行ない、戦後第一号としての伊勢志摩国立公園を実現させた。

・かつて「奥志摩の秘境」と称された南島町のために、野見坂峠を越えるトンネルを開通させ、道路も整備してその発展を促進した。

・前島半島に深谷水道を開削し、太平洋と英虞湾《あごわん》を結ぶ水路を開通させた。これにより潮の流れが悪かった英虞湾は、海水温維持と赤潮発生の予防ができるようになった。これは、漁船が通行できる運河としても利用され、半島周りに比べ通行時間が二時間も短縮されることになった。

それから、明治四十二年（一九〇九）、幸吉五十一歳のときにこんな貢献も行なっている。二宮尊徳の生誕地（小田原市栢山《かやま》）が人手に渡り、開発される寸前になっていた。これを救ったのが、幸吉であった。幸吉の尽力によって、尊徳の生誕地は保全され生家が復元された。しかし、幸吉はこの事業を独占することを快しとせず、近くの小学校に働きかけ少しの寄付金を勧め、幸吉と小学校児童共同の事業として行なったのであった。幸吉の人柄と尊徳への厚き敬仰心が偲ばれる心温まる話である。

## 第五節　永遠に後世に伝えられる二人の偉人物語—ヘレン・ケラーと塙保己一

### 1　アメリカに伝えられた塙保己一の話

幼少時に高熱を出す病にかかり、眼も耳も重度の障害を負い話すことも困難になった。そんな「三重苦」を背負いながらも、教育家、社会福祉活動家として世界中の障害者福祉のために生涯を捧げた人、それがヘレン・ケラー（Helen Adams Keller：一八八〇～一九六八）だった。

ヘレンはアン・サリヴァン（Anne Sullivan：一八六六～一九三六）という家庭教師の辛抱強く献身的な教育に

よって、言葉の世界を開かせてもらった。ヘレンはそのときの感動を、「突然私は、何かしら忘れてゐたものを思ひ出すやうな、或は甦つて来ようとする思想のおののきといった一種の神秘な自覚を感じました。〔中略〕この生きた一言w-a-t-e-r《ウォーター》が、私の魂をめざまし、それに光と希望と悦びを与へ、私の魂を解放することになつたのです[449]」と後に記している。

以後ヘレンは、めざましい進歩を遂げていく。彼女とサリヴァン先生との二人三脚の勉強は続いた。二人の努力は凄まじく、当時渡米留学していた津田梅子（一八六四〜一九二九）が、それを目撃して、その印象を次のように述べている。

「文明や教育の力に驚くよりも、なお、熱心の力の恐るべきことを学ぶべきである[450]」

ヘレンの恐るべき「熱心の力」を育てたのは、彼女に母が繰り返し語った次の言葉だっただろう。

「ヘレン、日本には、幼いときに失明し、しかも点字も何もない時代に、努力して学問を積み、一流の学者になった塙保己一という人がいたのですよ。だから、あなたも今は苦しいかもしれないけど、努力をすればどんなことでも必ずできるのです。塙先生を目標にがんばってごらんなさい[451]」

ヘレンは後に、「時にはくじけそうになったこともありましたが、この母の励ましによって、現在のわたしがあるのです[452]」と述べている。彼女はこの母の言葉に励まされ、名門ラドクリフ・カレッジ（Radcliffe College：ハーバード大学の女子部）を卒業する。

ヘレンのクラスメートは、卒業アルバムに次のような詩を寄せ、彼女の努力を讃えた。

「彼女のなしとげたことの偉大さに／私たちはただ恥じ入る。／敗北を知らない彼女の／輝かしい栄冠の前に／私たちの誇りは影をひそめる。／彼女の勝利こそ、まことの勝利／より高き価によって／あがなわれたるがゆえに[453]」

塙保己一の話は、渡米した伊沢修二（一八五一～一九一七）によって伝えられたという。[454]伊沢は、電話の発明者アレクサンダー・グラハム・ベル（Alexander Graham Bell：一八四七～一九二二）と親しかった。伊沢は、当時日本で教科書編纂に携わっていた。保己一は、その教科書に掲載されている人物の一人であった。ベルは本来聴覚障害教育研究が専門で、ヘレンの最初の教師でもあった。サリヴァンは、このベルから紹介されたのであった。したがって、保己一の話は伊沢↓ベル↓ヘレン↓ヘレンの母↓ヘレンへと伝えられたのだろう。ヘレンは間接的に日本の教科書に載った保己一の話を教えられたわけである。

## 2　盲目の学者が大全集『群書類従』を編纂

塙保己一とは、江戸時代後期の国学者である。国文・国史関係の古典史料を集めた『群書類従《ぐんしょるいじゅう》』六百六十五冊（文政二）という大全集を編纂した人である。

しかし、保己一はこのように古典籍を扱う学者でありながら、致命的ともいえる大きなハンディを背負っていた。というのも、彼には、視力がほとんど備わっていなかったからである。失明したのは、彼が七歳の頃。以来鍼《はり》・按摩《あんま》や三味線・琴などの芸事で生計を立てようとするも、上達できず自殺を図ったことさえあった。

それから、「三年間だけ自分の好きなことをしてもよい」と保己一の師匠の思いやり深い計らいで、学問の道に進むことになる。以後保己一は国学を学び、めきめきと頭角を現すようになっていった。彼が主に行なった仕事は、校合《きょうごう》という作業である。原本のまま伝わっている古典籍はない。すべて写本という形で残っている。人が写したものだから、それが何冊か存在すれば、文章の中に所々省略、誤記、異記が出てくる。保己一はそれを人に読んでもらい、すべて暗記し、その異同を明らかにして校合していったのである。『群書類従』に収められている古典籍は六百六十五冊だから、保己一が暗記し校合した写本の数はその数倍に及ぶだろう。まさに常人技ではない驚異的な記憶力を発揮して、『群書類従』は完成したのであった。

### 3　「塙先生の名は永遠に」

ヘレンはこうした保己一の話を母から聞かされ、ことあるごとに思い出して自らの志を励ましていったのだろう。やがて、ヘレンは昭和十二年（一九三七）、来日を果たす。東京渋谷にある温故学会（保己一の顕彰団体）を訪れた。ヘレンはその講堂に入り、そこに保管されている保己一のブロンズ像と彼の机に触れてこう語った。

「今日、この温故学会を訪問して、先生の像に触れることができたのは、今回の日本訪問で、もっとも意義深いものでした。先生の使い古したお机と、首を少しかしげておられる先生の像に触ってみて、塙先生に対する尊敬の気持ちがいっそう強くなりました。先生のお名前は、水が流れ続けるように、永遠に後世に伝えられていくにちがいありません[455]」

『群書類従』六百六十五冊という保己一不朽の仕事とその名は、遠く太平洋を渡り、ヘレン・ケラーという世界の偉人を励まし育てた。この両者の話は、ヘレンが語ったように「永遠に後世に伝えられていくにちがい」ないだろう。

# 第六節　古人の求めたる所を求めよ—松尾芭蕉と西行

## 1　西行を敬慕し旅に出る

「古池や蛙飛びこむ水のをと[456]」

かつての貞風《ていふう》・談林風《だんりんふう》的な技法を超絶し、閑寂《かんじゃく》な境地を表現したこの画期的な句を詠んだのは、松尾芭蕉（一六四四～九四）四十三歳のときであった。山崎宗鑑《そうかん》（一四六五～一五五三）、荒木田守武《もりたけ》（一四七三～一五四九）など俳諧の達人は数多くいるが、「いにしへより名人多しといへども、はじめて俳諧の神《しん》に入たる人ハ、我が翁也[457]」と言ったのは、門人・向井去来（一六五一～一七〇四）であった。

正保《しょうほう》元年（一六四四）、伊賀国上野（現三重県伊賀市）に芭蕉は生まれた。三代将軍徳川家光の時代である。十代の末に俳諧好きだった藤堂良忠《とうどうよしただ》（一六四二～六六）に出仕し、そのお相手として俳諧に親しむようになった。だが、主君・良忠は芭蕉二十三歳のときに病歿してしまう。やがて芭蕉は主家を辞去し、兄の家の食客《しょっかく》となり日をすごした。そして、寛文十二年（一六七二）、二十九歳のときに江戸に下り、延宝五年（一六七七）三十四歳頃に俳諧の宗《そう》匠《しょう》として立ったと考えられている。その後、江戸の俳壇において芭蕉は新進の俳諧師として、注目を浴びるようになっていった。しかし、その一方で従来行なわれてきた貞門、談林俳諧は、清新さを失い凋落《ちょうらく》しかけていた。芭蕉は、俳諧の新境地の展開を迫られることになる。

「西行の庵もあらん花の庭[458]」と詠んだように、芭蕉が敬慕したのが西行（一一一八～九〇）だった。『西行物語』（西行の伝説を記した伝記、作者未詳、十三世紀半ば成立）、蓮阿『西行上人談抄』（西行晩年の生活と歌論を録した聞書、成立年未詳）、『撰集抄《せんじゅうしょう》』（西行の著作に仮託された説話集、作者未詳、十三世紀半ば頃）、『山家集』（西行の家集、成立年未詳）が芭蕉愛読の書であった。

西行は旅に生き、旅に死んだ歌人であった。芭蕉はやがて宗匠生活から退隠し、この西行の心を心とし、旅に出て風雅の心を求めることを、一生をかけた仕事にしようとしたのだった。貞享《じょうきょう》元年（一六八四）、四十一歳を迎え、芭蕉は上方へ長い旅に出る。いわゆる『野ざらし紀行』（貞享二）の旅である。この『野ざらし紀行』が、芭蕉の「西行敬慕が大爆発を起こした」[459]旅となったようである。

「野ざらしを心に風のしむ身哉《みかな》」[460]

この紀行文の巻頭句である。「野ざらし」とは、野に捨てられた髑髏《どくろ》のこと。旅の途上倒れ白骨となって横たわる自分の姿を、心に浮かべて呼んだ句だ。風狂の道を求めようとする尋常ならざる芭蕉の覚悟と決意が、秋風の冷気とともに冴え冴えと伝わってくる秀句である。ここに、人をして「漂泊の詩人」と言わしめる芭蕉の人生が始まったのだった。

## 2　歌さながらの最期をとげた〈漂泊の歌人〉

〈漂泊の歌人〉。そう呼ばれたのが、西行である。平安末期から鎌倉初期に生きた『新古今和歌集』（元久二）の代表的歌人である。俗名・藤原（佐藤）義清《のりきよ》。平将門を討ち武名を轟かせた俵藤太《たわらのとうた》こと藤原秀郷《ひでさと》（生歿年不詳、平安時代中期の武人）の後裔《こうえい》、佐藤氏の嫡男《ちゃくなん》である。武芸に練達した鳥羽院北面の武士（上皇の身辺で近侍・警衛する武官）だった。

まさにエリート街道を進み家も裕福だったが、二十三歳のときに彼は出家を決意する。これは、当時の貴族社会にも衝撃を与えた。藤原頼長は「西行は、もと兵衛尉《ひょうえのじょう》義清なり（左衛門大夫康清の子）。重代の勇士なるをもつて法皇に仕ふ。俗時より心を仏道にいれ、家富み、年若く、心、愁ひ無くして、遂に以て遁世す。人、これを嘆美す[461]」（原漢文、（　）内割注）と日記（『台記』）に記している。

出家後約五十年間、西行は諸国を行脚《あんぎゃ》して歌を詠んだ。幸田露伴は西行の歌を評して、こう述べている。

「自在不羈《ふき》、流暢《りゅうちょう》清新、時に野卑をも避けぬやうなのは西行の歌である[462]」

思うままに束縛されず、表現が滑らかでよどみなく新鮮で生き生きとしており、時に洗練されたところを感じさせないのが西行の歌である、という意味だ。露伴が言うように、同時代の歌人とは異なった色彩を放つ俳味のある歌を詠ったところに、西行の真骨頂が見出される。

「自在不羈」は、西行の和歌の表現だけでない。彼の人柄、行動にもそれが表れている、こんなエピソードがある。

文治二年（一一八六）、六十九歳のときのこと。鎌倉幕府将軍・源頼朝に乞われて兵法を講じたことがある。教えに感激した頼朝は、謝礼として銀の猫を贈った。これを、西行は帰りがけに門外で遊んでいた子供に惜しげもなく与えて去っていったという。時の天下人・頼朝に教えを求められたというのは、西行が当時第一級の人物として認められていたことの証左である。このときの西行の身の処し方は、まさに「自在不羈」であったと言えよう。

「ねがはくは花の下にて春しなん　その着更衣《きさらぎ》のもち月のころ[463]」
（桜の花の下で死にたいものだ。釈迦が入滅した二月十五日の頃に）

西行はこう詠んだごとく月の輝く花のもとで、七十三歳の生涯を閉じた。建久元年（一一九〇）二月十六日のときであった。この歌さながらの最期は、藤原俊成（一一一四〜一二〇四）、藤原定家（一一六二〜一二四一）ら都人たちを感嘆、感動させたのだった。

西行の筆と伝えられる書跡が、数多く各地に残されている。また、彼の様々な伝説が数百年をへて全国に流布《るふ》され、『西行物語』などの伝記的伝説本が生まれた。このように、西行は国民的に敬慕される人物であったのである。

### 3　旅に生き旅に死す

芭蕉は旅において、西行の歌に思いを馳せて句を詠んだ。芭蕉は『野ざらし紀行』の旅で、西行ゆかりの地を訪ねている。伊勢内宮の南方、神路山の南に西行隠棲の跡と伝えられる西行谷《さいぎょうだに》がある。その麓で芭蕉は、

「芋洗ふ女《をんな》西行ならバ哥よまむ[464]」

（あの芋洗う女たちよ、私がもし西行だったら、西行が江口《えぐち》の遊女に対したように歌を詠みかけることだろうに）

という西行を追慕した句を詠んでいる。

さらに、吉野山の奥の院の西行の草庵の跡を訪ね、

「露とくとく心みに浮世すゝがばや[465]」

（とくとくと流れ落ちるこの雫で、俗世間の塵を洗いすすいでみたいものだなあ）

と詠んだ。これは、西行作（西行の歌集に存在しない）と伝えられる

「とくとく落つる岩間の苔《こけ》清《し》水《みず》くみほすほどもなきすまひかな」（出典未詳）

という歌を踏まえ、「この旅そのものが西行追慕を目的として企てられたことを物語るごとき、つよい迫力をもつ[466]」句であると言われている。

　また西行が神宮で詠ったとされる

「何事のおはしますをばしらねどもかたじけなさに涙こぼるる[467]」

を踏まえた句を、芭蕉は参宮した（貞享五年、四十五歳）際に、

「何の木の花とハしらず匂哉[468]」

（この神域にただよう香はなんという木の花の香りか、言いようのない神秘さへと、人の心を誘い込む）

と詠んでいる。

　これは、『笈《おい》の小文《こぶみ》』（宝永六）に収められている句である。西行の「何事の…」の歌に思いを馳せ、その涙を慕い、神前にぬかずいたときの得も言われぬ宗教的心情が詠み込まれている。続いて芭蕉は、伊勢の朝熊山の近くにある神宮寺を訪ね、句を詠んでいる。これも、西行がここで歌を詠んだことに心惹かれたからであろう。

　西行は、能因《のういん》法師（生歿年未詳、十世紀末から十一世紀前半にかけての歌人）を敬仰していた。能因は、遠く陸奥《みちのく》に旅して歌を詠んだ。この能因の足跡を慕い西行自らも、同じ陸奥へ旅に赴いている。芭蕉は、「古人の跡をもとめず、古人の求めたる所を求めよ[469]」と言っているが、まさに西行が「求めたる所を求め」たように、芭蕉もまた陸奥へ

と旅に出るのである。元禄二年（一六八九）、四十六歳のとき、『奥の細道』（元禄十五）の旅である。芭蕉は旅費を工面するのに、深川の草庵を売り払っている。後に帰るべき家がないことを覚悟の上での旅であった。踏破した距離は、六百里（約二千三百五十キロ）。およそ北海道の端から九州の端までに相当する距離である。芭蕉はこの旅でも、西行ゆかりの地に立ち、彼の歌を偲んで句を詠んでいる。西行の立った地に立ち、彼が眺め詠嘆した風景を同じく眺めて感応し、古人に手向《たむ》けるように句を詠んでいる。

西行は六十代の約七年間、伊勢の二見浦《ふたみがうら》に草庵を結んでいるが、『奥の細道』の最終行に記されているのが、「蛤《はまぐり》のふたみに別行《わかれゆく》秋ぞ[470]」という句である。この句によって旅は締めくくられているが、これもおそらく西行の次の歌を踏まえての作であろう。

「いまぞしるふた見の浦のはまぐりをかひあはせとておほふなりけり[471]」

西行を慕い意識した作品で、『奥の細道』の旅は締めくくられているのである。

このように芭蕉の一生を貫いて、思慕し追求された人物が西行だったのである。門人・宝井其角《きかく》（一六六一～一七〇七）はその著『芭蕉翁終焉《おうしゅうえん》記』（元禄七）において、師の芭蕉についてこう評している。

「抑《そもそも》此翁孤独貧窮にして徳業にとめること無量なり[472]」

芭蕉は、単なる隠者ではなかった。武家出身者らしく、古武士のごとき風格をもった勇士と言ってもよかろう。これも重代の武門の家から出た西行の姿と重ねることができようか。かつて武家の西行の「求めたる所を求め」、古武士のごとき風格を芭蕉も身につけていったのだろう。

「旅に病《やん》で夢は枯野《かれの》をかけ廻《めぐ》る(473)」

元禄七年（一六九四）、旅中に芭蕉は病に倒れ、亡くなった。享年五十一。まさに旅に生き旅に死んだ西行の道を求め辿りついたというべき生涯であった。

## 第七節　僕の後ろに道は出来る―高村光太郎とオーギュスト・ロダン

「そんなにもあなたはレモンを待つてゐた／かなしくも白くあかるい死の床で／わたしの手からとつた一つのレモンを／あなたのきれいな歯ががりりと噛んだ(474)」

### 1　ロダンとの出会い、そして絶望

高村光太郎（一八八三～一九五六）作「レモン哀歌」（『智恵子抄』）の冒頭である。精神の病に倒れ、死の床でレモンを噛む妻・智恵子（一八八六～一九三八）への愛の絶唱である。光太郎は近代日本を代表する詩人であるとともに、彫刻家としても大家をなした人である。父は、明治の美術界を代表する高村光雲（一八五二～一九三四）である。

光太郎がオーギュスト・ロダン（Auguste Rodin：一八四〇～一九一七）の作品に出合ったのが、東京美術学校彫刻科卒業後研究科に在籍していたとき（二十二歳）のことである。ある雑誌に掲載されていたロダンの「考える人」を見つけ、衝撃を受けるのである。翌年に、カミーユ・モークレール（Camle Mauclair：一八七二～一九四五）『オーギュスト・ロダン』（*Auguste Rodin: The Man-His Ideas-His Works*：一九〇五）という伝記本を暗記するほどに読み、美術に向けるロダンの純粋で強靭な精神に感銘を受ける。光太郎はロダンの「最後の完遂を信じきつて仕事

に打ち込んでゆく堂々たる態度に深く教へられ[475]」「これこそ自分の歩むべき道だとその時思ひこんだ[476]」という。

そのため光太郎は、東京美術学校西洋画科に再入学する。翌年から、近代彫刻を勉強すべく、欧米に渡り三年間の留学生活を送った。「私はパリで大人になった。／〔中略〕／私はパリではじめて彫刻を悟り、／詩の真実に開眼され[477]」たと詩（「パリ」）に詠っているように、中でもパリ滞在は決定的な体験となった。パリ滞在中には、大金（百フラン）をはたいてジュディット・クラデル（Judith Cladel：一八七三〜一九五八）『オーギュスト・ロダン』（*Auguste Rodin: Pris sur la Vie*：一九〇三）を購入したりもしている。おかげで食費はなくなり塩と水だけでしのいだというが、それほどまでに光太郎のロダンへの思いは強かった。

こうして、光太郎はロダンを通して西洋彫刻の神髄に触れた。そして、日本彫刻との違いに愕然とし、絶望に近い感覚を味わう。「ロダンの彫刻にあるやうな、あのやうな熱烈な一体性が得られない。〔中略〕何か到底のり超えられないものがモデルと自分との間にあるやうなオブセツシヨンにとりつかれて、神経衰弱のやうにさへな[478]」ると苦悩するのである。

## 2　孤高の天才彫刻家

神の手を持つ男、西洋彫刻の革命家と称されるロダン。まさに動き出しそうに見えるのが、ロダンの彫刻である。「青銅時代」「考える人」「カレーの市民」など、数々の名作を世に送り出した。それまで装飾品になりさがっていた彫刻を、ひとつの自立した芸術として復活させる大きな原動力となった功績は大きい。

しかし、少年期のロダンは、なんとも冴えなかった。十三歳になっても読み書きの勉強がなかなかできず、教師を失望させた。寄宿舎のある学校を経営しロダンを預かっていた彼の叔父は、手の打ちようがないと考え、この劣等生を親元に帰している。そんなロダンではあったが、得意なことはデッサンだった。父はやるだけやってみろと、彼をパリの無料の絵画学校に通わせる。この学校でロダンは粘土、つまり彫刻との衝撃的な出合いを果たす。

「私ははじめて粘土を見た。私は天にも昇る心地がした。私は各部の断片をつくった。腕、顔、足……それから像全体にむかった。私は一挙に全体を理解した。私は今日と同じようにたやすくそれをつくった。私は無我夢中になった[479]」

この出合いによって、ロダンは彫刻家を志すことになるのである。以後、運動場のすみで黙然と過ごすようなロダンは、もうそこにはいなかった。黙々とデッサンを描き、毎夜学校外の美術講義にも遠路歩いて聴講に出向き、帰宅後も描いた。三年間の絵画学校での勉強を終え、官立美術学校へ進学しようと三度受験するも失敗。三度目の不合格は、受験資格を失うという規則があった。だが、ロダンはあきらめなかった。それから約二十年間、町の装飾彫刻や鋳型工の仕事を続けながら、隙間風がヒューヒューと音を立てる馬小屋をアトリエにして、彫刻の修行を積んでいった。冬の寒さで、粘土が凍るという劣悪な環境下でも。

ロダンは常に師匠の教えや古代ギリシア・ローマの作品を尊重し、その精神を継承しようと努めた。ロダンの彫刻が革命的であるのは、そうした伝統と近代的個性をみごとに調和させた天才的創造力によるものなのだろう。しかし、当初ロダンの作品はまったく相手にされず、誰も認めてくれなかった。鳴かず飛ばずの十数年にわたる下積み生活をへて、三十八歳のときに傑作「青銅時代」を世に送った。ところが、革新的で並外れた技術によってつくられたその作品は、展覧会で「実物から型どられたのではないか」という彫刻家にとっては、不名誉極まりない誤解を受けたこともあった。

「私は五十歳まで、貧乏がもたらすありとあらゆる苦労を味わった」とロダンは言う[480]。作品に対する賞賛と非難が交錯する中、ロダンは一歩も妥協を許さず一途に真実を求め、愛情をこめてひたすら仕事に打ち込んだ。自らの運命を受け入れ、質素な暮らしを送り、世界的名声に輝く巨匠となったのは、六十歳を超えてからのことだった。そうなってからも、貧しかった頃と同じ作業を毎日亡くなるまで繰り返したのだった。

## 3　美と真の人生を追究した生涯

三年半の海外留学を終え光太郎は帰朝するが、彼には日本彫刻は卑小に見えた。光太郎は勧められた東京美術学校の教授職を断り、作品も発表しないという精神的な危機に直面していた。この危機を救ったのが、女流画家・長沼智恵子との出会いであった。後に妻となる智恵子である。智恵子は熱烈に光太郎の芸術論を支持し、光太郎は彼女の純愛によって自分は救われたと語っている。

三十一歳のとき処女詩集『道程』（大正三）を出版し、詩壇に大きな衝撃を与えた。

「僕の前に道はない／僕の後ろに道は出来る／ああ、自然よ／父よ／僕を一人立ちにさせた広大な父よ／僕から目を離さないで守る事をせよ／常に父の気魄《きはく》を僕に充たせよ／この遠い道程のため／この遠い道程のため[481]」

私の求める芸術の道は、私の前には開かれていない、私自身がその道をつくるのだという決意表明を行なったとも言える詩である。「父よ」と呼んでいるのは、ロダンのことであろう。そして、その「遠い道程」を行くために、精神的父ともいえるロダンに自分を見守り、その「気魄」を与え充たしてほしいと呼びかけ求めているのである。『道程』を光太郎が刊行した頃、彼はロダン関係の論文や著作を翻訳する仕事を行なっている。この仕事を通して光太郎は、ロダンの芸術観や人生観、芸術家としてのあり方を学び、自身ロダンに関する文章を数多く書きあげている。

ロダンが古典を尊重し、伝統文化を再評価していったように、光太郎も古典と日本固有の伝統文化に立ち帰り、日本独自の近代彫刻を打ち立てていく決意をしていくのであった。光太郎は四十代から五十代半ばにかけて、「彫刻の面白味」（明治四十三）「彫刻鑑賞の第一歩」（大正九）「彫塑総論」（同十五）「彫刻十個條」（同）など次々と彫刻論を発表し、日本の伝統彫刻である木彫に取り組み、数々の名品を生み出していった。

光太郎は最晩年に渾身《こんしん》の力を傾け、喀血しながらも妻智恵子の像を彫った。「生涯最大にして最後の大作」と言われる「乙女の像」である。この大作完成直後に、光太郎は肺結核を発病させ亡くなっている。あたかも自らの余命を、彫り上げた像に吹き込んだかのように。

光太郎の生涯を評して、室生犀星《むろうさいせい》（一八八九～一九六二）はこう書いている。

「光太郎の死は巨星堕つといふことばどほりのものを、私に感じさせた[482]」「高村の生きたあとの苦楚《くそ》や悲しみを見ると、聖人といふことばがはじめてその顔をちらりと見せたことに気づく[483]」

富や名声に背を向け、「首を切られても私は彫刻の彫刻たる所以《ゆえん》を持する[484]」とひたすら美と真の人生を追究した光太郎の生き方は、まさに「巨星」そのものであり、「聖人」と呼ばれるにふさわしい生き方をした人であったと言えまいか。

## 第八節　風に立つライオンたち—柴田紘一郎とアルベルト・シュバイツァー

### 1　シュバイツァーに憧れケニアへ

「僕はよどみない生命《いのち》を生きたい／キリマンジャロの白い雪　それを支える紺碧の空／僕は風に向かって立つライオンでありたい／くれぐれもみなさんによろしく伝えて下さい／最後になりましたが　あなたの幸福《しあわせ》を／心から遠くから　いつも祈っています／おめでとう　さよなら[485]」

さだまさし作詞作曲「風に立つライオン」の最終部である。恋人を日本に残し、アフリカに旅立った青年医師。しかし、故郷の恋人は距離と時間に抗し切れず、待つことはできなかった。その恋人に宛てた手紙の最後の「おめでとう　さよなら」の哀調を帯びた「僕」の言葉は、なんとも切なく響いてくる。

この歌は、かつてケニアのナクールで医療活動に尽くした日本人医師、柴田紘一郎がモデルになっている。柴田は、肺がん治療の権威として知られる名医である。宮崎県立日南病院長をへて現在介護老人保健施設・サンヒルきよたけ施設長を務めている。

「私がアフリカに興味を持った原点は、優しいシュバイツァーという人間像でした[486]」

柴田がこう語っているように、彼は少年の頃『アフリカの父』というアルベルト・シュバイツァー（Albert Schweitzer：一八七五〜一九六五）の伝記を読んだ。「世の中にはこんなに偉い人がいるのか」と感動し、医者になろうと志したのだった[487]。彼をナクールへ赴かせたもの、それはシュバイツァーの生き方への憧憬だったのである。

柴田は当初長崎大学病院外科に勤務していたが、海外技術協力の医療専門家募集に応じケニアに赴いたのだった。現地では、手術ばかりの毎日が続く。しかし、早期発見など皆無だったという。手術室には、砂漠の砂塵《さじん》が入ってくる、医療機器も満足にそろわない。そんな状況の中で、柴田はあらゆる種類の手術をこなしていった。

あるとき、ＮＢＣ長崎放送のプロデューサーが、アフリカで活躍する柴田を取材に行ったことがあった。彼が待ち合わせ場所で待っていると、何人かの黒人看護師たちの一団が近づいてくる。彼女たちの笑い声も聞こえてくる。ふと見ると、その看護師たちの真ん中に柴田がいた。陽気に話しかけ、彼女たちを笑わせていたのだった。「こんな医師が日本にもいたのか」とプロデューサーは驚いた。

「もうすんごい素敵なお医者と出会った」

プロデューサーは、気さくで明るい柴田にすっかり魅了された。柴田が帰国したとき、プロデューサーはさだまさしの父親を紹介したのだった。これが機縁となり、さだは柴田と出会い、後に冒頭の名曲「風に立つライオン」が誕生するのである。

柴田には、気負いもなければ驕りもない。常に彼は謙虚だ。柴田は言う。

「僕がね、『風に立つライオン』で一番好きなのはね、『診療所に来る人々は病気だけれど／少なくとも心は僕より健康なのですよ』というところですね。彼らによって、本当に助けられたということです。今でもそうです。支えてくれているのは患者さんですよ」「我々にいろんなことを教えてくれるのは患者さんなんですよ[488]」

謙虚さというのは、「自ら反省し独りを慎み、人を恨まず人を軽蔑せず、人を手本として善をなす徳」（『孟子』）なのだそうだが、「支えてくれているのは患者さんです」と言う柴田の生き方の姿勢は、シュバイツァーから学んだものだったのではないだろうか。というのも、シュバイツァーは、一生を通じて謙虚な人だったからである。

### 2　世の苦悩なくすために生涯をささげる

人はシュバイツァーを〈現代の聖者〉〈偉人の中の偉人〉と呼ぶ[489]。二十世紀最大の天才物理学者アルベルト・アインシュタイン（Albert Einstein：一八七九～一九五五）は、彼を賛嘆してこう叫んだ。

「われわれの悲しい世界に一人の偉大な人物が生きている！[490]」

このアインシュタインの言葉どおり、シュバイツァーはまさに「悲しい世界」に一条の光を放つ一生を送った人、と言っていいだろう。二十一歳のとき、シュバイツァーの心の中に、こんな言葉が聞こえてきた。

「お前は幸福を知らぬ人々への奉仕によって償いをしなければならない」

これによって、彼はイエス・キリストに倣い、三十歳になったときに神と人類のために奉仕しようと決意したのだった。[491] 三十歳のシュバイツァーは、すでに大学での学者生活を保証され、絶大な評価をも得ていた。また、音楽家、宗教家、著作家としても名声を博しつつあった。しかし、彼はそうした職や名声を投げうち、九年前の決意を敢行する。「暗黒大陸」と呼ばれたアフリカでの医療活動をめざして、医学を学ぶために再び学生となるのであった。

これを知った友人の中には、彼を「狂信家」と呼ぶ者さえいた。シュバイツァーは当時神学博士だったから、「なぜ伝道師としてアフリカへ行こうとしないのか、どうして医者なのだ！」と人々は彼の行動を訝《いぶか》った。だが、シュバイツァーは、「キリストの愛を語るだけでは不十分だ。それを行為に移さなければならない」と考え、医師の道を選んだのだった。医師になるための勉強を七年間続け、アフリカで必要となる熱帯医学の研究も行なった。

当時アフリカは、ヨーロッパの奴隷商人たちによって荒廃し、黒人の多くが苦しめられていた。「私の生涯をかけて、この苦痛から彼らを救いたい。ヨーロッパ人の所業の罪の償いをしたい」という思いを胸に、彼はアフリカに渡ったのだった。このとき彼は三十八歳、以後五十年間黒人たちの病気治療にあたることになる。

シュバイツァーは、アフリカの熱帯ジャングルの中に病院を建てた。政府や私立財団の援助なしで。アフリカの原住民たちが、治療を受けに続々とやってくる。全身膿腫《のうしゅ》だらけの子供、ハンセン病患者、マラリア、赤痢患者、中には死にかけの人たちも運び込まれることがあった。夜を徹して患者につき添うということも、しばしばあった。患者が亡くなったときは、常に自分の一部を失うように苦しんだ。シュバイツァーは九十歳で亡くなるまで、ここで二万回近い手術を行なった。

シュバイツァーは、世界は根本的に不幸であると確信し、「世の中は苦悩でいっぱいなのだ」と語っていた。彼の後半生は、この苦悩をなくすためにささげられた生涯であったと言っていいだろう。

### 3　四十歳の医科大受験生を勇気づけたライオン

青森県の病院で精神科医として働く木村勤医師は、柴田の教え子である。木村は、たいへんユニークな経歴の持ち主である。木村は医師になる前、小学校の教師であった。十七年間勤めあげ、四十歳を目前にして医師を目指したのである。木村も実は小学生の頃にシュバイツァーの伝記を読み、医師を夢みたのだった。高校生のとき、医学部を受験するも失敗。しかし、三十八歳のときに一念発起して、教師の仕事の傍ら医学部受験の勉強を開始した。シュバイツァーが、三十歳で医学の勉強を始めたように。

受験勉強中、木村を励まし勇気づけたのが、さだの歌「風に立つライオン」だった。「勉強がイヤになったときとかにこの歌を聞くと、やる気が新たに湧いてきました[492]」と木村は言う。こうして、木村は三年間の受験勉強で、みごと宮崎医科大学に合格する。そこには歌のモデルになっていた柴田が、教官として勤務していたのだった。まるでドラマのような話である。木村は、柴田についてこう述べている。

「柴田先生は、患者にも学生にも同じ研究室の後輩にも、誰に対しても常に謙虚な態度で接せられるんです。決しておごり高ぶることがない[493]」

「支えてくれているのは患者さんですよ」と言う先の柴田の言葉が本物であるということが、この木村の言葉から知ることができる。真に強い人は、「決しておごり高ぶることがない」人なのだろう。

柴田は高校生のとき、不登校生徒だったという[494]。彼も決して最初から、〈ライオン〉ではなかったのだ。だが、彼をやがて雄々しく風に立つライオンに育てていったのは、他でもない彼の心の中のシュバイツァーというライオンだったのである。柴田をモデルにした「風に立つライオン」は、今も医師をめざす青少年や様々な地域の医療支援活動に従事する医師たちを励まし応援している。そして、第二、第三の「風に立つライオン」たちが、各地で雄々しく活躍しているのである。

## むすび

筆者は中学校在職中、道徳の授業づくりに苦慮していた。そうした中で、人物伝教材を自ら作成し実践してみて分かったことだが、結論として言えることは、本章で偉人に学び偉人になった人たちがいたように、人物伝教材には力がある、ということである。人物伝教材を主に用いて道徳授業を年間通して行なったことがあったが、その最終授業時に書いてもらった生徒の感想文に以下のようなものがあった。

「私はこれまでの授業全部がとても勉強になり、昔の人たちはこんなのだったとか分かって、すごく毎回楽しんできました。自分の思ったことと授業の人物の思ったことが同じだったとき、『ああ、昔の人も私たちが思うようなことを思っていたのだ』と共感する部分が何度もあり、びっくりしました。偉人の話を聞いて、『自分もこの人のような生き方をしたい』とかいうふうに、自分と照らしあわせることができたというのも、私にとって、とてもよかったと思いました。どの授業もとても楽しくて、ものすごく学ぶことができました。本当にありがとうございました[495]」

「この授業を受けて、古人の人間のすばらしさというものがわかった気がします。今の僕に必要なことがあったり、かっこいいとか、すごいなどと思ったりしたことがありました。僕はずっと社会の教科書にのっている人だけが、すごいことをして有名になったんだと思っていました。でも、たぶん自分が知らないだけだったと思うけど、こんな人たちもいたんだと、すごく自分の為になりました。もっといろんな人の話を学びたかったけど、今日で最後だから残念に思います[496]」

道徳の授業で生徒から「ありがとうございました」という言葉をもらったのは余り経験のないことで嬉しくもあったし、またこれによって人物伝教材の力を実感した次第でもあった。

アメリカの思想家・詩人であるラルフ・ウォルドー・エマソンは言う。

「偉人の存在があればこそ、私たちの人生も光に満ち、真に豊かなものとなるのです。偉人たちの後光によって照らされた世界であればこそ、苦渋の人生行路もまた味わい深くなり、せちがらい世も生きやすくなるのです。／彼らは、私たちが、しっかりと足もとを見ながら生きていけるように、理想のカンテラを灯し続け、夜道を照らしてくれているのです。／この偉人たちの後を追うことこそ、まさしく青年の夢でしょう[497]」

教師の誰もが、子供たちにすばらしい「夢」を持ってもらいたい、と願っているはずである。そのためにも、子供たちに「理想のカンテラを灯し続け、夜道を照らしてくれ」る人物伝教材を活用した道徳教育を、多くの教育者に実践してもらいたいと切望するのである。

# 第四章　人物伝教育を推進する学校

## はしがき

### 1　定着しなかった「国民実践要領」と「期待される人間像」

昭和三十三年（一九五八）に道徳の時間が特設されてから、もう六十年以上になる。半世紀過ぎているにもかかわらず、学校における道徳教育は、現在においても低調である。その原因の最たるものは、道徳教育の基本理念の確立という本質的な課題が、未だに解決されていないということがあげられるのではないか。

戦前には教育勅語があったが、学校教育において今はもうそれは存在しないのに等しい。戦後道徳教育はその基本理念を欠いたまま、とりあえず行なわれてきたということだ。もともと宗教的教養の脆弱なわが国は、欧米社会のようなキリスト教をベースとする倫理基盤が希薄である。殊に江戸時代に醸成された儒教的倫理基盤が揺らいだ明治以降、それは徳育論争に象徴されるように道徳教育の混迷状況を出来《しゅったい》させた。そこで、それを克服すべく先人たちが英知を絞り生み出したのが教育勅語であった。

だが、教育勅語は、ＧＨＱの圧力により衆参両院で排除・失効決議がなされた[498]ことで、事実上教育界から葬り去られてしまった。したがって、戦後日本人は道徳教育の基本理念を失ったまま新たな教育制度のもと船出した。そうした中で、基本理念の必要性を唱え、その確立に向けて尽力したのが天野貞祐《ていゆう》（一八八四～一九八〇）文部大臣であった。天野は昭和二十六年（一九五一）に、文部大臣名で「国民実践要領」（以下「要領」）を出し、道徳教育の基本理念を示そうとした。この「要領」をめぐっては国会でも論議されたが、結局大臣名で発表することはできず、同二十八年（一九五三）、天野の個人的著作として刊行されるにとどまった。その後、「要領」の内容を踏襲した「期待される人間像」が同四十一年（一九六六）、中央教育審議会から公表され、後の学習指導要領に影響を与えていったが、これも教育界に周知され定着することはなかった。

## 2　基本理念たりうる三条件

確かに学習指導要領には、道徳教育の内容（道徳的価値）が示されている。けれども、それは国民の基本理念（共通の価値）にはなり得ていない。国民のほとんどが、その記述内容を知らないし教師でさえ把握している者は少ないだろう。それは、少なくとも次の三つの条件がそろっていないからである。

①示されている基本理念が共有されていること。
②基本理念に対する尊重の念が持たれていること。
③基本的理念が一貫して継承されていること。

以上三つの条件がそろって、道徳教育の基本理念は理念たり得るし、これが基盤にあってはじめて道徳教育が実効あるものになっていくのである。

筆者はこれまで郷土の先人の教えや伝記を使って学校一丸となり地域とともに道徳教育を推進している学校を調査してきた。そして、そうした実践から見出したのは、それら小中学校の基本理念に上記①から③の条件が備わっているということだった。つまり、先人の生き方、教えから基本理念を抽出して作成し、それをもとに道徳教育を粘り強く行ない、成果をあげてきているのである。郷土の偉人に地域の人々は誇りを持ち、その生き方や教えに崇敬の念を持っている。したがって、それを基本理念にした道徳教育は、学校はもちろんのこと家庭、地域にも理解認識されて一体となって行なうことが可能になっているのである。

本章で紹介する学校の教育実践は、それを具体的に示している好例と言えるだろう。「国民実践要領」や「期待される人間像」は、国民的な道徳教育の基本理念にはなり得なかった。しかし、郷土の偉人の生き方や教えを活かし、それを基本理念にすえ道徳教育を推進していくことは、どの地域や学校においても充分可能であろう。なぜなら、日本は世界一長い歴史伝統に恵まれた国だからだ。全国各地にそういう人物や教えが存在していると思う。まだ埋もれて活用されていないということなら、発掘していけばよいのだ。現に平成十四年に会津若松市で策定された「青少年の心を育てる市民行動プラン〈あいづっこ宣言〉」は、宗像精（元教育長）の発案で生み出されたものである。[499]「あいづっこ宣言」は、江戸時代会津藩で藩士としての心構えを定めた「什の掟」に基づいて作成されたものである。「什の掟」は今でこそ、中学校用『私たちの道徳』（二四六頁）や社会科歴史教科書に紹介されるなど、会津若松市民をはじめとして全国的に知られるようになっているが、「あいづっこ宣言」の元になったものとして取り上げられるまでは、市民にもあまり周知されていたものではなかった。しかし現在、「什の掟」や「あいづっこ宣言」は会津若松の誇れる伝統的な教えとして、市民たちから尊重されているのである。

本章では、小学校三校、中学校一校、保育園一園、そして、これは学校ではないが、偉人伝教育の講師を派遣するというユニークな事業を展開する株式会社を紹介した。郷土の先人の生き方や教えを活かし、それによって学校・家庭・地域が三位一体となって推進する特色ある道徳教育を考える上で、これらの学校は多くの示唆を与えてくれるだろう。

# 第一節　毎朝校舎に響く賀茂真淵の教え―静岡県浜松市立県居小学校〈平成二十三年調査〉

## 1　徳育用教材として刊行されてきた『県居読本』

ＪＲ浜松駅から西へ徒歩十五分ほどのところ、国道二五七号沿いに浜松市立県居《あがたい》小学校（以下「県居小」）がある。浜松市中区という市街区のやや南西に位置し、ドーナツ化現象で人口は減少してきている地域である。全校児童数は、二百六十名ほどの小規模校である。創立は、大正九年（一九二〇）。ここは賀茂真淵生誕の地であり、県居小の校名「県居」は真淵の別号に由来している。賀茂真淵は、江戸中期の国学者である。主に『万葉集』を研究し、本居宣長の生涯の師としても知られる。戦前の国定国語教科書や修身教科書に載った「松阪の一夜」は、真淵と宣長の一夜限りの感動的な出会いを描いた話（第二章第三節参照）として広く知られている。

県居小の真淵に対する思い入れは、戦前の頃から深く強いものがあった。それを象徴するのが、『県居読本』である。『県居読本』は、真淵の略伝を記した伝記教材である。真淵の生き方や教えを、子供に伝えられるように物語風の内容になっている。初版は、昭和十一年（一九三六）。県居小の前身・浜松縣居尋常小学校から発行された。児童の徳育用の冊子として編纂され、戦後も改訂されて今も道徳の時間に教えられている。

行安茂は、道徳教育において「先人の伝記」を取り上げる場合「教師はその属している学校の地域社会で活躍した先人を発掘し、その伝記を作成することが題材開発の第一歩である[500]」と言っている。さらにその自作教材開発によって「教師や子どもが学ぶものはあまりにも大きい。この学習によって教師や子どもは地域の人々との交流ができ、保護者からも注目される[501]」と述べていることは、県居小をはじめとして後述する学校において典型的に実践されていることである。

## 2　道徳教育の基本理念としての「県居の心」

県居小では、この『県居読本』をもとに道徳教育の基本理念がつくられている。名づけて、「県居の心」という。「県居の心」は「学ぶ心」「愛する心」「師弟の心」の三つの要素を含む理念となっており、具体的な内容は以下の通りである。

【県居の心】

学ぶ心

・生き方：真淵は、言葉を大切にした研究を進め、また、生涯研究を続けました。
・教　え：「学問の研究の土台を作り、一歩一歩高くのぼり目的に達するようにしなさい。」と語りました。
・強い心：真淵は、一度決めたことは、どんな困難なことがあろうともやり遂げる強い心の持ち主でした。
・道徳心：「人に自慢したり偉ぶったりしてはいけない。自らこつこつ努力すれば、自然と認められるものである。」と弟子に語りました。

愛する心

・郷土愛：郷土や親を慕う気持ちを込めた歌をたくさん詠みました。
・伝統文化：万葉集の歌の研究から、古代の日本人の生活や考え方をとらえました。
・表　現：「和歌で一番大切なものは、人間として心に感じたことを素直に表すことである。」と述べています。
・勤　労：真淵は、農村の静かな生活や働く人々に強く心を動かされ、人間の本当の姿を働くことに見いだされたのです。

・励まし：真淵は、宣長に「しっかり努力なさったら、きっとこの研究をやり遂げることができましょう。ただ注意しなければならないのは、順序正しく進むということです。」と語りました。

師弟の心
- ・希　望：深く感動した宣長は、未来の希望に胸を躍らせながら、さびしい夜の道を帰りました。
- ・真　理：門人には「深い研究を積み重ねて、恩師の意見や考え方と違いが生じても、おそれることなく研究に打ち込みなさい。」と諭しました。

県居小教育の強みは、昭和五十九年（一九七七）に「県居の心」が策定されてから現在に至るまで、一貫した理念によって教育がなされてきたところにある。筆者のヒアリングに応じた教頭が「『県居の心』によって教員が自信をもって、ブレない指導ができる。それがありがたいことだ」と語っていたのが印象的であった。

そう言えば、百年、二百年と商売を営んでいる老舗と呼ばれる会社や企業の多くに共通するのが、家訓が代々伝えられている、ということである。家訓には、正直に取引をすることや質素倹約、お客への奉仕、地域貢献などの道徳的教訓が多く記されている[502]。こうした教訓を子孫代々伝えて、それを守り周囲からの信頼を得てきたことが永続的な商売の基盤となってきたわけである。永続的で安定した教育活動もこれと同様、その教育の基盤となる基本理念が必要なのだろう。

### 3　真淵の和歌の朗誦と和歌づくり

県居小では、「県居の心」を培う教育実践として、毎朝全校児童が真淵の和歌の「朗誦」を行なっている。これは、平成元年（一九八九）から始められ現在に至っている活動である。同二十一年（二〇〇九）には、その優れた業績が認められ、「第四十一回中日教育賞」を受賞している。

朗誦する和歌は、真淵の歌の中から選ばれる。子供たちが順番に一人リード役を務め、そのリードにしたがって他の子供たちが声を合わせて朗誦する。二ヵ月ごとに朗誦する和歌が替わる。新しい歌が暗唱できた児童は、校長室で校長から直々に朗誦指導を受ける。合格した児童は、校長室の壁の表にシールが貼られ、校長から「ミニ賞状」がもらえることになっている。特別支援学級の児童は意欲的で、全校児童に先駆けて校長室にやって来るという。これも、県居小ならではの教育の成果であろう。

　この「朗誦」の教育的効果は大きい。県居小は「長縄八の字跳び」というスポーツ競技で、全国的に知られている学校でもある。NHK主催の大会で三年連続（平成二十二～二十四年度）優勝を果たしている。校長によれば、かつて大会当日の練習で、こんなことがあったそうだ。

　その日は、子供たちの調子があがらなかった。何度も縄にひっかかった。そこで、このとき子供たちを集めて担任教師が発した言葉が、「朝の朗誦をやろう」だった。

「飛騨たくみ　ほめてつくれる　真木柱《まきばしら》　たてし心は　動かざらまし」

　この歌は校長室にも掲げられ、一度心に決めたことは何があろうともやりとげる真淵の強い心を表した歌として、県居小で重んじられてきている歌の一つだ。子供たちは円陣を組んで、「飛騨たくみ～」と声を響かせ皆の心を一つにしていった。

「長縄八の字跳び」は、一分間に競技者が八の字を描きながら、次ぎ次ぎと縄の中に入り跳んでは抜けていくという競技である。一回でも引っかかれば、優勝はまず不可能だ。県居小は三年連続ノーミスで優勝し、一分間で五百回以上を跳んだ。この「長縄八の字跳び」は体力もさることながら、集中力が何よりも要求される競技なのである。

　川島隆太の研究によれば、最も脳を活性化する学習作業は音読であり、音読には脳のウォーミングアップ効果があることが明らかにされている。[503] 朗誦（覚えたことを声に出して言うこと）は音読（本を声に出して読むこと）には及ばないものの、脳の活性化には効果がある。競技前に、気持ちを落ち着かせ集中力を高め、全員の心を一つにするのに「朗誦」作戦は最適であり、また理にかなった脳活性化方法だったとも言えるだろう。

県居小では、和歌の朗誦にとどまらず、和歌づくりにも取り組んでいる。これは平成十年（一九九八）から始められ、現在は毎月一回十五分間の「きらめきタイム」という時間を設け、全児童が生活の中の思い（季節の変化、感動体験など）を和歌にするという活動を行なっている。日々のこうした教育活動によって、子供たちは着実に力をつけてきている。短歌コンクールで大賞、優秀賞、入賞というように、四人の県居小の児童が受賞しているのである。ちなみに大賞（受賞者は一名のみ）を受賞した児童（小六）の歌は次の通りである。

「運動場　最後のふえの音　鳴りひびく　退場しても　心の中で[504]」

総合的な学習の時間にも、六年生が「賀茂真淵の素晴らしさを知ろう」（平成二十三年度）というテーマで真淵の生き方を学んでいる。次に掲げる感想の一部と和歌は、六年生の子供たち（四十八名、平成二十二年度卒業）が学習後に書いたものである。

（感想）

「私は、このような素晴らしい学校を卒業できることを**誇り**に思います」

「僕は、県居小を**誇り**に思っています」

「真淵翁から頂いた『県居』という名を**誇り**に思います」

「真淵翁のゆかりのある県居小を**誇らしく**思います」

（和歌）

「和歌詠んで勉学励み真淵翁県居小の**誇り**の偉人」

「和歌集をたくさん研究し続けた県居の**誇り**浜松の偉人」

「真淵から教わったこと大切に**誇り**に思う一つの存在」
「和歌づくり作り続けて千首以上県居小の**誇り**となった」
「県居の**誇り**となった真淵翁和歌の歴史はまだまだ続く」

（太字引用者）

子供たちは、太字で示したように「誇り」という言葉を感想文や和歌に多く残している。近年わが国の子供たちは国際的に見て、自己に誇りや自信を持てないと答える比率が高いといわれている。[505] しかし、この県居小の子供たちの中には「自分はダメな人間だと思う」児童は、一人としていないのではないだろうか。

「逆境を乗り越えてきた国学者そんな心に僕はなりたい」
「くじけない強い心をもっていた真淵翁こそ生涯の師」

「県居の心」を学んで巣立つ子供たちは、この歌のように「逆境」に「くじけない」自信と誇りを持った人として育っていくのだろう。

県居小は平成二十四年（二〇一二）、こうした道徳教育の実績が認められ、文部科学大臣奨励賞・最優秀賞（財団法人・総合初等教育研究所主催「道徳と特別活動の教育研究賞」）を受賞した。もちろん最優秀賞に輝いたのは県居小一校のみである。

### 4　浜松市民が作成した『賀茂真淵先生』

「県居の心」を基本理念にすえた教育は学校だけにとどまらず、地域に広がりをみせている。県居小の校区には、

「伊場《いば》文化愛護の会」（以下「愛護の会」）が存在する。「愛護の会」は、県居小ＰＴＡのＯＢを母体にした団体である。そして、愛護の会の下部組織として「東伊場壮年会」「東伊場老人会寿会」（以下「老人会」）がある。地域を愛する活動を行ない、その収益は県居小に寄付されている。「老人会」は定期的に新聞も発行し、その中には「賀茂真淵コーナー」という欄が設けられ、大人たちも真淵の教えや生き方に学ぼうとしているのである。生涯学習を通して真淵に学び研鑽を深めていこうとする大人たちの姿勢は、子供たちにとってよき見本になっていることだろう。

ＰＴＡのＯＢ会が存在し、しかも新聞を発行するといった文化的な活動を行なっているのは、全国的にみても珍しいのではないだろうか。県居小保護者たちの結束が固く、また学校や真淵に対して誇りや愛着心を強く持っている証とも言えるだろう。「愛護の会」は、毎年真淵の命日の前後の日曜日に、「真淵祭」を主催している。平成二十四年で第三十一回を迎えたから、三十年以上にわたって「真淵祭」が行なわれていることになる。県居小近くの賀茂真淵顕彰碑のある小公園で、小学校の教師・子供たちも参加し、真淵の和歌や自作の和歌の朗誦、合唱、管楽演奏などを行ない真淵の御魂を祭っている。また、学校の総合的な学習の時間に地区の歴史学習をする際（平成二十三年度）、「老人会」の会長が真淵の祭られる県居神社や遺跡などに児童たちを案内したり、説明したりしている。子供たちは、地域の人たちと触れ合いながら、郷土の歴史的文化遺産を直接見て触れてというように、五感を通じて郷土の学習ができているのである。

こうした地域の学校への支援と協力、響き合いは、最近新たな展開を見せている。それがマンガ冊子『賀茂真淵先生』である。これは、歴史研究グループ「遠州国学セミナー」事務局長の江川邦彦らが中心になって企画し、賀茂真淵先生編集委員会（平成二十三年発足）によって作成されたものである。この企画は、市による地域づくりの助成事業に採用され、「浜松市制百周年記念事業」を後援に、Ａ四判五〇頁、一万二千部が平成二十四年（二〇一二）三月に発行された。冊子の執筆・マンガは江川の妻・直美が手がけた。一コマの絵を描くのに、丸一日を費やしたというシーンもあったそうだ。また、江川も時代考証のために本居宣長記念館（三重県松阪市）へ直接足を運んだというほど、念を入れて作成されている作品である。江川夫妻は、教育関係者ではない。しかし、そうした人たちが中心になり、真淵の生き方や教えを分かりやすく子供たちに伝えたいという思いから、本業の傍ら冊子づくりに尽力したのである。浜松市民の教育にかける熱意が、伝わってくるではないか。

筆者が県居小を訪ねていたときに、ちょうど江川が学校にマンガ冊子のゲラを持ってきて校長らと打ち合わせを行なっていた。このように地域の人たちと学校の教員が手を携えて道徳教育の教材作りを行なっている姿は、本来の道徳教育とは何かということを改めて考えさせてくれた。

「県居小の教育は『県居の心』が縦糸になり、地域の方たちのこうしたご支援・ご協力が横糸になって織り成されています。朝地域のご老人に出会いますと、『今日の朗誦は事の他よいできでしたな』などとおっしゃってくれたりします。これが県居小の教育の特徴であり、強みでもあるのです」

と穏やかに語った校長の言葉が、今も強く心に残っている。

## 第二節　橋本左内の生き方に倣い〈立志〉を教える――福井県福井市明道中学校〈平成二十三年調査〉

### 1　基本理念に掲げる『啓発録』の五訓

全国学力テストで、毎年上位に入るのが福井県である。少年の非行率も全国的に低いというのも、福井の特徴である。学力が高く少年の問題行動が少ない福井は、他の都道府県と何が違うのか。訪れた福井市明道中学校（以下「明道中」）の校長は、謙遜気味にこう答えてくれた。

「チャイムが鳴れば、授業がすぐに始められる。当たり前のことが当たり前にできる。学力が高いということで、県外から視察に来られるが、何か特別なことをしているわけじゃないんです」

授業中の校舎の中を、校長に案内して頂いた。教室内の壁には防音設備がしっかりと施されているのではないかと疑うほど、廊下は静寂さを保っていた。校長と先ず入ったのが、特別支援教室。五名ほどの生徒が、漢字の書き取り練習をやっていた。静かに落ち着いて、一字一字丁寧にゆっくりと書いていた。美しい文字だった。階段を上がり、二階に行っても静寂さは変わらない。

次に入ったクラスは、国語科の授業で百人一首をやっていた。教室に入ると和やかな雰囲気の中、生徒たちの元気な声が聞こえてくる。休み時間に入っても、生徒が奇声を上げたり、騒音を立てたりするということはない。

明道中の校名は、福井藩藩校・明道館の名に由来する。明道館は、第十六代藩主・松平春嶽が安政二年（一八五五）に建てた学問所である。ここで同三年に明道館蘭学科掛となり同幹事をへて、翌四年同学監に就任し、実質的に明道館の館長として同館の学制改革・整備拡充に尽力したのが、橋本左内である。左内は儒学だけではなく国学・洋学も採り入れ、国家有用の人材を育成しようとした。

橋本左内とは、西郷隆盛をして「吾先輩に於いては藤田東湖氏、同儕に於いては橋本左内を推す。二子の才学器識、豈に吾輩の企て及ぶ所ならんや[506]」（原漢文）と言わしめた人物である。緒方洪庵のもとで西洋医学を修め、二十二歳のとき春嶽によって御書院番という藩主秘書役に抜擢された。明道館に係わるようになるのは、その翌年のことである。その後左内は、春嶽の懐刀《ふところがたな》として幕府改革のために東奔西走する。しかし、井伊直弼（一八一五～六〇）が大老に就任するや、安政の大獄（一八五八～五九）により刑場の露と消えたのであった。享年二十六。その最期は、まことに惜しまれるものだったが、左内は明治以後「維新の先覚者」として大いに評価、顕彰されることになる。特に左内が十五歳のときに自らの志を励ますために著した『啓発録』は、全国の教育界に多大な影響を与えた。そして、福井では戦後も変わらず、郷土の偉人の教えとして尊重されてきたのである。

明道中の生徒用玄関を入ると、正面突き当りの壁に左内の肖像画の額が掲げられている。その下に『啓発録』の五訓「去稚心・振気・立志・勉学・択交友」の文字が記されている。休憩時間にもかかわらず廊下を歩いていると、「今日は休日なのでは」と思ってしまうほど、校内は静かである。校長に導かれ、通された校長室で目を引かれたのが、小さな左内の座像であった。この座像は、昭和四十五年（一九七〇）に「橋本左内先生奉賛会」（現橋本左内先生顕彰会）によって福井市内の全学校、公民館に配布されたものだという。

## 2　『啓発録』を学び行なう「立志の集い」

明道中では左内の『啓発録』に倣い、数え年で十五歳になる二年生を対象に卒業式の翌日、「立志の集い」が行なわれる。「立志の集い」（他校では「立志式」とも呼ばれる）は、福井市内の全中学校で行なわれている行事である。

「立志の集い」の式次第は、次の通りである。

・校歌斉唱　・開会のことば　・「私の啓発録」発表（代表二名）　・決意の言葉
・校長先生のことば　・学年目標発表　・学年合唱　・閉会のことば

この「立志の集い」に先立ち、総合的な学習の時間で、左内と『啓発録』を学ぶ授業が行なわれている。その取り組みは、まず自分の好きな偉人について調べ、発表し合い、偉人の生き方に学ぶという学習を行なう。その後、郷土の偉人としての左内の学習に入る。パンフレット『つづけ！！橋本左内先生に！』（福井市教育委員会生涯学習課、平成二十）を活用して、『啓発録』の五訓を学ぶのである。パンフレットはA五判、一二頁、福井市中学校社会科教員と博物館学芸員らが共同で作成したもの。そして、左内に倣って生徒たちは、「私の啓発録」という文章を作成する。作文は少し厚めの立派な作文用紙に清書され、その一部の言葉（例えば「進んで人の為に行動する」「強い意志をもつ」など）が短冊にも記され教室内に掲示される。

### 3　地域と学校が共に行なう生誕祭と墓前祭

左内は地域の人たちに仰がれ、郷土の偉人として非常に強く意識されている。そして、地域の人たちの左内に対する思いが、学校での左内の学習を支えているとも言えるのである。

福井市左内町には、左内公園がある。公園内のほぼ中央に、約八メートル（台座を含める）の左内の銅像が建っている。これは、昭和三十八年（一九六三）に地元有志らの募金で建立されたものである。園内中央正面には、左内の墓所もある。安政の大獄で処刑された左内の遺体は、江戸小塚原に葬られたが、後に文久三年（一八六三）、橋本家の菩提所善慶寺の墓所に改葬された。しかし、ここが戦災で消失したので、昭和二十九年（一九五四）に福井市が隣接する小学校跡地を合わせ一帯を公園に整備したのである。

昭和三十三年（一九五八）、左内歿後百年祭が催され、翌三十四年、奉賛会による生誕祭、墓前祭が始まった。奉賛会とは、左内の遺徳を顕彰し郷土文化振興に寄与するために、同三十四年に発足した団体である。墓前祭（十月七日）は、左内公園において仏式で行なわれる。県知事、市教委長をはじめとする市民約百名が例年参列する。読経の後、近隣にある小学校児童（六年生）が「橋本左内先生をたたえる歌」（福井市連合教育会編、石桁《いしけた》真礼生《まれお》作曲）を斉唱する。これは戦前から歌われている歌で、小学生たちはこれを学校で習い覚えているのである。全四番ある歌詞のうち、その一番を次に掲げる。

「常盤《ときわ》の松の　色にはえ／堅きみさおの　先覚者／その身は医家に　生まれしが／皇国《みくに》をおもう　ひとすじに／
貫きとおす　金剛心[507]」

平成二十年（二〇〇八）には歿後百五十年祭が、ここで盛大に執り行なわれた。井伊直弼の子孫・井伊直岳ら滋賀県彦根市の関係者も、初めて参列し話題を呼んだ。

一方、生誕祭（四月十一日）は、常盤町（現在の春山二丁目）の生誕地において、神式で執り行なわれる。この祭典も墓前祭同様に福井市民とともに、近隣の小中高校生、そして教員らも参列する。国歌斉唱の後、神事が執り行なわれ、参列した小学校児童（六年生）が「たたえる歌」を斉唱する。

春山小学校の子供たちは、この祭典に参列して、こんな感想文を書いている。

「橋本左内先生生誕祭がありました。／来ひんの人がいっぱい来ていました。ということは、それだけ左内はい《ママ》大なんだったと思いました。そして毎年続けているということは、それだけ、地区の人が守ってきたことであるから、とても大切な式であるんだなという風に感じました。〔中略〕／こういう事が毎年行われているということは、地区の人が左内が偉だい《ママ》だったということを思っているのではないかと思います。十年後も、五十年後も、この式が行なわれる事を祈っています」[508]

地域の大人たちが、生誕祭、墓前祭などを通じて郷土の偉人を景仰し顕彰していくことで、この作文にあるように、子供たちもその人物の偉大さというものを自然と実感していくのだろう。

## 第三節　師弟ともに吉田松陰に学び合う学校—山口県萩市立明倫小学校〈平成二十四年調査〉

### 1　道徳教育推進校として知られる明倫小

学校の玄関を入ると、「吉田松陰先生」の坐像がまず目に飛びこんでくる。そして、子供たちの下駄箱を、ざっと見渡して驚いた。全員の靴が、あたかも誰かがきちんと整理してくれたかのように整然として入れられている。改めて近寄って見てみたが、本当にきれいにそろえられて下駄箱に靴が収まっているのだ。

一事が万事だ。明倫小学校（以下「明倫小」）は、心の美しさと校舎内外の美しさを大切にしている学校だが、これだけを見ても、同校の道徳教育の成果が分かる。明倫小には、全国各地から毎年年間約二百五十名の人たちが見学にやってくるという。教育関係者だけでなく、様々な企業や団体からも。「人材育成の参考にしたい」と視察したある企業は、若手社員の研修に明倫小の取り組みを取り入れているそうだ[509]。このように明倫小は、道徳教育先進校として全国的に知られている学校である。もちろん保護者からの信頼も厚い。

明倫小は、長州藩の藩校「明倫館」の跡地に建てられた学校である。開学は明治十八年（一八八五）。以来脈々と吉田松陰の教えが、尊重され受け継がれて今日に至っている。

## 2　世代を継いで松陰を尊崇する地元の人たち

吉田松陰は言わずと知れた幕末の尊皇攘夷運動家、教育者である。そして、出身地萩において世代を継いで人々から尊崇されている人物である。例えば「殉死百年」にあたる昭和三十四年（一九五九）には、吉田松陰先生百年祭が高松宮殿下ご臨席のもと盛大に執り行なわれた。それとともに設立された財団法人「松風会」が、松陰精神の普及振興に関する諸事業を展開し、現在（平成二十四年に公益財団法人）に至っている。

また、生誕百六十年（平成二）には松陰に因む記念行事が行なわれ、その事業の一環として道の駅「萩往還」（県道三二号萩秋芳線沿い）の敷地内に松陰記念館が開設された。その入り口には、来訪者を出迎えるように松陰をはじめとして高杉晋作、久坂玄瑞ら門人たち十体の銅像が建てられており、その勇姿を偲ぶことができる。さらに生誕百八十年（平成二十二）にも、松陰の映画『獄《ひとや》に咲く花』がそれを記念し一般公開された。下関の映画制作会社グローカル・ピクチャーズが制作を担当。山口県や県内各企業の後援・協賛によって完成した作品である。なお同映画は第六十五回日本放送映画芸術大賞：美術部門優秀作品賞を受賞している。

このように地元では節目節目に松陰を回顧顕彰する行事や企画が組まれ、また「松風会」などの団体が継続的に松陰の教えの普及浸透に努めている。地元民の松陰に対する思い入れは強い。

### 3　尊師の前は横切らず

さて、明倫小の学校目標は、「伝統ある明倫館の学風および松陰先生の教育精神に学び、さらに格調高き明倫教育の創造に努め、もって国家社会の形成者となる有能な人間の育成を図る。～人としての生き方を学び、共に高まり合う子どもの育成～」となっている。松陰の松下村塾を髣髴とさせる目標だ。そして、明倫館の学風と「松陰先生の教育精神」が、道徳教育の基本理念になっている。つまり、「成徳達材」と「至誠、知行合一、師弟同行、個性の伸長、道理の実現」がそれだ。

玄関に置かれている松陰の坐像の前を、子供たちは横切ったりはしない。松陰は子供たちにとって、このように心を育て個性を伸ばしてくださる〈尊師〉だからである。「公立小学校では珍しいな」と思ったのは、ここの子供たちは制服を着ていることだ。木造校舎の雰囲気にもマッチし、教室内の風景がとても美しい。校舎は、昭和十年（一九三五）に建てられたもの。本館は、文化庁から有形文化財に指定されている。校舎内を歩いていると、昭和の昔に戻ったような懐かしさを覚える。[510]

### 4　子供たちを励ます松陰の言葉

明倫小の一日は、朗唱から始まる。松陰の詩歌や著作から、人としての生き方や読書の大切さが分かる言葉が選ばれ行なわれている。一学期に一文（一首）ずつ、六年間で十八の文（和歌）を学ぶことになる。

「自分も小学生の六年間、十八のことばを学びました。〔中略〕反対にことばの意味を伝える立場になった今は、機会を見つけては『松陰先生のことば』と結びつけながら話をするようにしています。人間として大切なことを教えてくれる『松陰先生のことば』を、今改めて自分自身が実感しているところです[511]」

朗唱教育を受けた卒業生が、今母校の教師となって再び子供たちに朗唱を教えているということだ。朗唱は昭和五十六年（一九八一）から開始され、もう三十年以上続けられている明倫小の伝統なのである。

「今日よりぞ　幼心を打ち捨て　人と成りにし　道を踏めかし」
「万巻の書を読むにあらざるよりは　いずくんぞ千秋《せんしゅう》の人たるをえん」
「凡《およ》そ生まれて人たらば　宜《よろ》しく人の禽獣《きんじゅう》に異なる所以《ゆえん》を知るべし」

一年生から六年生までの約八百人の児童が全員姿勢を正し、教室の窓ガラスがビリビリと振動するような声で右のような言葉を元気よく朗唱するのである。同校を訪れた見学者の中には、涙を流してこれを聞く人もいるそうだ。全校集会でも朗唱文の内容について教師が説明したり、朗唱文をもとに自分の目標を決定したりして常に意識化をはかっている。

子供たちは、朗唱についてこう語っている。

「大きなこえでいったら、きもちがことばだけにしゅうちゅうして、とってもいいです。／しょういん先生は、このことばをかんがえつくのがすごいです。いったあとは、きもちがすっきりします。だってしょういん先生のきもちがこめられています。だからまい日大きなこえでいっしょうけんめいいっています[512]」（一年）

「明倫小学校では、みんなが必ず『松陰先生』と呼びます。今では、肖像画でしか会うことのできない松陰先生ですが、その言葉は、私が苦労してやりとげたい事をあきらめてしまいそうになった時、『どんな事があっても

夢をあきらめてはいけないよ』と、私をはげまし続けてくれています[513]」（六年）

六年生児童が言っているように、松陰の言葉は毎日朗唱する子供たちに語りかけ、子供たちを励まし続けているのである。

## 5　『松陰読本』で生き方を学ぶ

明倫小の道徳教育には、萩市教育委員会編『松陰読本』（山口県教育会）が使用されている。四年生に萩市が無償で配布している教材である。松陰の生涯と生き方が、物語風に分かりやすく記されている。初版本は、昭和三十四年（一九五九）に出されている。孫がいるという五十過ぎの地元の人に尋ねたら、その方も小学生のときに『松陰読本』を学校で教わり、今も残っていると言ってそれを見せてくださった。『松陰読本』は、今や三世代にわたって読まれ教えられていることになる。しかも、驚いたことには、四十年以上もそれを大切に保管している人がいたということだ。松陰の生き方は、卒業後数十年を隔てても、萩の人たちの心の中に生きているのである。

学校では四年生以上の児童を対象に、総合的な学習の時間や道徳の時間などで、『松陰読本』を使用し計画的に学習を進めている。ねらいは、次の三点である。

・松陰先生の生き方や考え方を学ぶとともに、明るく学校生活を送ろうとする気持ちを高揚させること。
・激動の時代を生き抜いた、思想家であり郷土の先覚者松陰先生に誇りをもち、郷土を愛する心を育てること。
・松陰先生の生き方に学び、より高い自己実現への意欲を高めるようにすること。

道徳の時間には、松陰以外の教材を用いて授業するときでも、松陰の言葉や生き方をよりどころにして意志決定ができるような展開をしたり、授業の終末で教師の説話に活用したりするということも行なわれている。松陰の言葉を話題にして話をすると、考えが深まりやすいとのことだ。

明倫小から道徳の学習指導案を頂いたが、指導案の中でも松陰を指して、「松陰先生」と記してあった。めざしている「師弟同行」の言葉通り、教師も子供たちも松陰を仰ぎ、ともに人として成長していこうとする誠意が伝わってくる。

「僕は、志についてお母さんと話した。僕の志は、二学期から教室に入ることです[514]」

こう書いた作文が、県主催の「わたしの志」作文コンクールで入賞した。不登校ぎみでなかなか教室に入れず、相談室登校をしていた児童の作文だ。この子はこれがきっかけになり、二学期から教室に復帰し以後ずっと登校できるようになったという[515]。松陰の志は、「僕の志」になった。松陰の勇気を「僕の勇気」にして、この子は「二学期から教室に入る」という目標を見事になしとげたのである。松陰の生き方は、日々子供たちの心の中に生きているのである。

## 第四節　三百数十年のときをへて藤樹学を教える――滋賀県高島市立青柳小学校〈平成二十五年調査〉

### 1　今も受け継がれる藤樹の教え

国道一六一号を京都方向に車で走り、道の駅「藤樹の里あどがわ」を過ぎてすぐ左手に「近江聖人　中江藤樹生誕の地」「『心の教育推進のまち』あどがわ」という大きな看板が目に入ってくる。滋賀県高島市安曇川《あどがわ》町、ここが近江聖人と仰がれた中江藤樹生誕の地である。江戸幕府が開かれたのが、慶長八年（一六〇三）。中江藤樹（一六〇八～

四八）が、商売をするかたわら高島郡小川村（現在の高島市安曇川町上小川）の人々に学問を教えるようになるのが、寛永十二年（一六三五）のことである。つまり藤樹は江戸時代初期の人であり、もうその頃から藤樹によって庶民教育がなされていたことになる。「正直な馬子」の話に代表されるように藤樹の薫陶、感化は人々に浸透していき、近江の地は、財布を置き忘れてもなくなることがないというところになっていった。

幕末の頃には庶民の教育機関である寺子屋は、全国で約四千三百校あったとされている[516]。初期においても学校の数こそ幕末期にとうてい及ばないにせよ、こうして私塾で人の道を教える庶民教育がなされていたということは、日本教育史上いや世界教育史上めざましい活動であっと言えるだろう。そして、さらに驚嘆すべきことは、藤樹歿して三百数十年をへた今日でも、高島市では脈々とその教えが生き続け継承されてきているということである。生誕四百年を迎えた平成二十年（二〇〇八）には、市を挙げて祭典が盛大に行なわれた。「郷土の偉人を生かしたまちづくり、人づくり、心そだてを目指すことを目的に」（「藤樹先生生誕四〇〇年祭実行委員会」）したという。

高島市は、すべての市民が夢や希望を持ち、主体的に行動できる力を育もうと「志の教育」を推進しており、「近江聖人中江藤樹先生の教え」（致良知、孝行、知行合一、五事を正す）が全家庭に配布された。これは高島市が、藤樹の教えを通して道徳教育の基本理念を市民に対して示したものと言っていいだろう。途中立ち寄った道の駅「藤樹の里あどがわ」の案内所には、額に入った「藤樹先生の教え」が掲げられていた。

### 2　明治から一貫藤樹の学徳と精神を生かす

藤樹生誕地を校区内に持つのが、高島市立青柳小学校（以下「青柳小」）である。校門を入ると、すぐ目の前に「中江藤樹先生少年像」が建っている。創立は、明治七年（一八七四）。以来一貫して、藤樹の教えを伝えてきている学校だ。校訓は「良知に生きる」。「良知」とは、藤樹学の目的として大切にされてきた言葉である。学校経営書には、「郷土の偉大な先人『中江藤樹』の学徳と求道の精神を生かし、徳・知・体の調和を図り、二十一世紀を生き抜く力と豊かな心を持った子どもの育成を目指している」とある。教育の基本理念は「愛敬・知行合一・明徳」「五事（貌・言・視・聴・思）を正す」である。これは藤樹学の基本理念でもあり、先の高島市が出した「近江聖人中江藤樹先生の教え」とほぼ同じ内容である。

もちろん道徳の時間にも、藤樹の生き方は教えられている。使用されるテキストは、高島市教育委員会編『藤樹先生』（高島市教育委員会、昭和四十六）である。平成二十一年（二〇〇九）には、九訂版が出されている。全一二〇頁。藤樹の誕生に始まって、その学問や徳を伝えるエピソードが記され、晩年のことや遺徳を例話で締めくくっている。以上の文章が三年生～六年生用とされ、それに続いて低学年用資料の「絵話」として、絵と文章で構成された藤樹のエピソードが三話綴られている。その後に藤樹の遺跡と顕彰活動が写真入りで説明され、年表や「藤樹先生頌徳歌」などが載せられている。

「道徳の時間」以外にも国語科で読み聞かせ、集団読書、読書感想文の題材としても活用されている。また、総合的な学習の時間でも、三年生が地域調べの中で藤樹の遺跡などに触れ、四年生は藤樹の生い立ちを調べ、その徳を伝えるエピソードのワンシーンを粘土で作品にしている。六年生では藤樹学習のまとめとして紙芝居や寸劇を制作し、それを低学年の子供たちに披露するということを行なっている。

### 3　徳の実践の場「藤樹デー」

「藤樹デー」は、平成二十三年（二〇一一）度から始められた活動だ。「今日は藤樹先生の日やな」と声をかけられるように、すでにこの活動は地域の人たちにも注目され定着してきている。前川為夫（旅館「白浜荘」代表取締役）が「藤樹先生の教えは、地域の誇りとしてしっかりと伝える必要があると思います[517]」と述べているように、藤樹に対する愛敬の念を地元の人たちは強く持っている。

「藤樹デー」は、「藤樹ウォークラリー」から始まる。縦割りの異年齢による小グループを編成し、高学年の児童がそれぞれのグループでリーダーシップをとり、下級生たちをリードする。各ポイントで藤樹にちなんだ講話を聴いたり、クイズを解いたりしながら藤樹ゆかりの場所を巡り歩くというものだ。昼食は、「芋煮」を食べる。これは、藤樹が大洲《おおず》（愛媛県）から伝えたといわれる食べ物である。地域の人たちの手作りによって、これがふるまわれる。

「地域の人たちが、本当に協力的なんです。率先して芋煮のレシピや分量まで考えてくださり、それを再現して子供たちにふるまってくださったんです」

地域の人たちの心のこもった学校への支援に、顔を綻《ほころ》ばせながら校長が語っていた。

午後からは、「藤樹かるた大会」である。「遠く居て母のあかぎれ涙する」「良知《りょうち》知り行い正し徳を積む」「馬の鞍《くら》はずせば飛脚の忘れ物」など、藤樹の徳やエピソードを五七五で詠みあげた四十四首のかるたである。これは、昭和五十八年（一九八三）に安曇川町教育委員会から刊行され絶版になっていたものを、生誕四百年祭を機に高島藤樹会が二十五年ぶりに再版したものである。

藤樹会とは、藤樹の思想研究遺徳顕彰を通して、人づくりまちづくりに寄与することを目的とする市民有志によるNPO法人である。結成は、藤樹歿後三百五十年の平成十年（一九九八）。市民を対象に「心のセミナー」や藤樹の著作などの勉強会を開催しており、藤樹学の普及に多大な貢献をしている。青柳小の校長は、地域の人の藤樹に寄せる思いと学校への支援には厚いものがあると述べていたが、まさにこの藤樹会の活動はそれを象徴していると言えよう。

かるた大会後には、「生《なま》の芸術に触れる」ということで芸術鑑賞を行ない、プログラムが閉じられる。

この「藤樹デー」について、校長がこんなふうに語っていた。

「藤樹先生が説いた『愛敬の念』は、小学校児童にあっては、上級生は愛《いつく》しみを持って下級生に接し、下級生は尊敬の心を持って上級生と親しむことと考えています。この藤樹精神を体現する機会として、本校の藤樹デーは、児童の心に残る行事になっています」

「藤樹デー」は、このように藤樹の説いた徳を実践する場になっているのだ。

### 4　明治からの伝統「立志祭」

青柳小では毎年三月七日（藤樹の誕生日）に、三年生を対象とした「立志祭」が行なわれる。これは、藤樹が数え年十一歳（満九歳）で志を立てたことに由来し、明治（四十一年頃）から続く伝統になっている。平成十七年（二〇〇五）の市町村合併で高島市誕生後、立志祭は市の全小学校で実施されることになった。「今の自分を見つめる心を養うとともに、自分なりの志を持つための足がかりとする」と高島市教育委員会は目的を定めている。

立志祭は、次の二部で構成されている。

第一部

・藤樹書院へ行き、自分の志を奉納する。
・グループに分かれての「藤樹かるた」大会。
※このとき藤樹書院に奉納した「立志のことば」は、藤樹記念館に保管され、成人式の日に「二十歳への手紙」として受けとれるようになっている。

第二部　「立志の式」

開会のことば
・あいさつ（教育長）　・来賓の言葉　・来賓の紹介
一、志を立てよう
・藤樹先生頌徳歌斉唱　・『大学』の唱和　・「私の志」の発表（学級四名）
二、藤樹先生に親しもう

・藤樹紙芝居（教育委員長）

閉会のことば

式の中で『大学』の一節を唱和するのは、藤樹十一歳のときに初めてこれを読んで感激し志を立てたことに由来する。藤樹紙芝居は高島藤樹会が作成し、県内の幼稚園や小学校に無償配布されたものである。

## 5　教育者が景仰の姿勢を示す

青柳小から徒歩で数分のところに、藤樹書院が建っている。藤樹書院とは、藤樹の私塾であった建物である。明治十三年（一八八〇）の村の大火で類焼したが、翌々年に再建された。ここ藤樹書院では、講書始め（一月十一）、常省祭（七月二十三日）、藤樹祭（九月二十五日）といった儀式祭典が毎年開催されている。

講書始めは、藤樹が年初の十一日に門弟たちと『孝経』を読んだという行事に由来する。教育長をはじめ教育関係者、地元住民ら数十人が出席する。歴代教育長を導師として『孝経』の一節を参加者一同が拝誦し、その後講演会などが行なわれる。常省祭は、「常省先生」と慕われた藤樹の三男（弥三郎）の命日に因んだ祭典である。この祭儀も、教育長が導師として『孝経』を拝誦する。藤樹祭は、藤樹の命日（旧暦八月二十五日）にあたる祭典で、儒式にのっとり厳かに斎行される。藤樹祭は、三百数十年の歴史を有する伝統行事である。

教育長自ら『孝経』拝誦を先導するというのは、まず大人（教育者）が率先して藤樹を景仰し、その生き方に倣おうとする姿を示す、ということを意味しよう。儀式祭典を通して藤樹の御魂を祭りその精神を継承するとともに、まずは大人が藤樹に対する姿勢の見本を子供たちに示しているのである。

# 第五節　「先人教育」を推進する町、そしてその学校―岐阜県恵那市立岩邑小学校〈平成二十六年調査〉

## 1　城下町を貫く「佐藤一斎通り」

名古屋から一時間電車に乗りＪＲ恵那駅で下車、明知鉄道に乗り継いで約三十分電車に揺られ岩村駅に到着する。こじんまりとした古風な、この駅では駅長さん自ら薪ストーブで焼き芋を焼いている。駅の前には昔ながらの赤い郵便ポストがあり、その横に一五〇センチほどの高さ、長方形の御影石に「已む得ざるに薄《せま》りて而る後に諸《これ》を外に発する者は花なり」という文字が刻まれている。佐藤一斎の『言志四録』（文政七～嘉永六）の一節である。

佐藤一斎は昌平黌の儒官を務め、「百世の鴻儒《こうじゅ》」と称えられ敬仰された人である。数千人といわれるその門人の中には、佐久間象山、横井小楠、中村正直ら駿傑がいる。また、その著『言志四録』は、西郷隆盛をはじめとする多くの幕末維新の志士たちから愛読された書である。

ここ岩村はその一斎を生んだ地であり、岐阜では古くから「西の大垣、東の岩村」と称されたように教育先進地域として知られるところである。岩村の町を歩くと、ここが一斎の教えに溢れていることが分かる。町の東西に約一キロの本町通りがあり、城下町の風情漂う商家の町並みが続く。この町並みは、国の重要伝統的建造物群保存地区に選定されており、多くの人々が訪れる観光地でもある。なだらかな坂道を歩きながら家々を見て気づくのは、家の玄関脇に『言志四録』中の一節を刻んだ木版が掛けられていることだ。

しかも、本町通のすべての家々にそれが掛けられている。「佐藤一斎通り」と命名してもよいくらいである。町の人に聞くと十年ほど前、恵那市教育委員長・鈴木隆一の発案で一斎の木版が掛けられるようになったそうだ。鈴木はＮＰＯ法人「いわむら一斎塾」理事長、佐藤一斎顕彰会会長も務めている。また、恵那市立岩邑小学校（以下「岩邑小」）の〈地域講師〉として、子供たちに一斎の生き方や教えを伝えている町の先人教育推進の第一人者だ。

城下町の坂道を登りきった丘（城山）に岩村城跡があるが、ここに平成十四年（二〇〇二）、一斎の銅像が建てられた。現在はこの銅像の前で、毎年慰霊祭が命日に近い休日に挙行されている。佐藤一斎顕彰会によって、平成九年（一九九七）から営まれている。

## 2　先人学習の基本理念「三学戒」

岩邑小を訪ねると、岩村藩校（元禄十五年、一七〇二創立）「新知館」の正門を模したという重厚な構えの校門が、石段をのぼった上にある。校門の中には、孔子像を祭った「釈奠《せきてん》の間《ま》」（ガラスケース）が設けられている。これは、藩校で儒官たちが「釈奠の間」を礼拝し心を清らかに鎮めてから教室に向かったという歴史に由来する。子供たちにも、ここを通り礼や仁を大切にして学んでもらいたいという願いが込められているという。そして、孔子像の横には、一斎の言葉「我はまさに人の長所を視るべし、人の短所を視るなかれ」と書いた木札が立てかけてある。子供たちは、毎日この孔子像と一斎の木札に見守られながら登下校するのである。

校門をくぐると、校舎正面玄関までに広い空間が広がる。ここは、岩村の郷土の偉人・三好学《まなぶ》（一八六二〜一九三九、日本植物学の先駆者）の偉業を偲んでつくられたという「花菖蒲広場」となっている。岩邑小では、すでに校門をくぐった瞬間から先人学習が始まっているのである。正面玄関を入ると、すぐ突き当り正面に、一斎の「三学戒」の書が目に飛び込んでくる。いわば、この「三学戒」が岩邑小先人学習の基本理念である。

「少《わかく》して学べば、即ち壮《そう》にして為すこと有り。壮にして学べば、即ち老いて衰えず。即ち死して朽ちず」

全校集会の折には、校長自らこの「三学戒」について子供たちに説明するのだそうだ。一斎と三好学の肖像画が掲げられている校長室で、岩邑小の「先人学習」についてヒアリングを行なった。岩邑小では「先人学習の全体」計画が立てられて、先人に学ぶ生き方教育が行なわれている。計画の中で、先人学習の意義と目標を次のように記している。

○意義

「先人学習のよさは、子どもたちに発憤の材料を提供することである。発憤こそ志のエネルギーである。これは、生涯学び続ける『三学のまち』を実現する基盤となる」

○目標

「郷土の先人を深く理解して誇りに感じ、先人の『ものの見方・考え方・感じ方』を拠り所に、志と意欲と継続を大切にして、願いの実現に向けて努力しようとする子どもを育てる」

ここで言う「三学のまち」とは、「少、壮、老と生涯学び続けるまち」をさす。そして、それを実現するために「読書のすすめ」「求めて学ぶ」「学んで生かす」を三つの柱に取り組む、としている。

恵那市は、平成二十三年（二〇一一）に生涯学習都市「三学のまち恵那」を宣言し、それに基づき「恵那市三学のまち推進計画」を策定。その施策の柱の一つとして、「学校における先人教育の推進」が掲げられている。したがって、岩邑小が進める先人学習は、この恵那市の推進計画に基づいて行なわれているということになる。いわば「まち」を挙げての先人学習ということだ。

恵那市の先人教育に注ぐ意気込みの程が分かるのが、同市の主催する下田歌子賞「ふるさとの先人に学ぶ」である。平成十六年（二〇〇四）から毎年行なわれ、岩村出身の下田歌子（一八五四〜一九三六、女子教育の先駆者）生誕百五十年を機に旧岩村町が岐阜県、実践女子学園、ＰＨＰ研究所の協力を得て始めた公募賞である。歌子の業績を偲びつつ、人の生き方や教育の在り方について考え学ぶために設けられたものである。現在はエッセイと短歌の部門に分かれ、全国からも作品が寄せられる。岩邑小の子供たちも毎年これに応募し、多くの受賞者を出している。

岩邑小で学んでいる先人は、佐藤一斎をはじめとして下田歌子、三好学などである。岩邑小を含めこの地域は、これら先人に学ぶ気風に満ちている。

### 3　岩邑中生徒たちが作成した本をテキストに

先人学習のための校内環境も充実している。二階図書館前廊下には、上記三名の先人についての大きな展示ギャラリーが設置。また、その廊下には常設の長椅子が壁側に取りつけられている。そして、その両側に、『親子で読む「言志四録」：おじいちゃんとぼく―佐藤一斎さんからの伝言』『マンガ下田歌子』『歴史掘りおこし　いわむら』がそれぞれ四十冊ずつ置かれている。休み時間でも子供たちがここで、自由に読んで先人学習ができるようにしている。子供たちの読書量は多く、図書室の児童一人あたりの年間貸出し冊数は約二百冊。もちろん図書室には、「先人コーナー」が設けられている。平成二十五年（二〇一三）度には、その実績が認められ東濃地区図書館教育賞「総合優秀賞」を受賞している。東濃地区教育推進協議会から授与された学校図書館教育の最高賞である。

上記三冊は、どれも先人学習のテキストとして使用されている教材本である。中でも『おじいちゃんとぼく』は、岩邑中学の生徒たちと学校長の共同作品である。中学校の生徒たちが、一斎の『言志四録』中から三十二の言葉を選び、現代語に意訳したものを掲載している。そして、美術教師でもある校長がイラストをつけて、一冊の本に仕上げたものである。小学校では、この中にある三十二の言葉を、原文のまま暗誦する「岩小検定」（六年次）も行なわれている。

### 4　横断的にかつ日々教えられる先人の生き方

先人学習は、総合的な学習の時間、社会科、進路指導、道徳教育など横断的に幅広く実施されている。例えば六年生は総合的な学習の時間に、「先人の偉業や生き方を取り上げて調べ、まとめ、発表する学習」を行なっている。

調べたことは、「先人新聞」としてまとめられ作品化される。新聞の中で子供たちは、こんな感想を書いていた。

「『青天白日は常に我に在り』は、ぼくが暗い気持ちのときに、明るい気持ちにしてくれたので、ぼくのお気に入りの言葉になっています。ぼくも、みんなを助けたいです」

「浅見〔与一右衛門〕さんは、きっと色々な人たちに親しまれているから、銅像や顕彰碑があり、浅見邸が現存しているんだなあと思いました。私も色々な人に親しまれるように生きていきたいと思います」

「ぼくも」「私も」とあるように、先人の生き方に倣って自分も生きていきたいという気持ちが短い感想の中からも読み取れる。これら学習したことは、「学習のあしあと」として中央階段に掲示されていた。

給食時の「お昼の放送」では一週間ごとに言葉を替え、「今週の佐藤一斎コーナー」として『言志四録』の一節が紹介される。例えばこうだ。

「『私欲の制し難きは、志の立たざるに由る』【意味】目標がないと道に迷う。新学期のめあてを達成できるようにがんばりましょう」

### 5　学校教育を支える民間組織「城下町ホットいわむら」

学校教育の支援に貢献しているのが、「城下町ホットいわむら」（以下「いわむら」）である。「いわむら」は、地域協議会（市内十三地域に設置）の下に組織された民間組織。地域産業振興、生活環境改善、教育文化事業などに取り組んでいる。先人学習には、地域講師が「いわむら」からも派遣される。「いわむら」による学校支援について、校長がこう話してくれた。

「子供たちのために、地域の人たちがたいへん協力的です。子供たちが町のために貢献でき、しかも教育的な話題や活動を『ホットいわむら』の人たちが提供してくださるんです。例えば今晩町に灯されるひな灯籠《とうろう》です」

筆者が当地を訪問した日は、折しも城下町の「ひなまつり」の期間にあたっていた。街道に面した家々ご自慢のお雛様で彩られた町並みは、まさに歴史情緒に溢れていた。そして、町に灯りがともされる時刻になると、街道の真ん中に子供たちがつくった約三百の灯籠に一斉に火がともされる。これが校長の言っていた「ひな灯籠」だと分かった。宵のひなまつりを彩る幻想的な景色を堪能し、筆者は岩村の地を後にしたのだった。

## 第六節　「われらのてほん　尊徳先生」と教える学校—神奈川県小田原市立桜井小学校〈平成二十六年調査〉

### 1　「勤労」「分度」「推譲」「至誠」が基本理念

わが国の数ある偉人・英雄の現存する銅像の中で、圧倒的な数を誇るのが二宮金次郎像であろう。それに、少年期を模したというのも、あまり類例がないのではなかろうか。それほどに金次郎像は、その数・姿ともに他の銅像に比して異彩を放っている。

金次郎像は、時の文部省によって建てられたかのように思っている人がいるが、それは誤解である。金次郎像は、各地の篤志家や青年団などの寄付により普及していったというのが真相だったのである。[518]「手本は二宮金次郎」（小学校唱歌「二宮金次郎」）と歌われ、多くの日本人が、子供たちに少年期の金次郎の生き方に倣ってほしい、と強く願っていたのであろう。その表れが日本全国津々浦々の小学校に建てられた金次郎（以下「尊徳」とも記す）の銅像であったと言えよう。

ところが、戦後金次郎はほとんど歌われず教えられず、教育の場で顧みられない人となっていった。しかし、そんな中でも校歌の中で「われらのてほん　尊徳先生」と一貫して歌い教え続けてきた学校がある。それが、金次郎の生誕地に建つ小田原市立桜井小学校（以下「桜井小」）である。桜井小に辿り着くまでに、小田原の街を歩いていて気づいたのが、「おだわらっ子の約束」という表示板だ。「小田原市教育都市宣言」（平成十六年）の理念実現を図るために、市教委により平成十九年（二〇〇七）に策定されたものである。子供たちに身につけてほしい生活規範、ルールが十項目記されている。

一、早寝　早起きして　朝ご飯を食べます
二、明るく笑顔であいさつします
三、「ありがとう」「ごめんなさい」を言います
四、人の話をきちんと聞きます
五、もったいないことをしません
六、どんな命でも大切にします
七、決まり　約束を守ります
八、人に迷惑をかけません
九、優しい心で　みんなと仲良くします
十、「悪いことは悪い」と言える勇気をもちます

　おだわらっ子は、この約束を守って幸せになります。
おとなたちも、この約束を、自ら守り、おだわらっ子に語り続けます。
そして、輝く小田原の未来を築きます。

このような表示板が、学校や公共施設（計五十八カ所）の入り口付近に設置され、この文言を書いたチラシが市内全戸に配布されたという。年配の人たちの世代は学校で報徳訓を朗誦していたそうだから、そうした教育風土がこの「おだわらっ子の約束」を生んだ背景とも言えようか。桜井小では校舎内にもこれが掲示され、日常的に意識化がはかられているようだ。

桜井小は、児童数約六百名を数える市内屈指の大規模校である。正面玄関右わきに、腰を掛け読書する負薪金次郎像が設置されている。平成五年（一九九三）、創立百周年を記念して建てられたものだ（旧金次郎像は中庭に移設）。小田原を代表する彫刻家・横田七郎（一九〇六～二〇〇〇）が、同校の男子児童をモデルに制作したという。開校（明治二十六年）当初から「尊徳先生の教えとともに百二十年」、桜井小は今も「尊徳の教えを鑑」として教育活動を展開している。つまり、「勤労」「分度」「推譲」「至誠」の四つの理念を踏まえた学校教育目標のもと、温かい心を持つ〈桜井っ子〉を育てているのである。

### 2 市を挙げて「尊徳学習」に取り組む

近年小田原市の学校では、桜井小を含め二宮尊徳の生き方から学ぼうとする気運が盛り上がってきている。小田原市教育委員会は、平成十年（一九九八）に「二宮尊徳学習事業」を立ち上げた。尊徳の生き方や教えを通して、自らの生き方を考えさせるとともに郷土を愛する豊かな心を育む、という小田原独自の学習プログラムの構築を目指した事業である。市内全小学校（二十五校）がこの事業の対象で、社会科、道徳科、総合的な学習の時間において尊徳の生き方や教えを学んでいくという学習プログラムになっている。これにより各学校では「尊徳学習」が実施され、その際使用される小学生用テキストとして小田原市教育委員会『二宮金次郎物語』（小田原市教育研究所、平成十六）が編纂され、小学生全員に配布された。一方、教職員の初任者研修の中でも、尊徳に関する講義が組み込まれている。教える教師自身が、尊徳の事績や生き方を学ばなければならない、という意識づけになる機会が制度的に設定されているのである。

　毎年、市教委の主催による尊徳祭が、小田原市尊徳記念館を会場に開催される。命日（十月二十日）にちなんで尊徳を偲び、その生き方や考えに学んでふるさとを体感しようという趣旨で行なわれるお祭りである。平成三十一年（二〇一九）で第六十二回目を数え、伝統になりつつある行事だ。お祭りでは、「二宮金次郎とわたし」と題する作文発表や稲刈り、縄ない体験といったイベントが行なわれたりする。会場には、市内全小学校の「尊徳学習」の成果が展示される。尊徳ゆかりの地をフィールドワーク調査でまとめたもの、尊徳の逸話によって作製した縄わらじや紙芝居、かるた、それから尊徳像の貼り絵など様々だ。

## 3　体験と道徳教育を通し理念を体得

　こうした市の教育方針に基づき、桜井小でも「尊徳学習」が実施されている。同校の特徴は、体験と道徳教育が結びついた学習が行なわれているという点にあろう。例えば、三年生が総合的な学習の時間でアブラナ栽培を通して、尊徳の教え「積小為大」を学ぶという学習（やってみよう「積小為大」）である。これは尊徳が少年の頃自らアブラナを育て、そこから「積小為大」の教訓を得たという逸話に基づいたものである。五年生は、「二宮金次郎をめざそう」というテーマで稲作体験学習を行なう。校外に設けられた「学校田」の田植えのときに、余った稲苗を校内中庭で栽培する。これも尊徳が捨て苗を拾い、後に一俵の米として収穫したというエピソードに基づいた学習活動である。

　子供たちがアブラナ栽培や稲作をする際、それを手伝ってくれる地元農家の人たちが尊徳のエピソードを子供たちに語ってくださるのだそうだ。ここでは三世代にわたって尊徳のことが学ばれているから、「尊徳学習」には地域の人たちも熱が入る。「地域の人たちが非常に協力的なんです」と調査に応じた教頭が語っていた。地元の人たちの尊徳に対する崇敬心は非常に厚い。それゆえ、自治会連合会による「金次郎桜井まつり」（八月）、「尊徳先生を偲ぶ集い」（十月）といった行事が開催される。「桜井まつり」は、桜井小グラウンドで行なわれる。報徳訓朗誦と二宮金次郎の歌斉唱に始まり、報徳太鼓、吹奏楽の演奏などが披露され模擬店も賑わう。「偲ぶ集い」は、菩提寺の善栄寺で営まれる尊徳の墓前祭である。小田原市長を含め百数十名が参列する盛大な祭典だ。また、尊徳にかかわる民間組織には、いもこじ会、小田原報徳実践会などがあり、これら団体も学校に惜しみない支援をしている。

戦後の学校は尊徳を教えなくなったが、ここ小田原では戦後も報徳訓などが教えられ、尊徳は郷土の偉人であり続けてきた。だから、桜井小の子供たちは地域の人たちからも尊徳の生き方が学べるという恩恵に浴すことができるのである。

### 4 「積小為大」で県大会十五連覇、市民功労賞受賞

もちろん、道徳の時間でも『二宮金次郎物語』などをテキストに「積小為大」について学び、「やろうと決めたことについて少しずつでも続けて努力していく気持ち」が育てられている。道徳の授業における「尊徳学習」は全学年を通じて組み込まれており、尊徳祭の時期（十月）に行なわれる。それから、そのまとめとして「尊徳かるた」がつくられる。「買い物は、もらったおこづかいの中で、分度を守り、計画的につかう」という具合に、自分と尊徳を結びつけた内容で読札を作製する。取札にはイラストを描き、完成したら学級でかるた大会などをして、お互いの作品を紹介し合うのである。こうして、道徳の授業において「尊徳学習」での道徳的価値が深められる学習が展開されている。

子供たちはこうした道徳教育によって心を磨き、着実に力をつけている。それは例えば、交通安全子供自転車大会（全日本交通安全協会主催）の成果と実績から窺い知ることができる。これについて、ある児童（六年生）がこんな作文を書いていた。

「桜井小学校では、一年生のころから金次郎さんのことを勉強してきました。その中の『積小為大』を今、私は

やっています。それは『交通安全子ども自転車』です。積小為大の意味は、小さなことを積み重ね、大きなことにしていくこと。自転車も同じです。毎日、朝と放課後に地域の人たちに教えてもらいながら、少しずつ練習を積み重ねています。そして、夏にある県大会に向けて、仲間と一緒にがんばっています。また、学校の勉強も、自転車の勉強と同じくらいがんばりたいです[519]」

学校で教わった「積小為大」を心がけ、大会に向けて練習をこつこつ積み重ね頑張っているという作文である。自転車大会は交通規則や安全な乗り方を問う学科テストと安全走行、S字走行などをチェックする実技テストで競われる。桜井小はその県大会で十五年連続優勝し、平成二十二年（二〇一〇）には全国大会で団体五位、個人二位に入賞するという成績を挙げている。そして、同年その功績が認められ、小田原市から市民功労賞が同校に贈られているのである。

子供たちは尊徳の生き方に教えられ、それを日々実践し、その教えが真実であることを実感していっていることであろう。

「私は新しい事を始めようとする時、チャレンジする前から『それは無理』と先にあきらめてしまう時が多い。そんな時『最初は出来なくても続けて努力をすればきっと実を結ぶ時がくる。あきらめないことが大事だよ』と金次郎の応えんする声を想像してみる。するとなんだか勇気がわいてくる[520]」

この作文（六年生）にあるように、〈桜井っ子〉たちは「金次郎の応えんする声」に励まされ勇気をもらい、これからも心豊かにより大きく成長していくことだろう。

## 第七節　地域の偉人たちに興味を持つ園児たち―水天宮保育園（福岡県久留米市）〈平成二十四年調査〉

### 1　代々真木家が奉仕する水天宮

九州一の大河である筑後川のほとり、鹿児島本線ＪＲ久留米駅から徒歩七分のところに水天宮がある。全国にある水天宮の総本宮が、ここ久留米の水天宮である。寿永四年（一一八五）、按察使局《あぜちのつぼね》伊勢《いせ》（高倉平中宮《たかくらたいらのちゅうぐう》に仕えていた官女）が壇ノ浦の戦い後、逃れて平家の霊を弔うため、ここに水天宮を祭ったことに由来する。

ここで第二十二代目宮司を務めたのが、真木和泉守であり、境内には和泉守を祭る真木神社と和泉守の銅像が建てられている。真木家が代々宮司を務め、現在の真木大樹《おおき》が二十八代目である。

水天宮と道を隔てた向かい側に、水天宮保育園がある。その同じ敷地内には、和泉守の旧宅が残されている。かつて明治の御代に、久留米で陸軍の大演習の際、乃木将軍の宿営地に選ばれたことでも知られているところである。

### 2　偉人の言葉を暗唱する園児たち

水天宮保育園は、昭和二十四年（一九四九）に開園し、「浄く・正しく・明るく・素直」を基本精神とした神道保育を展開している。筆者が園を訪ねたとき、ちょうど園内では五日後に控えた卒園式の練習が行なわれていた。二十五名ほどの年長組（五歳児）の子供たちの一団が部屋前方に座り、後方に年中（四歳児）、年少（三歳児）組の子供たちの一団が着席していた。皆行儀がいい。背筋が伸び、ひざに手を置き座っている。

はじめに国歌、園歌の斉唱。教室中に元気な歌声が響く。次に卒園証書の授与。名前を呼ばれたときの歯切れのいい「ハイ」の返事もさることながら、姿勢のいい滑らかな歩行、そして立ち止まって直立したとき、手の指先が真っ直ぐ床に向けられている姿は、見ていて心地よかった。証書を受け取ると、園児は後ろの保護者席と在園児席に向かい、「お父さん、お母さん、先生方、みなさん、ありがとうございます」と言って、自分の席に戻る。これを一人ひとりの子供が行ない、約三十分間かかった。しかし、教室全員の子供が姿勢を崩さず、静かに着席している。

次に行なわれたのが、送辞、答辞、偉人の言葉の暗唱である。送辞は約三分間、答辞は約七分と少し、偉人の言葉は約五分三十秒かかった。これを子供たちはすべて覚えていて声を合わせて暗唱する。偉人の言葉も卒園児が暗唱するのだが、答辞と合わせると約十三分間暗唱する言葉を覚えていることになる。しかも、偉人の言葉は大人も知らないような言葉ばかりである。例えば、「乃木希典《まれすけ》　爾霊山嶮《にれいざんけん》なれども　豈《あ》に攀《よ》ぢ難《がた》からんや　男子の巧名克艱《こっかん》を期す」「福沢諭吉　ちゝはゝをうやまひ、これをしたしみ、そのこゝろにしたがふべし」などと十二名分の偉人とその言葉を暗唱していくのである。

これは、江戸時代に行なわれていた漢籍の素読《そどく》を想起させる。幼い子供に『論語』や『孟子』などの漢文を音読させたり復唱させたりする学習法である。この素読について物理学者の湯川秀樹（一九〇七～八一）が子供の頃を述懐しているが、それを「決してむだだったとは思わない」として次のように述べている。

「私の場合は、意味もわからずに入って行った漢籍が、大きな収穫をもたらしている。その後、大人の書物をよみ出す時に、文字に対する抵抗は全くなかった。漢字に慣れていたからであろう。慣れるということは怖ろしいことだ。ただ、祖父の声につれて復唱するだけで、知らずしらず漢字に親しみ、その後の読書を容易にしてくれたのは事実である(521)」

偉人の難しい言葉を暗唱しているここの園児たちも、同じように漢字や難語句に親しみ容易に読書ができるようになっていくのではないだろうか。

### 3 寺子屋モデルから講師を派遣

この偉人とその言葉は、年長組の園児たちが月一回、株式会社寺子屋モデルから派遣された講師から教わっている。寺子屋モデルとは、偉人伝教育を必要とする企業や学校などに講師を派遣し、偉人の話を語って聞かせるというユニークな事業を展開する会社である。社長は、山口秀範。かつて山口はビジネスマンとして、長い海外勤務生活を送っていた。帰国して、子供たちの顔をみると冴えない顔、つまらなさそうにしている表情にショックを受けた。アフリカや東南アジア・中南米など貧しくても、子供たちの表情は明るく、眼はキラキラと光っていた。いつから日本の子供たちは、こうなってしまったのか。山口は、まるで浦島太郎のような気持ちに襲われたという。

日本の子供たちは、自分の存在に対する誇りを持っていない。それをどこで回復させたらいいのか。今日の公教育では、なかなか難しい。家庭に期待するのも、すでにその教育力を失ってきている。ならば自らの力でそれをやろうではないか、という山口の心意気から平成十七年（二〇〇五）に立ち上げられたのが寺子屋モデルである。

「偉人の話からすごい人やすごい時代があったんだということに気づいて、元気がわいたとおっしゃる方もいらっしゃいます」

このように山口は、子供も大人も元気にさせられるのが偉人伝教育である、と筆者に語った。学習指導要領では、子供たちの「生きる力」をよりいっそう育むことが目指されているが、偉人伝教育はまさにその「生きる力」を育み高められる有力な教育と言えよう。

### 4 偉人の話が学ぶことの意欲を喚起

偉人の話を聴くというのは、平成十八年（二〇〇六）から始められた取り組みである。園長を兼ねる真木宮司が、こう語った。

「私も小さいときに、『少年老いやすく学なり難し』などと覚えさせられましたが、子供のときに覚えたことは、いつまでも忘れないものです。『鉄は熱いうちに打て』と言いますが、幼いときに身につけたことは一生忘れないでしょうね。難しいことでも、後でああなるほどと意味が分かってくるんです」

偉人伝など幼児に難しすぎるのでは、と訝る人もあろう。しかし、「園児たちは偉人たちのお話を聞いて、いろいろな発見をしているんですよ。偉人伝のお話を聞くことで、学ぶことの喜びを知り、それが学ぶことへの意欲につながっていっているんです」と園の保育士が言っていた。地域の偉人たちにまつわるもの（史蹟や銅像など）を、子供たちは自分から興味を持ち発見していく。

また、園で聞いた偉人の話を、家で話したりする園児が何人かいるそうだ。聞いた話を思い出し、それを話すということは知的訓練になるだろうし、親子のコミュニケーションもはかられる。親も知らないことがたくさんあるので、子供にとって話しがいがあるだろう。幼児たちの力を、侮ってはいけないのだ。

## むすび

現代は、価値の多様化の時代とされている。しかし、本当は多様化ではなく、価値の相対化、喪失、混乱と言った方が正確な表現なのではないか。こういう状況に直面しているのは、実はわが国だけではない。かつてイギリスでも、キリスト教的な伝統的価値に疑問の目が向けられ、価値相対主義が社会に蔓延したことがあった。その結果、イギリスの道徳的基盤が揺らぎ、青少年の非行、犯罪が深刻化したと指摘したのが、学校カリキュラム評価機構（School Curriculum and Assessment Authority：ＳＣＡＡ）所長のニック・テート博士（Nick Tate）であった[522]。ＳＣＡＡは、中央政府のカリキュラム開発団体である。ここが開催した「成人人生のための教育会議」（Conference of Education for Adult Life）で、テート博士はイギリスの道徳的基盤を再生すべく価値に関する全国的同意の必要性を訴えた。これによって教師、親、理事、宗教団体、メディアなど百五十もの団体の代表によって構成された「教育と地域社

**表 14　郷土の偉人の教えから抽出されたコアバリュー**

| 学校名 | 人物 | コアバリュー |
|---|---|---|
| 県居小学校 | 賀茂真淵 | 県居の心（学ぶ心，愛する心，師弟の心） |
| 明道中学校 | 橋本左内 | 『啓発録』の五訓（去稚心，振気，立志，勉学，択交友） |
| 明倫小学校 | 吉田松陰 | 松陰先生の教育精神（成徳達材，至誠，知行合一，師弟同行，個性の伸長，道理の実現） |
| 青柳小学校 | 中江藤樹 | 愛敬，知行合一，明徳，五事（貌・言・視・聴・思）を正す |
| 岩邑小学校 | 佐藤一斎 | 三学戒（少して学べば，即ち壮にして為すこと有り。壮にして学べば，即ち老いて衰えず。即ち死して朽ちず） |
| 桜井小学校 | 二宮尊徳 | 勤労，分度，推譲，至誠 |

会における価値のための全国フォーラム」（National Forum for Values in Education and the Community）が一九九六年に立ち上げられた。そして、一年余りの時間をかけて「共通の価値」（Shared Values）が作成された。この「共通の価値」は全国的な同意が得られ、人格・社会・健康教育（Personal, Social and Health Education）や市民性教育（Citizenship Education）に盛り込まれ教えられるようになったのである。つまりイギリスは、イギリス版「教育勅語」ともいうべきコアバリューを作成し、これを柱にして道徳教育を行なうようになってきているのである。このように価値の相対化を克服するには、イギリスが行なったように国民から同意される「共通の価値」を創出していくことが求められるのではないだろうか。

教育勅語が排除されてから、わが国にはこの「共通の価値」が失われている。道徳的価値は学習指導要領に示されてはいるものの、その内容をほとんどの国民は知らないし、学校の教師でも明確に把握している人は少ない。道徳教育を充実させていくには、教育勅語のように誰もがその内容を知り、それに同意し信頼をおく道徳教育の理念が必要である。これがあることによって、教師は自信をもって道徳教育が行なえるし、家庭や地域においても円滑に行なわれるようになっていく。近年アメリカでも、まずは道徳的価値（徳目）を教えなければならないという考え方・方向に転換し、家庭、地域、学校が一丸になって共通の徳目を設定して道徳教育に取り組み成果をあげてきている。

筆者は以前、その実態の一端を視察することを目的に、アメリカ・オレゴン州コーバリス市で公立小中学校を見学・視察したことがある。[523] 小中学校とも「safe, respectful, responsible（安全、尊重、責任）」をコアバリューとし、それが学校の玄関や廊下、教室に掲示され、小学校では「The 3 School Rules」という歌にもなって子供たちへの意識化がはかられていた。[524] 次いで筆者は韓国や台湾の公立小中学校も視察しているが、アメリカ同様コアバリューを設定して道徳教育が行なわれていた。

かつて教育勅語に代わるコアバリューとして「国民実践要領」や「期待される人間像」が試みられたが、普及するには至らなかった。個人や委員会の起草したものでは、人々に受容されることは難しい。そこで、コアバリュー設定のヒントとして、本章で取り上げた学校の実践が考えられる。表14にまとめたように、各学校は郷土の偉人の教えをもとにコアバリューをつくり上げていることが分かる。

各学校は、郷土に伝わり郷土の人々が誇りにしている（同意する）道徳的価値をコアバリューにしている。この方法は、他の学校でも実践が可能なのではないか。日本各地において、地域の人々が誇りにしている昔の教えや偉人などが存在するはずである。そうした教えや偉人の生き方を「共通の価値」とし、道徳教育の基本理念に活用していくという取り組みが展開していけるのである。

このように郷土の偉人は、その生き方や教えからコアバリューを設定していくのに重要な存在である。そして、それはまた現在わが国の喫緊の課題となっている地方創生を実現していく上で、その人材育成の基盤となる「歴史的地域プライド」として大きな役割を担うことが期待されるのである。平成十八年（二〇〇六）三月、文部科学省生涯学習政策局、文化庁文化部・文化財部が、「地域プライド創発による地域づくりのあり方に関する調査～地域固有の歴史的精神文化を軸とした地域プライドの創発～」という調査報告書をまとめている。

同報告書はその調査の背景として、

「これまでの地域づくりは、インフラ整備や工場誘致等の産業振興といったハード整備主体で進められてきたが、真に成熟した地域づくり、国土づくりを進めるためには、郷土を愛し、誇りに思う〝人づくり〟こそが求められると考えられる。／その根幹を成すものが、〝歴史・文化が培ってきた地域固有の精神文化〟を拠り所にした地域への愛着、誇り、地域プライドとも言えるものである。／〔中略〕地域の誇りを継承していく取り組みは、まちづくり活動の一つであると解釈するのではなく、これからの地域づくり、国土づくりの大きな潮流になるべきであると考える」（二頁）

と述べている。つまり、これからの地域づくり、国土づくりは地域プライドによってなされていくことが主流になるべきだ、としているのである。

同報告書は、地域プライドとは「地域の歴史的事象の中で、地域の人々によって受け継ぎ、守り育てられてきた『地域固有の精神文化』」（五頁）であり、これを「守り、育てていくことは、地域づくりの大きなエネルギーとなり、個性ある人づくり、地域づくりにつながっている」（五頁）とし、「様々な地域プライドのうち、（主に明治期以前から）長い年月を経て、守り受け継がれてきている『地域固有の精神文化』に着目し、これを『歴史的地域プライド』と定義」（五頁）している。郷土の偉人の生き方や教えは、まさにこの「歴史的地域プライド」に適合しよう。

地域固有の精神文化である歴史的地域プライドによる地域づくりの意義としては、「これからの持続可能な社会の形成、豊かな人の感性や作法を生み出すばかりでなく、地域コミュニティーの再生・活性化、観光や新産業といった地域振興にも大きく寄与」（六頁）することが挙げられている。歴史的地域プライドには社会形成、心の育成や地域振興の活力源としての役割が期待されているのである。したがって、郷土の偉人は、単に道徳教育の教材に終始するのではなく、社会や心の形成、地域振興の活力源になっていくと考えられるのである。

平成二十六年（二〇一四）十一月には「まち・ひと・しごと創生法」と「地域再生法の一部を改正する法律」の地方創生関連二法が可決・成立した。地方自治体においても、国が策定した「総合戦略」等を勘案して、「地方版総合戦略」等を策定し、実行するよう努めることとされている。地方経済を振興し人口減少に歯止めをかけていくためには、地方が自主的・主体的に取り組み、それを政府が支援し、安定した雇用を創出して若い世代の結婚、子育ての希望をかなえるなどの諸施策が行なわれなければならないとしている。

こうした動向を受けて、中央教育審議会は「新しい時代の教育や地方創生の実現に向けた学校と地域の連携・協働の在り方と今後の推進方策について」（平成二十七年十二月二十一日）を答申した。この答申全体に流れている理念は、「社会総掛かりでの教育の実現を図[525]」り、それを通じて「新たな地域社会を創り出し、生涯学習社会の実現を果たしていく[526]」ことにあるとされている。そして、この理念を実現すべく、今後学校が地方創生の核となり、その「実現に向けて、これからの子供たちには、地域への愛着や誇り、地域課題を解決していく力[527]」を育成していくことを提言している。

地方創生に求められる「地域への愛着や誇り、地域課題を解決していく力」は、その基盤になるものであり、それは道徳教育によって育まれなければならないものである。地方創生という営みと道徳教育は表裏一体の関係にあると言っていい。なぜなら「道徳は、社会を持続させ、発展させるためにも不可欠なものである[528]」からだ。一方、「学校における道徳教育の指導の効果を高めるためにも、保護者はもとより、地域の人々や団体等との共通理解を深め、連携・協力体制を構築するなどの環境整備を進め、社会全体で道徳教育に取り組む気運を高めていくことが必要[529]」でもあるのだ。学校が実効性のある道徳教育を推進していくには、家庭と地域の連携・協力が必要であるとともに、そうした道徳教育によって地域社会の持続・発展が可能になり、それが地方創生の実現に連動していくと考えられるのである。

こうしたことを踏まえ考えてみると、本章で取り上げた六学校の取り組みが注目される。すなわち郷土の偉人の教えをもとに、学校、家庭、地域が一体となった道徳教育を展開していたからである。日本各地には、六学校同様に活かすことができる郷土の偉人や伝統的な教えが多数存在する。そうした「歴史的地域プライド」を活かして「地域への愛着や誇り」を醸成し、学校を核とした地域づくりを推進していくことで地域創生の基盤形成が可能になっていくのではないかと考えられるのである。

# あとがき

「今、日本にとんでもない指導法が広がっている。子供の学力に責任を持たない亡国の指導法である。『学び合い学習』という。子供に問題を出し、子供の話し合いに丸投げする教育法だ[530]」

これはＴＯＳＳ代表・向山洋一の言葉だ。ＴＯＳＳというのは、「教育技術法則化運動」を推進する教員たちの全国的研究団体である。会員数は約一万人を擁し、向山のもとには教育現場の情報が全国から集まってくるから、「子供の話し合いに丸投げする教育法」が教育界に広がっているというのは概ね正確な情報だと言えるだろう。

これと同様のことを、多くの学校の道徳授業を参観したという義家弘介（衆議院議員）がかつてこんな発言をしていたことを思い出す。

「私は多くの学校で道徳の授業を実際に観てきました。驚くべきことに、八、九割の先生が、〔中略〕『お話し合い』の時間としているんです。たとえば、いじめ問題についての文章を生徒に読ませて、話し合いをさせる。『いじめた子のココが悪い』『いじめられた子もココが悪い』と意見を出し合って、先生も『そういう意見もあるね』などと、したり顔で相槌を打つ。チャイムが鳴る。そこで先生が一言『では授業は終わります。みんなこれからもよく考えましょう』と（笑）。なんのこっちゃ、分からないですよ[531]」

筆者も中学校教員時代に近隣の小中学校の研究授業を参観してきたが、やはり義家と同じ感想を持っている。子供たちにたくさん話し合いをさせて、先生は何も言わない、そして、結局何をねらいとした授業なのか、よく分からない授業が多いのだ。向山は、こういう子供に丸投げする話し合い（学び合い）の授業を放置すると「日本の義務教育は崩壊する」（同右）と警鐘を鳴らしている。

ゆとり教育は反省されて授業カリキュラムの質と量は増したが、ゆとり教育時に席巻した教育思想は未だ健在である。いわく「指導より支援を！」「子供に主体的に学ばせ自由に考えさせる」等々。だから、道徳の授業で教師たちは、子供たちに「教える」ということをしてこなかった。学び合いだけでなく、テレビの道徳用番組、ＤＶＤ、ゲストティーチャーの講話に「丸投げ」された。教育改革国民会議の報告書が平成十二年（二〇〇〇）に「学校は道徳を教えることをためらわない[532]」ということを提言していたが、これはいかに教師たちが「教える」ことをためらってきたかの裏返しである。

戦後の学校の教師たちは、教育勅語や修身科がなくなっていったことへの誤解から、道徳的価値は教えないほうがいい、教えてはいけないとまで考えるようになっていってしまった。そして、「道徳」という言葉さえも嫌悪されるような空気が未だに学校の中には存在するのである。道徳教育にまともに取り組まない教師が多いのは、こうした背景にもよる。

道徳教育への抵抗感や忌避感から、それを人権教育にスライドさせることになりやすい。人権教育も最低限の道徳だと言っていいが、充分だとは言えない。「差別はいけません」「みんな仲良くしましょう」「自分（とともに相手）を大切にしましょう」という人権教育には、「自由でありたい」「平等でありたい」「尊重されたい」という人権への欲望が根底にある。「心を養ふは寡欲《かよく》より善きは莫《な》し」（心の修養には、欲望を少なくすることが最上の方法だ）という言葉（『孟子』）があるように、ここが欲望を抑える道徳教育と相容れないところである。

人権とは、そもそも西洋において権利の闘争から生まれてきた概念である[533]。したがって、カントが言うような「人としてかくある（す）べし」「ある（す）べからず」と教える道徳とは、本来相容れない側面を持つ思想なのである。簡単に言えば人権教育は「〜たい」という欲望が根底にある教えであり、道徳教育は欲望を抑え自己の利益に反してでも（かかわりなく）世のため人のために「〜べきである」「〜べきではない」という当為や善悪の問題のほうを優先することを教える（考えさせる）教育だと言っていいが、これが明確にされてこなかったのが戦後教育なのである。

学校の授業では「教える」ことと「考える」ことをバランスよく行なってこそ、子供たちに力をつけることができる。孔子が「学びて思はざれば、則ち罔《くら》し。思ひて学ばざれば、則ち殆《あやう》し」と言っているように、教えられ学んでいないのに、「さあ考えましょう」「話し合いましょう」という授業では、義家の言う「なんのこっちゃ、分からない」授業になってしまいかねない。

アメリカでも自発的に考えさせるという道徳教育が、六〇年代から八〇年代にかけて流行ったことがあったが、結局それは「失敗だった」と言われている。[534] インカルケーション（inculcation：価値の伝達）に否定的だったローレンス・コールバーグ（Lawrence Kohlberg：一九二七〜八七）も、自分の教育実践を反省して部分的にはインドクトリネーション（indoctrination：価値の注入）も必要だと自説を修正しているのである。[535] 現在では道徳的価値を明確に教え、考えさせるという至極まっとうな教育をアメリカは行なっていることは先述したとおりだ。イギリスでも価値相対主義に悩んだ挙句、「共通の価値」という、言わば〈イギリス版教育勅語〉を作成し、これを基本理念にして道徳教育を行なっている。

韓国でも、やはり「社会の共通的な道徳的価値基盤の強固化」（二〇〇七年教育課程）を中心課題として道徳教育を推進している。韓国では近年アメリカのキャラクター・エデュケーションを導入し、「人性教育」と称して道徳的価値を教え考えさせる教育を、教育活動全体を通じて行なっている。価値相対主義に苦悩しているというのは、およそ先進国に共通した課題だが、その課題に取り組むべく、米英韓三国いずれも道徳教育の強化をはかり、その克服に向けて努力しているのである。

私たちは、アメリカの六〇年代から八〇年代の「道徳教育の実験」の失敗[536]に学ぶべきであろう。アメリカで失敗したような授業をやっていてはいけないのである。道徳の時間が道徳科になったのを機に、「考え議論する」道徳が推奨されるようになってきているが、それが「勇み足」になることを危惧する。ソクラテスは、若い人には、かの問答方式を採用しなかった。基礎のできていない人が考えるということの危うさを知っていたからであろう。

その基礎を教えるためには、本書で述べてきたように人物伝を使って、その具体的な生き方を通して価値を教え考えさせていくというのが、最も分かりやすく効果的な方法なのである。そして、その人物の生き方は、子供たちに勇気や希望を与えてくれるのである。例えば、下村博文（元文部科学大臣）は少年時母子家庭に育ち、悩んだり苦しんでいたりしたときに偉人伝を読み、「苦しんでいるのは自分だけではない。そればかりか立派な人こそ子供の頃に苦労していることに励まされ」、将来は政治家になろうと志を立てたのだそうだ[537]。

偉人伝といえば、吉川英治（一八九二〜一九六二）の小説『宮本武蔵』をもとに描かれたコミック本『バガボンド』（井上雄彦《たけひこ》著、講談社）が売れに売れているという。井上の天才的な画力と心理描写もさることながら、作中迷いもがきながら成長していく武蔵やその周辺の人物たちの生き様が読者を魅了してやまないのだろう。

連載十七年（平成二十七年二月以降休載）、単行本三十七巻、国内累計発行部数五千万部以上という発行部数を誇っているのは、多くの人たちが偉人の生き方を模倣したがっているからなのだろう。人は偉人を模倣する。だからこそ、道徳教育には人物伝教材が求められるのである。

最後になったが、本書の出版にあたっては、ナカニシヤ出版の宍倉由高氏のお世話になりました。ここに改めて心からお礼を申し上げます。

# 初出一覧

本書は、次のような各誌に公表してきた拙稿に加筆したり、新たに書き下ろしたりしてまとめたものである。

第一章　道徳教育における人物伝教材の有効性

「巻頭言　徳育には人物伝が適している」（『『En-ichi』通巻二七二号、平成二十五年）。

「明らかになった偉人伝の効果」（『教育再生』第五十八号、平成二十五年）。

「道徳教育における『先人の伝記』型教材の系譜からみた教育的効用について」（『皇學館大学教育学部研究報告集』第三号、平成二十三年）。

「道徳教育はどのように展開すればよいか―偉人伝に注目して」（『生徒指導研究報告』第八号、平成二十四年）。

「〈特別講義〉なぜ徳育には人物伝が最適なのか」（貝塚茂樹・柳沼良太編『学校で学びたい日本の偉人』育鵬社、平成二十六年）。

「幕末の志士たちと人物伝」（『日本』第六八巻第七号、平成三十年）。

市川哲との共著「小学校道徳教材における偉人伝授業の学習効果尺度の開発」（『令和元年度春季大会　日本道徳教育学会第九三回大会プログラム・発表要旨集』、令和元年）。

第二章　国定修身教科書における人物伝教材

「消えた偉人・物語　〝共通の価値〟示す郷土の偉業　『宮古島の人々』」（『産経新聞』平成二十三年一月二十二日）。

「同右　再現された少年時代の〝手本〟　工藤俊作と上村彦之丞」（同右三月十九日）。

「同右　一夜の感動が大著生む　本居宣長」（同右四月十六日）。

「同右　徳望と度量を備えた英雄」（同右五月十四日）。

「同右　『忠誠心』は普遍的道徳的価値　楠木正成」（同右十月一日）。

「同右　慈愛と権威とを有する天使」（『産経新聞』平成二十四年一月七日）。

「同右　『東洋のアルカディア』と賞賛―『先生をうやまへ』」（同右三月三十一日）。

「同右　摂生を心がけ学問に励む　伴信友」（同右七月二十一日）。

「同右　下言容れ採用『きそくをまもれ』　松平定信」（同右八月十一日）。

「同右　近世万葉学の金字塔　鹿持雅澄『雅澄の研究』」（同右九月八日）。

「同右　国家維新作用をなした神皇正統記　国定修身教科書『日本は神の国』」（同右十月六日）。

「同右　中国で注目を集める報徳思想　二宮尊徳」（同右十二月二十九日）。

第三章　偉人に学び生きた偉人たちの群像

「偉人の志に啓発されて取り組んだ世界的発明―御木本幸吉と二宮尊徳」（『生命の教育』第六八巻第二〇号、平成二十五年）。

「天下万民のために忠節を尽くす―諸葛孔明と管仲・毅楽」（『日本』第六十五巻第十二号、平成二十七年）。

「義のため直言をはばからず―韓退之と孔子」（同右第六十六巻第一号、平成二十八年）。

「正気によって苦境を乗り越える―藤田東湖と文天祥」（同右第六十六巻第二号、同右）。

「永遠に後世に伝えられる二人の偉人物語―ヘレン・ケラーと塙保己一」（同右第六十六巻第五号、同右）。

「僕の後ろに道は出来る―高村光太郎とオーギュスト・ロダン―」（同右第六十七巻第一号、平成二十九年）。

「風に立つライオンたち―柴田紘一郎とアルベルト・シュバイツァー」（同右第六十七巻第三号、同右）。

「古人の求めたる所を求めよ―松尾芭蕉と西行」（同右第六十七巻第六号、同右）。

第四章　人物伝教育を推進する学校

「『モラルモデル』による地域ぐるみの道徳教育を」（『En-ichi』通巻二五八号、平成二十三年）。

「偉人伝教育こそ道徳教育の王道である―各地の教育実践を視察して」（同右二六五号、平成二十四年）。

「歴史的地域プライドによる道徳教育の展開　『県居の心』を核とした浜松市立県居小学校の教育実践に注目して」（『皇學館大学教育学部研究報告集』第四号、平成二十四年）。

「福井県福井市明道中学校　橋本左内の生き方に倣い〝立志〟を教える」（『教育再生』第七七号、平成二十六年）。

「水天宮保育園　偉人の言葉を暗誦する園児たち」（同右第七八号、同右）。

「岐阜県恵那市立岩邑小学校　『先人教育』に溢れる町、そしてその学校」（同右第七九号、同右）。

「山口県萩市立明倫小学校　師弟ともに吉田松陰に学び合う学校」（同右第八〇号、平成二十七年）。

「滋賀県高島市立青柳小学校　三百数十年のときをへて藤樹学を教える」（同右第八一号、同右）。

「神奈川県小田原市立桜井小学校　『われらのてほん尊徳先生』と教える学校」（同右第八二号、同右）。

# 註

## はじめに

（1）日本青少年研究所「小学生の生活習慣に関する調査」（平成十八年三月）『日本青少年研究所ホームページ』平成三十一年四月十五日〈http://www1.odn.ne.jp/youth-study/reserch/index.html〉によれば、次のような躾や徳育に係る質問に対して日本の子供は他国（北京、ソウル）より低い割合で回答している。なお割合（%）の数値は、「よく言う」「たまに言う」を合計したものである。

「友達と仲良くしなさい」東京（24・7）、北京（62・7）、ソウル（59・1）

「先生のいうことをよく聞きなさい」東京（45・8）、北京（69・2）、ソウル（73・6）

「親のいうことをよく聞きなさい」東京（47・8）、北京（65・8）、ソウル（73・5）

「約束を守りなさい」東京（58・7）、北京（72・5）、ソウル（59・5）

「あいさつをしなさい」東京（53・5）、北京（84・0）、ソウル（62・4）

「うそをついてはいけません」東京（47・5）、北京（63・8）、ソウル（67・5）

（2）ベネッセ教育研究開発センター『義務教育に関する意識調査報告書』（ベネッセコーポレーション、平成十七年）八七頁。

（3）『産経新聞』平成二十五年三月十二日。

（4）中江和恵『江戸の子育て』（文藝春秋、平成十五年）六九～一六八頁。

（5）イザベラ・バード／時岡敬子訳『イザベラ・バードの日本紀行』（上）（講談社、平成二十年）二二九頁。

（6）L・ド・ボーヴォワール／綾部友治郎訳『ジャポン一八六七年』（有隣堂、昭和五十九年）三八頁。

（7）同右書、一三九頁。

（8）E・S・モース／石川欣一訳『日本その日その日』（平凡社、昭和四十五年）三七～三八頁。

（9）ヘンリー・スペンサー・パーマー／樋口次郎訳『黎明期の日本からの手紙』（筑摩書房、昭和五十七年）一五〇頁。

（10）『読売新聞』平成二十五年四月十八日。

## 第一章

（11）『文部科学省ホームページ』平成三十年十一月十六日〈http://www.mext.go.jp/b_menu/shingi/old_chukyo/old_chukyo_index/

toushin/1309687.htm〉.

(12) 同右ホームページ。

(13) 「先人の伝記」は、平成二十九年（二〇一七）に改訂された学習指導要領にも踏襲されている。また、文部科学省編『中学校学習指導要領解説　道徳編』（平成二十九年七月）は、「先人の伝記には、多様な生き方が織り込まれ、生きる勇気や知恵などを感じることができるとともに、人間としての弱さを吐露する姿などにも接し、生きることの魅力や意味の深さについて考えを深めることが期待できる」とし「先人の伝記」教材への期待が表明されている。

(14) 例えば、鈴木由美子ら「道徳的価値に気づかせるための伝記教材の開発」（『学部・附属学校共同研究紀要』第三九号、平成二十二年、一八九～一九四頁）、澤田浩一「魅力的な教材（先人の伝記）の開発・活用の現状と課題（日本道徳教育学会第八〇回〔平成二十四年度秋季〕大会）―（シンポジウム 資料の選択及び開発とその活用）」（『道徳と教育』第五七巻第三三一号、平成二十五年、二二九～二三一頁）、高柳充利・北田愛治「読み直される偉人伝と道徳教育：布田保之助を扱った小学校四年生の事例から出発して」（『信州大学教育学部研究論集』第八巻、平成二十七年、九七～一〇七頁）、福原栄治「『人間としての生き方』を考える道徳学習プログラムの開発研究：『伝記教材』（中学生用）と『道徳学習プログラム』の開発を通して」（『教育学研究紀要』第六二巻第二号、平成二十八年、四八九～四九四頁）、佐藤洋一・左近妙子「『深い人間的な学び』を創造する伝記教材の授業―杉原千畝（開発教材）と向き合う小学六年生」（『愛知教育大学研究報告・教育科学編』第六六巻、平成二十九年、一二七～一三五頁）などがある。

(15) 「第一八三回国会　予算委員会　第一七号（平成二十五年四月一日）」『衆議院ホームページ』平成三十一年三月二十九日〈http://www.shugiin.go.jp/internet/itdb_kaigirokua.nsf/html/kaigirokua/001818320130401017.htm〉.

(16) 道徳教育の充実に関する懇談会「今後の道徳教育の改善・充実方策について（報告）～新しい時代を、人としてより良く生きる力を育てるために」（平成二十五年）一七頁『文部科学省ホームページ』令和元年七月十四日〈http://www.mext.go.jp/b_menu/shingi/chousa/shotou/096/houkoku/__icsFiles/afieldfile/2013/12/27/1343013_01.pdf〉.

(17) 先人の格言は、一五、一七、二一、二七、三五、三七、四三、四四、四五、五三、五九、六五、七一、七七、八七、九四、九五、一〇七、一一九、一二五、一三九、一七一、一七七、二一一頁に掲載されている。

(18) 『広島市ホームページ』平成三十年十一月十二日〈http://www.city.hiroshima.lg.jp/www/contents/1254390652054/index.html〉.

(19) 小学校一年（0・5％増）、二年（2・9％増）、三年（2・9％増）、四年（0・7％減）、五年（0・6％減）、六年（8・1％減）。中学校一年（2・3％増）、二年（4・8％増）、三年（4・5％増）。

(20) 向山洋一『教え方のプロ・向山洋一全集四六　社会的な規範を断固として教える「向山型道徳授業」』（明治図書、平成十五年）九八～九九頁。

(21) 同右書、一一〇頁。

(22) 野口芳宏「本音・実感の『道徳』塾　第一七回偉人伝記の積極的活用（上）」（『総合教育技術』第六九巻第七号、平成二十六年）九五頁。

(23) 『授業道場野口塾ネットワークホームページ』平成三十年十二月二十六日、〈http://www.geocities.jp/ryomonet/jd-n/index.htm〉.

(24) 前掲「本音・実感の『道徳』塾　第一七回偉人伝記の積極的活用（上）」、九七頁。

(25) 同右。

(26) 伊藤利明・石村由利子「道徳教材としての『先人の伝記』の適切性と有用性」（『人文科学論集』第九七号、平成三十年）六二～六三頁。

(27) 堀之内恒夫『修身の研究授業』（賢文社、昭和十四年）六〇頁。

(28) 同右書、七二頁。

(29) 野瀬寛顕『今後の修身教育』（教育書房、昭和六年）一五七頁。

(30) 財団法人東京市政調査会編『自治及修身教育批判』（教育研究会、大正十三年）一一頁。

(31) 修身教育研究会編『現代修身教育の諸相と其の批判』（文化書房、昭和九年）一二頁。

(32) 同右書、一頁。

(33) 同右。

(34) 同右書、二〇、二二～二三、三一頁。

(35) 道徳の時間の特設を前にして、当時の文部省が作成した「道徳教育関係答弁資料」（教育課程審議会『教育課程審議会会議録（抄録）』昭和三十二～三十三年）に「特設時間における指導の方法」として「伝記、古典、文学作品、生活記録等の読物の中から適切な材料を選び、これを利用して道徳的判断力や心情を高める」とあり、ここに「伝記」を筆頭に掲げていることからも、道徳教育教材として、それが重視されていたことが推察できる。

(36) 勝部真長・酒井俊郎・小沢恒三郎『道徳資料による人物伝記の教材研究―小学校編―』（文教書院、昭和四十一年）三～四頁。

(37) 同右書、四頁。

(38) 同右。

(39) 同右書、三頁。

(40) 貝塚茂樹『教育改革選書№1教えることのすすめ―教師・道徳・愛国心』（明治図書、平成二十二年）七六頁。

(41) 日本教育学会教育政策特別委員会『道徳教育に関する問題点（草案）』昭和三十二年、六頁（貝塚茂樹監修『戦後道徳教育文献

資料　第Ⅱ期』一七、平成十六年）。
(42)「道徳教育連絡協議会における初中局長説明要旨」（教育課程審議会『教育課程審議会会議録（抄録）』昭和三十二年〜三十三年）頁表示なし（同右書）。
(43)「道徳教育関係答弁資料」頁表示なし（同右書）。
(44)前掲『教育改革選書№1教えることのすすめ―教師・道徳・愛国心』、七八頁。
(45)細谷俊夫・奥田真丈・河野重男・今野喜清編『新教育学大事典』第四巻（第一法規出版、平成二年）三八頁。
(46)平成二十二年に通常販売で入手できた副読本を取り上げた。
(47)藤田善正「伝記による道徳教育―歴史的変遷と教材化への視点―」（『大阪総合保育大学紀要』第九号、平成二十六年）六八〜六九頁。
(48)同右論文、七四頁。
(49)同右論文、七四〜八〇頁。
(50)同右論文、六九頁。
(51)貝塚茂樹・柳沼良太編『学校で学びたい日本の偉人』（育鵬社、平成二十六年）二八二頁。
(52)同右書、二八二〜二八四頁。
(53)貝塚茂樹『道徳の教科化―「戦後七〇年」の対立を超えて―』（文化書房博文社、平成二十七年）一一一頁。
(54)同右書、一一二頁。
(55)前掲「伝記による道徳教育―歴史的変遷と教材化への視点―」、六八〜六九頁。
(56)伊地知恭右・羽鳥剛史・藤井聡「内村鑑三『代表的日本人』通読による大衆性低減効果に関する報告」（『土木学会論文集D』第六六巻第一号、平成二十二年）四〇〜四五頁。伊地知恭右・羽鳥剛史・藤井聡「内村鑑三『代表的日本人』通読による大衆性低減の持続的効果に関する実験研究」（『人間環境学研究』第八巻第二号、平成二十二年）一六九〜一八〇頁。
(57)内村鑑三「日本婦人と基督教」（『内村鑑三全集』第二四巻、岩波書店、昭和五十七年）六一九頁。
(58)前掲「内村鑑三『代表的日本人』通読による大衆性低減効果に関する報告」、四一頁。
(59)同右論文、四〇頁。
(60)同右論文、四〇〜四一頁。
(61)同右論文、四一頁。
(62)同右。
(63)前掲「内村鑑三『代表的日本人』通読による大衆性低減の持続的効果に関する実験研究」、一七九頁。

(64) 同右。
(65) 同右論文、一七七〜一七八頁。
(66) 同右論文、一七七頁。
(67) 斎藤亜加里『道歌から知る美しい生き方』(河出書房新社、平成十九年) 九〇頁。
(68) マキアヴェリ/池田廉訳『君主論』(『世界の名著』第一六巻、中央公論社、昭和四十一年) 六三頁。
(69) 同右書、一〇四頁。
(70) バートランド・ラッセル/中野好之・太田喜一郎訳『人生についての断章』(みすず書房、昭和五十四年) 一四四頁。
(71) 同右書、一四五頁。
(72) Bandura, A., Ross, D., and Ross, S. A., "Imitation of film-mediated aggressive models," *Journal of Abnormal and Social Psychology*, 66 (1963), 3-11.
(73) Bandura, A., Ross, D., and Ross, S. A., "Vicarious reinforcement and imitative learning," *Journal of Abnormal and Social Psychology*, 67 (1963), 601-607.
(74) 鈴木伸子・松田文子「モデルの示す援助コストが児童の寄付行動に及ぼす効果」(『発達心理学研究』第三巻第一号、平成四年) 二五頁。
(75) 柏木恵子「モデリングとしつけ―子どもの感化論的考察」(『児童心理』第二五巻第一二号、昭和四十六年) 一一〇頁。
(76) 二宮克美「児童の道徳的判断に関する研究展望 (四) モデリングの効果 (一)」(『愛知学院大学論叢一般教育の研究』第三四巻第一号、昭和六十一年) 五八〜六一頁。
(77) 同右論文、五八頁。
(78) 丸岡慎弥「子どもの思いを引き出す新しい指導法②〜モデリング〜」(『令和元年度春季大会 日本道徳教育学会第九三回大会プログラム・発表要旨集』、令和元年) 七二〜七三頁。
(79) 同右論文、七三頁。
(80) 同右。
(81) 同右。
(82) Meltzoff, A.N., "Roots of Social Cognition: The Like-Me Framework," in *Minnesota Sympsia on Child Psychology: Meeting the Challenge of Translational Research in Child Psychology*, ed. D. Cicchetti and M.R.Gunnar, (Hoboken,NJ: Wiley, 2009), 29–58.
(83) Dijksterhuis, A., "Why We Are Soical Animals: The High Road to Imitation as Social Glue," in Hurley and Chater, *Perspectives on Imitation*, 2, (2005), 207–20.

(84) Dellen, M. R., and Hoyle, R. H., “Regulatory Accessibility and Social Influences on State Self-Control,” *Personality and Social Psychology Bulletin*, 36（2010）, 251-263.

(85) Vanderwal, T., Hunyadi, E., Grupe, D. W., Connors, C. M., and Sshultz, R. T., “Self, Mother and Abstract Other: An fMRI Study of Reflective Social Processing,” *NeuroImage*, 41（2008）, 1437-1446.

(86) 『小学校学習指導要領（平成二十九年告示）解説　特別の教科　道徳　平成二十九年七月』二頁『文部科学省ホームページ』平成三十一年三月二十八日〈http://www.mext.go.jp/component/a_menu/education/micro_detail/__icsFiles/afieldfile/2019/03/18/1387017_012.pdf〉.

(87) Batson, C. D., Early, S., and Salvarini, G., “Perspective talking: Imagining how another feels versus imagining how you would feel,” *Personality & Social Personality Bulletin*, 23（1997）. 751-758.

(88) Lamm, D., Batson, C. D., and Decety, J., “The neural substrate of human empathy: Effects of perspective-taking and cognitive appraisal,” *Journal of Cognitive Neuroscience*, 19（2007）, 42-58.

(89) Ben-Shahar, T., *Even happier: a gratitude journal for daily joy and lasting fulfillment*（New York, McGraw Hill, 2010）, 145-146. 成瀬まゆみ訳『ハーバードの人生を変える授業』（大和書房、平成二十七年）。

(90) 市川哲・渡邊毅「小学校道徳教材における偉人伝授業の学習効果尺度の開発」（『令和元年度春季大会　日本道徳教育学会第九三回大会　プログラム・発表要旨集』令和元年）一〇四～一〇五頁。

(91) 田中文夫・平岡恭一・吉中淳「小学生のレジリエンスに関する研究」（『日本教育心理学会総会発表論文集』第五四巻、平成二十四年）五九一頁。

(92) 井邑智哉・青木多寿子・高橋智子・野中陽一郎・山田剛史「児童生徒の品格と Well-being の関連」（『心理学研究』第八四巻第三号、平成二十五年）二四七～二五五頁。

(93) 桜井茂男・桜井登世子「児童用領域別効力感尺度作成の試み」（『奈良教育大学教育研究所紀要』第二七巻、平成三年）一三一～一三八頁。

(94) 前掲「小学生のレジリエンスに関する研究」五九一頁。

(95) 前掲「児童生徒の品格と Well-being の関連」二四九～二五一頁。

(96) 前掲「児童用領域別効力感尺度作成の試み」一三一頁。

(97) 吉田賢抗『論語』（『新釈漢文大系』第一巻、明治書院、昭和三十五年）一七五頁。

(98) 同右書、一九一頁。

(99) 同右。

(100) 同右書、三三四頁。
(101) 同右書、四一〇頁。
(102) 西郷隆盛『南洲翁遺訓』（西郷隆盛全集編集委員会編『西郷隆盛全集』第四巻、昭和五十三年）二〇五頁。
(103) 同右書、二〇七頁。
(104) 前掲『論語』、一五四頁。
(105) 内野熊一郎『孟子』（前掲『新釈漢文大系』第四巻、昭和三十七年）一〇一頁。
(106) 水沢利忠『史記』九（列伝二）（同右第八九巻、平成五年）二頁。
(107) 前掲『孟子』、一五八頁。
(108) 同右書、四二一頁。
(109) 同右書、七一～七二頁。
(110) 加地伸行編『論語の世界』（中央公論社、平成四年）二八頁。
(111) 同右書、五九～六〇頁。
(112) 家永三郎・清水茂・大久保正・小高敏郎・石濱純太郎・尾藤正英校注『近世思想家文集』（『日本古典文学大系』九七、岩波書店、昭和四十一年）五八頁。
(113) 同右書、五九頁。
(114) 原念斎／源了圓・前田勉訳注『先哲叢談』（平凡社、平成六年）一一八頁。
(115) 同右。
(116) 吉田松陰『講孟余話』（山口県教育会編『吉田松陰全集』第三巻、大和書房、昭和四十七年）二四頁。
(117) 前掲『論語の世界』、二七四頁。
(118) 「『論語教育』が活発化　新資格も登場…地域で学ぶ場を」（『産経新聞』平成二十八年一月七日）。
(119) 内村鑑三「武士道と基督教」（前掲『内村鑑三全集』第三一巻）二九三頁。
(120) 同右「偉人イエス他」（同右第三二巻）二二二頁。
(121) 同右「武士道と基督教」（同右第三一巻）二九六頁。
(122) 青木五郎『史記』十四（列伝七）（前掲『新釈漢文大系』第一二〇巻、平成二十六年）二一七頁。
(123) 同右書、一〇二頁。
(124) 星川清孝『楚辞』（前掲『新釈漢文大系』第三四巻、昭和四十五年）二三六頁。
(125) 吉田賢抗『史記』七（世家下）（同右第八七巻、昭和五十七年）八八七～八八八頁。

(126) 同右書、八八八頁。
(127) 大野晋『古典を読む一四　源氏物語』（岩波書店、昭和五十九年）七一～七六、一三〇～一三二頁。
(128) 頼山陽／頼成一・頼惟勤訳『日本外史』上（岩波書店、昭和五十一年）二四頁。
(129) 名越時正『新版水戸光圀』（錦正社、昭和六十一年）三九～四〇頁。
(130) 同右書、五三頁。
(131) 国学者。徳川光圀に招かれて、『礼儀類典』『釈万葉集』などの編纂を担当した。著述には、『紫女七論』『栄華物語考』など、随筆には『年山紀聞』がある。
(132) 『本朝通鑑』第十六（国書刊行会、大正八年）一二〇頁。
(133) 河野与一訳『プルターク英雄伝』（四）（岩波書店、昭和二十八年）四九頁。
(134) 鶴見祐輔訳『プルターク英雄伝　武将の巻』（第一書房、昭和十七年）一一頁。
(135) ギルバート・ハイエット／柳沼重剛訳『西洋文学における古典の伝統（上）』（筑摩書房、昭和四十四年）二一八頁。
(136) 同右書（下）、一四五頁。
(137) 同右書、一四六頁。
(138) 同右書、一四八頁。
(139) 草原克豪『新渡戸稲造　一八六二－一九三三　我、太平洋の橋とならん』（藤原書店、平成二十四年）八七頁。
(140) 新渡戸稲造『自警』（『新渡戸稲造全集』第七巻、教文館、昭和四十五年）四四五頁。
(141) 『水鏡』（『新訂増補国史大系』第二一巻上、吉川弘文館、昭和十四年）八四頁。
(142) 「正像末浄土和讃」『三帖和讃』（『日本古典文学大系』八二親鸞集・日蓮集、岩波書店、昭和三十九年）一〇四頁。
(143) 懐奘編『正法眼蔵随聞記』（岩波書店、昭和四年）一四頁。
(144) 同右書、七四頁。
(145) 中野好夫『伝記文学の面白さ』（岩波書店、平成七年）一六頁。
(146) 福原麟太郎・西川正身監修『英米文学史講座』第五巻、十八世紀Ⅰ（研究社、昭和三十六年）二一一頁。
(147) 同右書、二〇三頁。
(148) "The Letters of Robert Louis Stevenson. Volume 1 by Robert Louis Stevenson"「一八七六年七月三十日 W. E. Henley 宛書簡」『Free eBooks-Project Gutenberg ホームページ』平成三十一年三月四日〈http://www.gutenberg.org/cache/epub/622/pg622.html〉.
(149) 藤田博之「イギリスニューライトとサミュエル・スマイルズ」（『滋賀大学教育学部紀要　人文科学・社会科学』第四八巻、平成十年）一二五頁。
(150) 同右論文、一二七頁。
(151) ケネス・マーク・ハリス／谷崎隆昭訳『カーライルとエマソン―その篤き親交―』（山口書店、昭和五十五年）六六頁。
(152) ケヴィン・ライアン「『人格教育とは何か』―米国・教育改革の新しい潮流」（『世界平和研究』第一六一号、平成十六年）五一頁。
(153) トーマス・リコーナ、マシュー・デイビッドソン／柳沼良太訳『優秀で善良な学校―新しい人格教育の手引き』（理想社、平成二十四年）九四頁。
(154) エドワーズ博美「取り戻そう、日本の伝統的家族制度　人間は生まれながらにつながりを求めている」（『祖国と青年』第四三三号第一〇号、平成二十六年）三九頁。
(155) Devine, T., Seuk, J.H. and Wilson, A., *Cultivating Heart and Character: Educating for Life's Most Essential Goals* (Chapel Hill, NC: Character Development Publishing, 2000) 144. 上寺久雄監訳『「人格教育」のすすめ　アメリカ・教育改革の新しい潮流』（コスモトゥーワン、平成十五年）。
(156) ウィリアム・J・ベネット／大地舜訳『魔法の糸』（実務教育出版、平成九年）iii。
(157) W・キルパトリック「米国道徳教育の失敗と新しい潮流」（『世界平和研究』第一三六号、平成十年）二～一〇頁。
(158) 石川松太郎『藩校と寺子屋』（教育社、昭和五十三年）一四七頁。
(159) 同右書、二一四頁。
(160) 乙竹岩造『日本庶民教育史』中巻（臨川書店、昭和四十五年）二四四頁。
(161) 同右書、二四五頁。
(162) 海後宗臣編『日本教科書大系　往来編（歴史）』第一一巻（講談社、昭和四十五年）四二九頁。
(163) 丹和浩『近世庶民教育と出版文化』（岩田書院、平成十七年）一〇七頁。
(164) 吉田太郎「寺子屋における歴史教育の研究」（『横浜国立大学紀要』第六号、昭和四十二年）五〇～五二頁。
(165) 前掲『日本教科書大系』第一一巻、四七七頁。
(166) 菅野則子校訂『官刻孝義録』上巻（東京堂出版、平成十一年）三頁。
(167) 山下武『江戸時代庶民教化政策の研究』（校倉書房、昭和四十四年）四四二頁。
(168) 新渡戸稲造／矢内原忠雄訳『武士道』（前掲『新渡戸稲造全集』第一巻、昭和四十四年）一二一頁。
(169) ニコライ／中村健之介訳『ニコライの見た幕末日本』（講談社、昭和五十四年）一四頁。
(170) 前掲『藩校と寺子屋』、五〇頁。

(171) 笠井助治『近世藩校の綜合的研究』（吉川弘文館、昭和三十五年）六五頁。
(172) 佐藤利雄『会津士道訓　新釈日新館童子訓』（鶴書房、昭和十九年）二頁。
(173) 永岡清治『旧夢会津白虎隊』（非売品、大正十五年）一七五頁。
(174) 吉海直人『新島八重　愛と闘いの生涯』（角川書店、平成二十四年）二〇四～二〇六頁。
(175) 前掲『藩校と寺子屋』、七九～八〇頁。
(176) 近藤啓吾『解説宋名臣言行録』（内外ニュース、昭和四十七）四三頁。
(177) 海原徹『近世私塾の研究』（思文閣出版、昭和五十八年）、三一四頁。
(178) 同右書、三三四頁。
(179) 吉田松陰「名臣言行録を読む」（安政四年十月二十七日）『幽窓随筆』（前掲『吉田松陰全集』第四巻）二三八～二三九頁。
(180) 橋本景岳「安政四年五月十一日村田氏壽宛」書簡（景岳会編『橋本景岳全集』上巻、畝傍書房、昭和十八年）二〇〇頁。
(181) 近藤啓吾「明治天皇の御修学」（『明治聖徳記念学会紀要』復刊第四五号、平成二十年）一一八～一一九頁。
(182) 松本彦三郎『薩摩精神の真髄　郷中教育の研究』（尚古集成館、平成十九年）三一頁。
(183) 山下巌『鹿児島の教育　下―第三郷中教育の時代―』（国書刊行会、昭和五十六年）二三四～二三八頁。
(184) 同右書、二六二～二六三頁。
(185) 前掲『薩摩精神の真髄　郷中教育の研究』、四四頁。
(186) 早川純三郎編『赤穂義人纂書』第一（国書刊行会、明治四十三年）二九七頁。
(187) 同右書、二九〇～二九一頁。
(188) 早川純三郎編『赤穂義人纂書補遺』（国書刊行会、明治四十四年）三五四頁。
(189) 同右書、三五五頁。
(190) 同右。
(191) 佐藤孔亮『「忠臣蔵事件」の真相』（平凡社、平成十五年）一六九頁。
(192) 「忠臣蔵寺子屋―第四回」『赤穂市ホームページ』平成三十一年二月十八日〈https://www.city.ako.lg.jp/kensetsu/kankou/terakoya4.html〉.
(193) 吉田松陰「獄中より家兄伯教に上る書」（安政元年四月二十四日）『幽囚録』（前掲『吉田松陰全集』第二巻）八五頁。
(194) 早川純三郎編『史籍雑纂』第五（国書刊行会、明治四十五年）四四七頁。
(195) 黒龍会編『西南記伝』下巻二（原書房、昭和四十四年）二四四頁。
(196) 同右。

(197) アーネスト・サトウ／坂田精一訳『一外交官の見た明治維新』下巻（岩波書店、昭和三十五年）二二二頁。

(198) 秦蔵吉『南島夜話』（沖縄実業時報社、大正六年）一三二頁。

(199) 同右書、一九三頁。

(200) 鹿児島県『鹿児島県史』第二巻（鹿児島県、昭和十四年）九〇四頁。

(201) 古川幸雄編『西田一九会二〇〇〇年記念誌　あしたうら』（穂高書店、平成十二年）五、八頁。

(202) 同右書、三二頁。

(203) 筆者は平成二十九年二月二十八日、一般財団法人会文舎を訪ね、現在も「義臣伝読み」を行なっていることを確認している。

(204) 大日本史普及会編『訳註大日本史』第一巻（大日本史普及会、昭和三十九年）九頁。

(205) 北條猛次郎『維新水戸学派の活躍』（国書刊行会、昭和十七年）四六頁。

(206) 徳富蘇峰『近世日本国民史 二六雄藩篇』（時事通信社、昭和三十九年）三一三頁。

(207) 頼山陽「書後併題跋」（『頼山陽全書』文集、国書刊行会、昭和六年）六八頁。

(208) 前掲『藩校と寺子屋』、九二頁。

(209) 前掲『日本庶民教育史』中巻、一〇七八頁。

(210) 田崎哲郎「『大日本史』の波紋」（『日本歴史』第六一三号、平成十一年）九一頁。

(211) 『日本教育史資料』によれば、大日本史を採用していた藩校として、明倫堂（名古屋藩）、養正館（重原藩）、教倫館（関宿藩）、盈進館（小久保藩）、尚志館（水口藩）、文武館（加納藩）、明倫堂（上田藩）、長善館（高島藩）、文武館（高崎藩）、造士館（安中藩）、修道館（宇都宮藩）、学問所（鳥山藩）、時習館（大田原藩）、明倫館（亀山藩）、直方堂（麻田藩）、学習館（和歌山藩）、修道館（田邊藩）、明親館（淀藩）、造士館（郡山藩）、明喬館（芝村藩）、正業館（尼ケ崎藩）、明道館（福井藩）、修道館（高田藩）、自強館（村松藩）、振徳堂（篠山藩）、惇明館（福地山藩）、到堂館（山家藩）、敬業館（林田藩）、禮譲館（宮津藩）、入徳館（峰山藩）、弘道館（出石藩）、尚徳館（鳥取藩）養老館（津和野藩）、廣業館（三日月藩）、誠之館（福山藩）、有終館（高梁藩）、稽古所（弘前藩）、作人館（盛岡藩）、明教館（松山藩）、致道館（高知藩）、明倫館（宇和島藩）、修猷館（福岡藩）、学館（久留米藩）、維新館（平戸藩）、育英館（蓮池藩）、鎔造館（鹿島藩）、飫肥堂（飫肥藩）などがある。郷校としては、興譲館（伊勢国朝明郡大矢知村）、日新館（相模国小田原）、読書阮（相模国高座郡羽島寺郷学校）、布田郷学校（武蔵国北多摩布田）、稽醫館（常陸国延方郷校）、小川郷校（常陸国茨城郡小川村）、家臣教育所（安藝国広島藩国老浅野氏）、熊毛郡立野村学校（周防国山口藩士清水氏）、由良浦新徳館（徳島藩由良）、岩屋浦学校（徳島藩岩屋）、廣田村学校（徳島藩三原郡）、郡家郷学校（徳島藩津名郡）、諫早学校（肥前国佐賀国家老諫早氏）、神代学校（肥前国国老鍋島氏）などがある。

(212) 前掲『日本庶民教育史』中巻、九四一頁。

(213) 前掲『維新水戸学派の活躍』、二九頁。
(214) 阿部隆一「崎門学派諸家の略伝と学風」（『日本思想大系』三一、岩波書店、昭和五十五年）五七五頁。
(215) 内田周平「崎門尊王論の発達」（平泉澄編『闇斎先生と日本精神』至文堂、昭和七年）四七頁。
(216) 前掲『先哲叢談』、二二八頁。
(217) 角田九華『近世叢語』巻二（三都書林、文政十一年）三頁。
(218) 近藤啓吾『増訂浅見絅斎』（臨川書店、平成二年）二三一頁。
(219) 浅見絅斎『靖献遺言講義』（近藤啓吾・金本正孝編『浅見絅斎集』国書刊行会、平成元年）三一五頁。
(220) 「浅見先生学談」（同右書）、六四三頁。
(221) 法本義弘『本定　靖献遺言精義　上巻』（靖献遺言精義刊行会、昭和十一年）五三頁。
(222) 近藤啓吾『若林強斎の研究』（神道史学会、昭和五十四年）一三〇頁。
(223) 前掲「崎門尊王論の発達」、六五頁。
(224) 伝記学会編『増補　山崎闇斎と其門流』（明治書房、昭和十八年）八八頁。
(225) 吉田松陰「安政元年四月二十四日宮部鼎蔵宛」書簡（前掲『吉田松陰全集』第七巻）二三〇頁。
(226) 同右「安政元年十二月十二日兄杉梅太郎宛」書簡（同右書）、二九八頁。
(227) 同右「安政元年十二月二十五日父杉百合之助宛」書簡に「靖献遺言慥に落手仕り候」とある。（同右書第七巻）、二九八頁。
(228) 同右「同囚富永弥兵衛に与ふる書」『野山獄文稿』（同右第二巻）三〇三頁。
(229) 同右「安政二年正月某日兄杉梅太郎宛」書簡（同右第七巻）三五一頁。
(230) 同右三五二頁に「遺言も覆読し懸けた」とある。
(231) 同右『東行前日記』（同右第九巻）五四二頁。
(232) 前掲『橋本景岳全集』下巻、一五五八頁。「先生の逸事」として「付録」に記載。
(233) 同右書、一三二〇頁。
(234) 吉田松陰「安政二年二月十九日久保清太郎宛」書簡（前掲『吉田松陰全集』第七巻）三五九頁。
(235) 久保田収編著『有馬正義先生遺文』（藝林会、昭和四十五年）四頁。
(236) 近藤啓吾『靖献遺言講義』（国書刊行会、昭和六十二年）七五八頁。
(237) 『夢の代』巻八、雑書第八（『日本思想大系』四三、岩波書店、昭和四十八年）四四四頁。
(238) 中沼郁・斎藤公子『もう一つの明治維新—中沼了三と隠岐騒動—』（創風社、平成三年）七九頁。
(239) 西順蔵・阿部隆一・丸山真男校注『山崎闇斎学派』（『日本思想大系』三一、岩波書店、昭和五十五年）五八六頁。同書の「解

説」で阿部隆一は「『靖献遺言』は崎門学派を問わず広く普及し、後世この書の感化は極めて大きく、闇斎学派即大義名分の印象を一般に与えた程である」としている。

(240) 内藤耻叟「勤王の魁」（青木武助『続大日本歴史集成』上巻、隆文館、大正六年）三〇四頁。

(241) 法本義弘『定本　靖献遺言精義』上巻（靖献遺言精義刊行会、昭和十一年）五八頁。

(242) A・B・ミットフォード『英国外交官の見た幕末維新』（講談社、平成十年）二五頁。同書の中で、維新期の四年間を過ごした英国外交官ミットフォードは「一八七二年に出版された『日本外史』は、十二世紀に源頼朝が創設した幕府の歴史であった。これら〔『日本外史』『大日本史』〕の本は、国中に興奮を巻き起こし—少なくとも知識階級においてだが—、それは鎮めるべくもなく、勢力のある大名たちは内乱を起こそうと、その準備に熱中していた」と述べ、『日本外史』の明治維新に与えた思想的影響力を指摘している。

(243) 森田康之助『湊川神社史　景仰篇』（湊川神社社務所、昭和五十三年）八四六〜八四七、八六六頁。

(244) 前掲『日本外史』（上）、九〜一〇頁。

(245) 吉川幸次郎「中国文明と日本」（『吉川幸次郎全集』第二一巻、筑摩書房、昭和五十年）一〇八頁。

(246) 蔡毅「頼山陽『日本外史』の中国への流布」（『日本漢文研究』第一二号、平成二十九年）三五頁。

(247) 前掲『維新水戸学派の活躍』、三一頁。

(248) 前掲『日本外史』（上）、八頁。

(249) 前掲『日本庶民教育史』中巻、九四一、一〇七八頁。

(250) W・E・グリフィス／亀井俊介訳『ミカド　日本の内なる力』（岩波書店、平成七年）五九頁。

(251) 前掲『湊川神社史　景仰篇』、五二七頁。

(252) 新人物往来社編『伊藤博文直話』（新人物往来社、平成二十二年）一四三頁。

(253) 水島直文・橋本政宣編注『橘曙覧全歌集』（岩波書店、平成十一年）二五六頁。

(254) 渋沢栄一『論語講義』（二松學舎大学出版部、昭和五十年）三四九頁。

(255) 中村真一郎『頼山陽とその時代』下（中央公論社、昭和五十一年）一七二頁。

(256) 同右。

(257) 同右書、一七二〜一七三頁。

(258) 前掲『湊川神社史　景仰篇』、五四一頁。

(259) 前掲『日本外史』（上）、三三五頁。

(260) 前掲『湊川神社史　景仰篇』、一三四頁。

(261) 長谷川端校注訳『太平記』②（『新編日本古典文学全集』五五、小学館、平成十一年）三一七〜三一八頁。
(262) 兵藤裕己『太平記〈よみ〉の可能性　歴史という物語』（講談社、平成七年）一七八頁。
(263) 今井正之助・加美宏・長坂成行校注『太平記秘伝理尽鈔』四（平凡社、平成十九年）四〇一、四〇五頁。
(264) 前掲『太平記〈よみ〉の可能性　歴史という物語』、二一四頁。
(265) 同右書、一七八頁。
(266) 国書刊行会編『新井白石全集』第三巻（国書刊行会、昭和五十二年）二四頁。
(267) 若尾政希『「太平記読み」の時代　近世政治思想史の構想』（平凡社、平成十一年）二七九〜二九七頁。
(268) 「平成十五年度所蔵資料展示資料一覧〈往来物〉三三子供教草」『東京学芸大学附属図書館ホームページ』平成三十一年二月八日〈http://library.u-gakugei.ac.jp/orai/color/022_049/A0000024.html〉.
(269) 吉田松陰「己未文稿」（前掲『吉田松陰全集』第五巻）二八〇頁。
(270) 石光真人編『ある明治人の記録　会津人柴五郎の遺書』（中央公論社、昭和四十六年）一一頁。
(271) 『いろは蔵新柳樽』（赤穂市総務部市史編纂室『忠臣蔵』第六巻、兵庫県赤穂市、平成十九年）六〇頁。
(272) 今井正之『太平記秘伝理尽鈔』（汲古書院、平成二十四年）六四六〜六六一頁。
(273) 同右書、六六一頁。
(274) 同右。
(275) 同右書、七四〇頁。
(276) 前掲『「太平記読み」の時代　近世政治思想史の構想』、二七六頁。
(277) 前掲『橘曙覧全歌集』、二五五頁。
(278) 真木和泉守『何傷録』（小川常人編『真木和泉守全集』中巻、臨川書店、平成十年）一三二頁。
(279) 吉田松陰「七生説」『丙辰文稿』（前掲『吉田松陰全集』第二巻）三九六頁。
(280) 同右書、三九六〜三九七頁。
(281) 同右『留魂録』（同右第六巻）二九六頁。
(282) 野村靖「吉田松陰先生の神髄」（『日本及び日本人』臨時増刊松陰号第四九五号、明治四十一年）三一頁。
(283) 同文館編輯局編『日本教育文庫　宗教編』（同文館、明治四十四年）三九五頁。
(284) 菊地謙『新定東湖全集全』（博文館、昭和十五年）四七六〜四七七頁。
(285) 前掲『何傷録』、一〇五頁。
(286) 同右書、一一六頁。

(287) 真木和泉守「文久三年十月二十日木村氏宛」書翰（前掲『真木和泉守全集』上巻）二七七頁。

(288) 前掲『何傷録』、一三三頁。

(289) 寺田剛校訂註釈『日本学叢書（志士遺文集）』第十巻（雄山閣、昭和十四年）一〇七頁。

(290) 真木和泉守『南僊雑稿』（前掲『真木和泉守全集』中巻）二三一頁。

(291) 佐賀藩藩士・信渓は、当時、忠孝の道が廃れ、これをなんとか立て直したいという願いを長年抱いていた。そこで、思い立ったのが、正成・正行父子像の造立であった。忠孝の道を実現した正成・正行父子を「人の鑑」として示し、それを教えていくことが最もよかろうとの信渓の立案に藩主・鍋島光茂以下二百六名が支援した。正成・正行父子の木像は、寛文三年、正成命日の五月二十五日に出来上がり、信渓の隠居所の庵室に奉斎され、以後毎年命日に楠公祭が営まれた。信渓歿後は、その庵室を高伝寺の末寺となる「永明寺」としたが、その後廃れていき、高伝寺に移された正成・正行像も破損したままいつしか放置され、世間から忘れられて幕末に至ったのだった。

(292) 前掲『論語講義』、六一頁。

(293) 藤田精一『楠氏研究』（積善館、昭和八年）六四一頁。

(294) 北條重直『水戸学と維新の風雲』（東京修文館／大阪修文館、昭和七年）五一頁。

(295) 前掲『維新水戸学派の活躍』、二〇六〜二〇七頁。

(296) 前掲『湊川神社史　景仰篇』、八三一〜八三七頁。

(297) 久野潤「現存する楠公祭祀神社―楠公崇敬史の一側面として《後篇》」（『神社新報』第三三五八号、平成二十九年六月二十六日）六頁。

(298) 黒板勝美・国史大系編纂会編『続日本紀』前篇（『新訂増補国史大系』吉川弘文館、昭和五十六年）七三頁。

(299) 社伝によれば、弘仁三年（八一二）正月とされている。

(300) 前掲『近世藩校の綜合的研究』、一〇八頁。

(301) 前掲『日本庶民教育史』中巻、二五〇〜二五四頁。

(302) 小松和彦は『神になった日本人』（日本放送出版協会、平成二十年）の中で、人を神に祭る系統として、「祟り系」「顕彰系」「慰霊系」と分類しているが、これでいえば、道真は「祟り系」に属すると言えよう。

(303) 神社新報社によって調査探索された義人を祭る神社の数は、百二十社にのぼることが分かっている（神社新報社編『郷土を救った人々―義人を祀る神社』神社新報社、昭和五十六年）。その内江戸期創建が六四社、明治以降が四七社、不明が九社となっている。

(304) 前掲『日本教育文庫』、三九六〜三九七頁。

(305) ラフカディオ・ハーン／平井呈一訳『心—日本の内面生活の暗示と影響—』（岩波書店、昭和二十六年）二五八頁。
(306) 同右書、二六〇頁。
(307) 同右書、二六九頁。
(308) 海後宗臣「道徳教材の百年」（『海後宗臣著作集』第六巻、東京書籍、昭和五十六年）六五〇頁。
(309) 石井民司『自助的人物典型　中村正直伝』（成功雑誌社、明治四十年）一七頁。
(310) サミュエル・スマイルズ／中村正直訳『西国立志編』（講談社、昭和五十六年）三九頁。
(311) 同右書、四八二～四八三頁。
(312) 前掲『自助的人物典型　中村正直伝』、六一頁。
(313) 同右書、六二頁。
(314) 前田愛『幻景の明治』（朝日新聞社、昭和五十三年）一三九頁。
(315) 藤村作編『日本文学大辞典』第三巻（新潮社、昭和十一年）一七五～一七六頁。
(316) 芳賀徹『明治維新と日本人』（講談社、昭和五十五年）二八五頁。高橋昌郎『中村敬宇』（吉川弘文館、昭和四十一年）八二～八三頁。
(317) 蝸牛会編『露伴全集』第一八巻（岩波書店、昭和二十四年）二九四頁。
(318) 平川祐弘『天ハ自ラ助クルモノヲ助ク　中村正直と『西国立志編』』（名古屋大学出版会、平成十八年）一二一～一三七頁。
(319) 前掲『自助的人物典型　中村正直伝』、二頁。
(320) 前掲『天ハ自ラ助クルモノヲ助ク　中村正直と『西国立志編』』、七九～八三頁。
(321) 小橋孝子「『カーライル博物館』考—漱石とカーライル—」（『国語と国文学』第九二巻第八号、平成二十七年）四六頁。
(322) 石田羊一郎・大屋八十八郎訳『英雄崇拝論』（丸善、明治二十六年）、蘭山居士訳『ダンテと沙翁』（吉岡書店、明治二十七年）、土井晩翠訳『英雄論』（春陽堂、明治三十一年）、本田増次郎編『英雄崇拝論詳解』（内外出版協会、明治三十七年）、土井晩翠訳『改定　英雄論』（岡崎屋書店、明治四十二年）などがある。
(323) 前掲「『カーライル博物館』考—漱石とカーライル—」、三九六頁。
(324) 川戸道昭「トマス・カーライルと明治の知識人—『英雄崇拝論』の受容をめぐって—」（『英語英米文学』第三五集、平成七年）三八九頁。
(325) 国木田独歩「欺かざるの記　全篇」（『定本　国木田独歩全集』第六巻、学習研究社、昭和五十三年）二三九頁。
(326) 同右書、三〇五頁。
(327) 河村民部「獨歩『欺かざるの記』をめぐる比較文学研究—獨歩とワーズワス、エマソン、カーライル」（『文学・芸術・文化＝

Bulletin of the School of Literature, Arts and Cultural Studies, Kinki University：近畿大学文芸学部論集』第二五巻第二号、平成二十六年）一〇五頁。

(328) 高山林次郎『時代管見』（博文館、明治三十二年）二八三頁。

(329) 向井清「明治期におけるカーライルの受容―新渡戸稲造の場合―」（『鳴門英語研究』第八号、平成六年）一五～一七頁。

(330) 前掲『新渡戸稲造　一八六二‐一九三三　我、太平洋の橋とならん』、八七頁。

(331) 高梨良夫『エマソンの思想の形成と展開―朱子の教義との比較的考察―』（金星堂、平成二十三年）二六〇頁。

(332) 古田芳江「北村透谷とカーライル」（『日本文学』第二九巻第一〇号、昭和五十五年）一五頁。

(333) 大沢正善「宮沢賢治とカーライル『衣服哲学』」（『岐阜聖徳学園大学国語国文学』第三二号、平成二十五年）五二頁。

(334) 夏目漱石『坊ちゃん』（『漱石全集』第二巻、岩波書店、昭和四十年）二八七頁。

(335) 正岡子規『子規全集』第一一巻（講談社、昭和五十年）三七二頁。

(336) フランクリンが立てた十三徳のうちの一つに「純潔」がある。これは性道徳にかかわるものであるため、子供を対象にフランクリンの徳目を紹介する場合、「純潔」を除いた十二徳が示されたのであろう。

(337) 今井輝子「日本におけるフランクリンの受容」（『津田塾大学紀要』第一四巻第二号、昭和五十七年）八頁。

(338) 同右論文、二一～二二頁。

(339) 「学制百年史　資料編　一、詔書・勅語・教育法規等」『文部科学省ホームページ』令和元年六月六日〈http://www.mext.go.jp/b_menu/hakusho/html/others/detail/1317935.htm〉.

(340) 「教学聖旨」に応える形で文部省が編纂したというのが通説だが、これについては「『小学校修身訓　波号』は『忠孝』を徳目に掲げていないし、また、『忠臣義士孝子節婦ノ画像』に限らず絵画をもって視覚に訴えるという編集方針をとっていない。そればかりでなく格言の典拠を東洋に限定せず西欧にも求めているのである。従って、内容的にみても『小学校修身訓　波号』は『教学聖旨』の要求に応えたものと見るのはむずかしい」（掛本勲『明治期教科書政策史研究』皇學館大学出版部、平成二十二年、五〇頁）という見解も存するので、ここに付記しておく。

(341) 海後宗臣編『日本教科書大系　近代編』第二巻修身（二）（講談社、昭和三十九年）七頁。

(342) 文部省内教育史編纂会『明治以降教育制度発達史』第二巻（教育資料調査会、昭和十三年）二五三頁。

(343) 前掲『日本教科書大系』第二巻、一九七頁。

(344) 前掲『明治以降教育制度発達史』第三巻、四〇頁。

(345) 前掲『日本教科書大系』第二巻、二八三頁。

(346) 前掲『明治以降教育制度発達史』第三巻、九五～九六頁。

(347) 同右書、七三二頁。

(348) 海後宗臣「教育勅語煥発以後に於ける小学校修身教授の変遷」（前掲『海後宗臣著作集』第六巻）五一八頁。

(349) 同右書、五一六〜五二一頁。

(350) 前掲『日本教科書大系』第二巻、五七四頁。

(351) 堀之内恒夫『修身教育の根本的省察』（賢文館、昭和九年）三〇七〜三〇八頁。

(352) 同右書、三〇五頁。

(353) 堀之内恒夫『修身教育原論』（東洋図書、昭和四年）七四〜一一〇頁。

(354) 同右書、七四頁。

(355) A・B・ミットフォード／長岡祥三訳『ミットフォード日本日記　英国貴族の見た明治』（講談社、平成十三年）二六五頁。

(356) 菊池大麓『新日本』（冨山房、明治四十三年）八六頁。

(357) ハウス・ホーファー／若井林一訳『大日本』上巻（洛陽書院、昭和十七年）一二五頁。

(358) 高橋史朗・ハリー・レイ『占領下の教育改革と検閲』（日本教育新聞社、昭和六十二年）九六頁。

(359) 同右。

(360) 同右。

(361) 貝塚茂樹『戦後教育改革と道徳教育問題』（日本図書センター、平成十三年）三二一頁。

(362) 前掲『占領下の教育改革と検閲』、九五〜九六頁。

(363) 楊素秋『忘れ去られようとしている日本国という名を持っていた台湾人の心象風景　日本人はとても素敵だった』（桜の花出版、平成十五年）一〇三頁。

(364) 楊應吟『素晴らしかった日本の先生とその教育』（桜の花出版、平成十八年）四〇頁。

(365) 同右書、一〇八頁。

(366) 台湾の実業家・蔡焜燦（一九二七〜二〇一七）も修身教育については、次のような発言を行なっている。
「台湾で販売部数ナンバー・ワンを誇る新聞社『自由時報』の董事長（会長）・呉阿民《ごあみん》氏は私の親友の一人であるが、彼は自分のオフィスに当時の文部省発行・児童用『尋常小学修身書』を秘蔵している。彼もまた日本統治時代の教育を評価する者として人後に落ちない。〔中略〕日本の道徳教育こそが台湾人の精神基盤となって、その後の台湾発展に大きく貢献したというのが歴史の真の姿なのである。〔中略〕台湾人がもっとも尊ぶ日本統治時代の遺産は、ダムや鉄道など物質的なものではなく、『公』を顧みる道徳教育など精神的遺産なのである」（蔡焜燦『台湾人と日本精神』小学館、平成十三年）九三、九六、二五九頁。

(367) 名越二荒之助『ドキュメント世界に生きる日本の心　二十一世紀へのメッセージ』（展転社、昭和六十二年）一九二〜一九三頁。

(368)『東奥新聞』平成二十三年二月三日。
(369) 李鋒伝「二宮尊徳における『経営の原理』―子供達に教えたい道徳―」（劉金才・草山昭主編／海村惟一・齋藤誠一郎副主編『二宮尊徳思想論叢Ⅲ　報徳思想と経済倫理　国際二宮尊徳思想学会第三回学術大会（大連）特集』（学苑出版社、平成二十年）三〇六頁。
(370) 同右書、三〇六～三〇七頁。
(371) 青木多寿子・川合紀宗・山田剛史・宮崎宏志・橋ヶ谷佳正「米国で視察した品格教育（Character Education）の実際（二）」（『学習開発研究』第五号、平成二十四年）四九頁。
(372) フランソワ・ジュリアン／中島隆博・志野好伸訳『道徳を基礎づける　孟子vsカント、ルソー、ニーチェ』（講談社、平成二十九年）三八頁。
(373) 同右書、七九頁。
(374) 前掲『近世思想家文集』、三七五頁。
(375) 同右書、四六一頁。
(376) 同右。
(377) 同右書、三七四頁。
(378) 同右書、三九七頁。
(379) 同右書、四六〇頁。

## 第二章

(380) 前掲『武士道』、一七頁。
(381) 新渡戸稲造『自警』（前掲『新渡戸稲造全集』第七巻、昭和四十五年）六〇七頁。
(382) 八木秀次監修『明治、大正、昭和…親子で読みたい精選「尋常小学修身書」』（小学館、平成十四年）、渡部昇一監修『国民の修身』（産経新聞出版、平成二十四年）、同監修『国民の修身　高学年用』（同、平成二十五年）などがある。
(383)「船長と住民の子孫が対面／一八七三年宮国沖座礁『ロベルトソン号』一三〇年の時を超え／ゴスタ・ガールトン氏　来島し直接感謝の言葉」（『宮古毎日新聞』平成十八年十一月十四日）。
(384)『宮古島市立上野小学校ホームページ』平成三十一年二月十一日〈http://uenosho.blogspot.com/2017/〉.
(385) サム・フォール／中山理監訳・先田賢紀智訳『ありがとう武士道―第二次大戦中、日本海軍駆逐艦に命を救われた英国外交官の回想』（麗澤大学出版会、平成二十一年）一頁。

(386) 惠隆之介『敵兵を救助せよ！英国兵四二二人を救助した駆逐艦「雷」工藤艦長』（草思社、平成十八年）三五頁。
(387) 前掲『日本教科書大系　近代編』第三巻修身（三）（昭和三十七年）一〇七頁。
(388) 本居宣長／村岡典嗣校訂『うひ山ふみ 鈴屋答問録』（岩波書店、昭和九年）二二頁。
(389) 前掲『日本教科書大系』第三巻、四七九頁。
(390) 同右。
(391) 同右。
(392) 勝海舟『続々氷川清話』（『幕末維新史料叢書』第二（人物往来社、昭和四十三年）二一七頁。
(393) 前掲『日本教科書大系』第三巻、一八六頁。
(394) 同右書、一八七頁。
(395) 木村毅『日米文学交流史の研究』（講談社、昭和三十五年）三二六〜三二七、三三七〜三四一頁。村松正義『日露戦争一〇〇年—新しい発見を求めて』（成文社、平成十五年）二一五〜二二四頁。
(396) 前掲『日本教科書大系』第三巻、九六頁。
(397) 同右。
(398) 明治神宮編『昭憲皇太后さま』（明治神宮、平成十二年）二二三頁。
(399) 鬼頭有一『叢書・日本の思想家二一　細井平洲・附中西淡淵』（明徳出版社、昭和五十二年）一二二頁。
(400) 高瀬代次郎『日本教育先哲叢書第九巻　細井平洲』（文教書院、昭和十七年）三一頁。
(401) 前掲『日本教科書大系』第三巻、二四九頁。
(402) 前掲『イザベラ・バードの日本紀行』上、三二〇頁。
(403) 前掲『日本教科書大系』第三、二七六頁。
(404) 伴信友『伴信友全集』巻二（ぺりかん社、昭和五十二年）一三頁。
(405) 渋沢青淵記念財団竜門社編『渋沢栄一伝記資料』第四八巻（渋沢栄一伝記資料刊行会、昭和三十八年）六頁。
(406) 前掲『日本教科書大系』第三巻、二六〇頁。
(407) 同右書、四二二頁。
(408) 尾形裕康『万葉学の大成—鹿持雅澄の研究』（三和書房、昭和二十九年）一頁。
(409) 前掲『日本教科書大系』第三巻、四二三頁。
(410) カール・ハウスホーファー／梅澤新二訳『日本の国家建設』上巻（龍吟社、昭和十八年）一〇一頁。
(411) 前掲『日本教科書大系』第三巻、四一四頁。

(412) 藤田東湖『回天詩史』（高須芳次郎編『藤田東湖全集』第一巻、章華社、昭和十年）二二六頁。
(413) 前掲『二宮尊徳思想論叢Ⅲ』、三〇七頁。
(414) 吉田熊次「国定修身書の編纂」（国民教育奨励会編『教育五十年史』民友社、大正十一年）二四七頁。
(415) 国定化以前の教科書に採用された人物伝の時代別配分の分析は、渡邊毅「道徳教育における『先人の伝記』型教材の系譜からみた教育的効用について —近世から近代（国定修身教科書）までの教科書を概観して—」（『皇學館大学教育学部研究報告集』第三号、平成二十三年）二二八～二三七頁に詳しい。

## 第三章

(416) 前掲『論語』、三二七頁。
(417) 水沢利忠『史記』九（列伝二）（前掲『新釈漢文大系』第八九巻、平成五年）二三九～二四〇頁。
(418) 同右書、二四四頁。
(419) 同右書、二四三頁。
(420) 林秀一『十八史略』上（前掲『新釈漢文大系』第二〇巻、昭和四十二年）四四九頁。
(421) 原田種成『文選（文章篇）』上（同右第八二巻、平成六年）二五九頁。
(422) 前野直彬『文章規範』（正篇）下（同右第一八巻、昭和三十七年）三八六頁。
(423) 小川環樹・金田純一郎訳『完訳三国志』（岩波書店、昭和五十八年）三一八頁。
(424) 植村清二『諸葛孔明』（中央公論社、昭和六十年）二五三頁。
(425) 同右書、二四四頁。
(426) 原田憲雄『韓愈』（『漢詩大系』第一一巻、集英社、昭和四十年）三四二～三四三頁。
(427) 前掲『論語』、九三頁。
(428) 同右書、一八八頁。
(429) 同右書、一九八～一九九頁。
(430) 同右書、三三七頁。
(431) 同右書、二三八頁。
(432) 吉田賢抗『史記』七（世家下）（前掲『新釈漢文大系』第八七巻、昭和五十七年）八八〇頁。
(433) 竹内照夫『韓非子』下（同右第一二巻、昭和三十九年）八三六頁。
(434) 前掲『韓愈』、三一七～三一八頁。

(435) 同右書、三四八頁。
(436) 杉原三省『西郷南洲精神修養談』（大学館、明治四十二年）六七頁。
(437) 近藤啓吾『吉田松陰と靖献遺言』（錦正社、平成二十年）一一六～一一七頁。
(438) 同右書、一一八頁。
(439) 前掲『浅見絅斎集』、一一七頁。
(440) 今關天彭・辛島驍訳『宋詩選』（前掲『漢詩大系』第一六巻、昭和四十一年）二九四頁。
(441) 前掲『藤田東湖全集』第一巻、一八五頁。
(442) 「文天祥の正気歌に和す」（同右第三巻）九頁。
(443) 同右書、八頁。
(444) 西郷隆盛「安政元年七月二十九日、椎原与右衛門・権兵衛宛書簡」（前掲『西郷隆盛全集』第一巻、昭和五十一年）三一頁。
(445) 乙竹岩造『伝記御木本幸吉』（大日本雄弁会講談社、昭和二十五年）一九頁。
(446) 福住正兄筆記・佐々井信太郎校訂『二宮翁夜話』（岩波書店、昭和八年）九七頁。
(447) 前掲『伝記御木本幸吉』、五七頁。
(448) 同右書、二〇頁。
(449) ヘレン・ケラー／岩橋武夫・芥川潤共訳『私の生涯』（其の一）（岩橋武夫監修『ヘレン・ケラー全集』第一巻、三省堂、昭和十一年）三七頁。
(450) 佐藤隆久『日米の架け橋―ヘレン・ケラーと塙保己一を結ぶ人間模様―』（熊本第一ライオンズクラブ、平成二十六年）一二九頁。
(451) 堺正一『奇跡の人・塙保己一　ヘレン・ケラーが心の支えとした日本人』（埼玉新聞社、平成十三年）一六頁。
(452) 同右。
(453) ジョゼフ・P・ラッシュ／中村妙子訳『愛と光への旅　ヘレン・ケラーとアン・サリバン』（新潮社、昭和五十七年）二一九頁。
(454) 前掲『奇跡の人・塙保己一　ヘレン・ケラーが心の支えとした日本人』、一八頁。
(455) 同右書、六〇頁。
(456) 井本農一・堀信夫注解『松尾芭蕉集』①（『新編日本古典文学全集』第七〇巻、小学館、平成七年）一四六頁。
(457) 許六・去来／横澤三郎校注『俳諧問答』（岩波書店、昭和二十九年）四三頁。
(458) 井本農一・堀信夫注解『松尾芭蕉集』②（前掲『新編日本古典文学全集』第七一巻、平成七年）五二二頁。
(459) 目崎徳衛『芭蕉のうちなる西行』（角川書店、平成三年）一三頁。

(460) 前掲『松尾芭蕉集』②、二二頁。

(461) 「増補史料大成」刊行会『台記』一（『増補史料大成』第二三巻、臨川書店、昭和四十年）六四頁。

(462) 幸田露伴『芭蕉入門』（新潮社、昭和三十一年）三九頁。

(463) 「新編国歌大観」編集委員会『新編国歌大観』第三巻私家集編Ⅰ（角川書店、昭和六十年）六〇二頁。

(464) 前掲『松尾芭蕉集』②、二四頁。

(465) 同右書、二九三頁。

(466) 前掲『芭蕉のうちなる西行』、一五頁。

(467) 前掲『新編国歌大観』、九一七頁。

(468) 前掲『松尾芭蕉集』②、五二頁。

(469) 『芭蕉全集』前編（與謝野寛・正宗敦夫・與謝野晶子編校訂『覆刻日本古典全集』、現代思潮社、昭和五十八年）一三二頁。

(470) 前掲『松尾芭蕉集』②、一二二頁。

(471) 前掲『新編国歌大観』五九九頁。

(472) 石川八郎・今泉準一・鈴木勝忠・波平八郎・古相正美編『宝井其角全集』編著篇（勉誠社、平成六年）一八九頁。

(473) 前掲『松尾芭蕉集』①、五〇二頁。

(474) 高村光太郎「レモン哀歌」（『高村光太郎全集』第二巻、筑摩書房、昭和三十二年）二四一頁。

(475) 同右「ロダンの手記談話録」（同右第七巻）一三八頁。

(476) 同右。

(477) 高村光太郎『暗愚小伝』（同右第三巻）二八七～二八八頁。

(478) 同右「モデルいろいろ―アトリエにて6・7―」（同右第十巻）三一二頁。

(479) ベルナール・シャンピニュル／幸田礼雅訳『ロダンの生涯』（美術公論社、昭和五十七年）一八頁。

(480) エレーヌ・ピネ／高階秀爾監修・遠藤ゆかり訳『「知の再発見」双書一二四　ロダン』（創元社、平成十七年）二七頁。

(481) 前掲『高村光太郎全集』第一巻、二五三頁。

(482) 室生犀星『我が愛する詩人の伝記』（『室生犀星全集』第一〇巻、新潮社、昭和三十九年）四一八頁。

(483) 同右書、四一八～四一九頁。

(484) 高村光太郎「彫刻に何を見る」（前掲『高村光太郎全集』第五巻）二四四頁。

(485) 第二六回宮崎医科大学すずかけ祭医学展ライオン企画編『風に立つライオン』（不知火書房、平成十四年）九～一〇頁。

(486) 同右書、一九〇頁。

(487) 同右書、八七頁。
(488) 同右書、二七頁。
(489) ハーマン・ハーゲドーン／原田義人訳『シュバイツァー伝』（白水社、昭和三十二年）二〇頁。
(490) 同右。
(491) 同右書、七四～七七頁。
(492) 前掲『風に立つライオン』七三頁。
(493) 同右書、五四頁。
(494) 同右書、一九五頁。
(495) 渡邊毅『道徳の教科書・実践編―「善く生きる」ことの大切さをどう教えるか―』（ＰＨＰ研究所、平成十九年）二四三頁。
(496) 同右書、二四四頁。
(497) Ralph Wald Emerson. *Representaive Man.* (New York: General Books, 2009) 166. 浅岡夢二監修、伊藤淳訳『エマソンの「偉人論」―天才たちの感化力で、人生が輝く』幸福の科学出版、平成二十一年）。

## 第四章

(498) 前掲『戦後教育改革と道徳教育問題』、一八八～二一五頁。
(499) 青少年の心を育てる市民行動プラン策定会議「青少年の心を育てる行動プラン提言書」（会津若松市、平成十四年）一～八頁。
(500) 行安茂『道徳教育の理論と実践』（教育開発研究所、平成二十一年）二二〇頁。
(501) 同右。
(502) 野村進『千年、働いてきました―老舗企業大国ニッポン』（角川書店、平成十八年）九五、一一〇、二一二～二一三頁。
(503) 川島隆太「脳を知り、脳を守り、脳をはぐくむ」（『電気学会誌』第一二三巻第一〇号、平成十五年）六七二～六七六頁。
(504) 松平盟子『親子で楽しむ子ども短歌塾』（明治書院、平成二十二年）四八頁。
(505) 日本青少年研究所「中学生・高校生の生活と意識」（平成二十一年二月）によれば、「自分はダメな人間だと思う」の問いに対して「とてもそう思う」「まあそう思う」と答えた日本、米国、中国、韓国の中学生、高校生の割合は以下の通り。中学生（日本56・0％、米国14・2％、中国11・1％、韓国41・7％）、高校生（日本65・8％、米国21・6％、中国12・7％、韓国45・3％）。
(506) 佐藤平次郎編『明治碑文集』二（佐藤平次郎、明治二十四年）一七頁。
(507) 春嶽公と左内先生の春山づくり委員会・春山地区自治会連合協議会・福井市春山公民館編『春山のほこり　橋本左内先生』（春嶽公と左内先生の春山づくり委員会・春山地区自治会連合協議会・福井市春山公民館、平成二十四年）八一頁。

(508) 同右書、七七頁。
(509) 『読売新聞』平成二十五年一月四日。
(510) 平成二十六年四月から、七十八年間使用した四棟の木造校舎に別れを告げ、入母屋造の新校舎に移転。元の木造校舎は、萩市の管理のもとですべて保存されることが決まっている。
(511) 濱本佳代子「『松陰先生のことば』と今の自分」（萩市立明倫小学校監修『松陰先生のことば―いまに伝わる志―』一般社団法人萩ものがたり、平成十七年）六頁。
(512) 増野美希「ろうしょうについて」（同右書）五六頁。
(513) 吉岡笙子「私をはげましてくれる、松陰先生の言葉」（同右書）五八頁。
(514) 末永和之・宮川高美・新川美水「座談会〝志をもつ〟」（『山口県教育』第二八八号、平成二十三年）四頁。
(515) 同右記事、四～五頁。
(516) 前掲『藩校と寺子屋』、一四七頁。
(517) 前川為夫「まちづくりは一〇年、二〇年先を考えて、『先手』でおもてなし」（『たかしま市民協働交流センターだより』第二〇号、平成二十五年）四頁。
(518) 平瀬礼太『銅像受難の近代』（吉川弘文館、平成二十三年）一八九頁。
(519) 宇田川和希「積小為大と私」（『広報小田原』第九九〇号、平成二十一年七月一日）一三頁。
(520) 平成二十五年「尊徳祭」発表作文「二宮金次郎とわたし」。
(521) 湯川秀樹『遍歴』（『湯川秀樹自選集』第五巻、朝日新聞社、昭和四十六年）四八～四九頁。
(522) 新井浅浩「イギリスにおけるナショナルカリキュラムと子どもの精神的・道徳的発達」（『比較教育学研究』通号二六、平成十二年）二九～四〇頁。
(523) 渡邊毅「米国公立小中学校の道徳教育―オレゴン州コーバリス市教育視察報告―」（『生徒指導研究報告』第一〇号、平成二十五）一～九頁。
(524) 同右。
(525) 中央教育審議会「新しい時代の教育や地方創生の実現に向けた学校と地域の連携・協働の在り方と今後の推進方策について（答申）」（平成二十七年十二月二十一日）一頁『文部科学省ホームページ』平成二十九年四月二十八日〈http://www.mext.go.jp/b_menu/shingi/chukyo/chukyo0/toushin/__icsFiles/afieldfile/2016/01/05/1365791_1.pdf〉.
(526) 同右。
(527) 同右答申書、七頁。

(528) 道徳教育の充実に関する懇談会「今後の道徳教育の改善・充実方策について（報告）～新しい時代を、人としてより良く生きる力を育てるために～」（平成二十五年十二月二十六日）二五頁、『文部科学省ホームページ』平成二十九年五月二日〈http://www.mext.go.jp/b_menu/shingi/chousa/shotou/096/houkoku/_icsFiles/afieldfile/2013/12/27/1343013_01.pdf〉.

(529) 同右報告書、二四頁。

## あとがき

(530) 向山洋一「亡国の教育『学び合い学習』」（『産経新聞』平成二十四年十一月二十五日）。

(531) 八木秀次・石井昌浩・義家弘介「『誰でも殺人』から自己中ペアレンツ、不正採用教師まで　日本の学校をモンスターだらけにしたのは誰だ！」（『諸君』第四〇巻第一〇号、平成二十年）一七二頁。

(532) 教育改革国民会議報告「教育を変える一七の提案」（平成十二年十二月二十二日）『首相官邸ホームページ』平成三十一年四月三十日〈https://www.kantei.go.jp/jp/kyouiku/houkoku/1222report.html〉.

(533) 八木秀次『反「人権」宣言』（筑摩書房、平成十三年）一六～二三頁。

(534) 前掲「米国道徳教育の失敗と新しい潮流」、二～一〇頁。

(535) Kohlberg, L. "Moral Education Reappraised." *The Humanist*, 38(6), (1978), 13-15.

(536) 前掲「米国道徳教育の失敗と新しい潮流」、七頁。

(537) 下村博文「わが教育大改革構想」（『WiLL』通巻一一二号、平成二十六年）二九四頁。

**ま行**



**や・ら・わ行**

## た行



## な行



## は行

## 事項索引

### あ行



### か行



### さ行

**ら行**



**わ行**

## や行

**ま行**

## は行

**た行**

### さ行

## か行

# 索　引

## 人名索引

## 著者紹介

**渡邊　毅**（わたなべ つよし）

昭和35（1960）年，愛知県名古屋市に生まれる。

皇學館大学文学部国史学科卒業。

三重県公立中学校教諭を経て，現在皇學館大学教育学部教育学科准教授。

第9回三重教育文化賞，（財）日本教育研究連合会「教育研究表彰」受賞。

道徳教育研究と教科書・副読本作成の傍ら，教育界の諸問題について随筆・評論の執筆や講演などを行なっている。

主要著作物は以下の通り。

**著書**

『学校を救い，子供たちを幸福にする道徳教育』（四柱神社，平成29年）

『伊勢の神宮のおはなし―子供たちに伝えたい式年遷宮』（明成社，平成24年）

『道徳の教科書・実践編―「善く生きる」ことの大切さをどう教えるか』（PHP研究所，平成19年）

『道徳の教科書―善く生きるための七十の話』（PHP文庫，平成19年）

『愛国心の教科書―誇り高く生きるための五十の話』（PHP研究所，平成17年）

『道徳の教科書―善く生きるための八十の話』（PHP研究所，平成15年）

**編訳著**

宇田光・渡邊毅監訳『世界に羽ばたく学校　ガーフィールド小学校の親子手帳』（道徳科教育研究協議会，平成31年）

新渡戸稲造著／渡邊毅編訳『新訳　自警―自分の理想に近づくために知っておいてほしいこと』（PHP研究所，平成20年）

二宮尊徳口述／福住正兄筆記／渡邊毅編訳『現代語抄訳　二宮翁夜話―人生を豊かにする知恵の言葉』（PHP研究所，平成17年）

**共著**

橋本雅之・渡邊毅他『さまざまな資源から見た伊勢神宮の魅力』（皇學館大学出版部，令和2年）

『中学校道徳教科書　1～3年』（日本教科書，平成31年）

『中学校道徳教科書教師用指導書　1～3年』（日本教科書，平成31年）

道徳科教育研究協議会編『これからの道徳』（道徳科教育研究協議会，平成31年）

皇學館大学教育学部編『教育の探求と実践―皇學館大学教育学部創設10周年記念論集』（皇學館大学出版部，平成30年）

宇田光・有門秀記・渡邉賢二編『生徒指導士入門テキスト2―ポジティブに子どもを育てる』（学事出版，平成28年）

貝塚茂樹・柳沼良太編『学校で学びたい日本の偉人』（育鵬社，平成26年）

市川千秋監修／八並光俊・宇田光・山口豊一編『臨床生徒指導　応用編』（ナカニシヤ出版，平成24年）

皇學館大学編『増補　日本人として。皇学』（神社新報社，平成24年）

日本道徳教育学会編『道徳教育入門―その授業を中心として』（教育開発研究所，平成20年）

**道徳教育における人物伝教材の研究**
**人は偉人を模倣する**

令和2年6月20日　初版第1刷発行　定価はカヴァーに表示してあります

著　者　渡邊　毅
発行者　中西　良
発行所　株式会社ナカニシヤ出版
〒606-8161　京都市左京区一乗寺木ノ本町15番地
Telephone　075-723-0111
Facsimile　075-723-0095
Website　http://www.nakanishiya.co.jp/
Email　iihon-ippai@nakanishiya.co.jp
郵便振替　01030-0-13128

装幀＝白沢　正／印刷・製本＝創栄図書印刷株式会社

Printed in Japan
ISBN978-4-7795-1455-5　C1037